ローマの信徒への手紙

上巻

原口尚彰

新教出版社

目　次

凡　例 6

序　説

1 執筆事情 10
  1.1 著者・執筆時期・執筆場所 10
  1.2 執筆目的 11
  1.3 受信人 12
    1.3.1 ローマにおけるユダヤ人の歴史 12
    1.3.2 ローマにおけるキリスト教共同体形成の歴史 15
2 本文と統一性問題 19
  2.1 本文批評上の問題 19
  2.2 統一性問題 22
    2.2.1 ローマ書9-11章と統一性問題 22
    2.2.2 ローマ書16章と統一性問題 23
    2.2.3 木下順治の複合書簡説 27
    2.2.4 シュミットハルスの複合書簡説 29
3 書簡論的分析 31
  3.1 内容構成 31
  3.2 書簡類型 33
  3.3 ディアスポラ書簡 35
4 修辞学的配列構成・種別 37
  4.1 配列構成 37
  4.2 修辞的種別 38

3

注　解

導入部（1：1－15） … 42
　前書き（1：1－7） … 42
　感謝の祈り（1：8－15） … 58

神の力、神の義の啓示としての福音（1：16－17） … 68

罪のもとにある人間（1：18－3：20） … 79
　異邦人の罪（1：18－32） … 79
　　神認識と偶像礼拝（1：18－23） … 82
　　神の裁きとしての放縦（1：24－25） … 91
　　神の裁きとしての性的混乱（1：26－27） … 94
　　神の裁きとしての不純な思い（1：28－32） … 97
　神の公平な裁き（2：1－16） … 101
　ユダヤ人の罪（2：17－29） … 114
　神の信実とユダヤ人の不信実（3：1－8） … 123
　人類の罪（3：9－20） … 129

神の義のもとにある人間（3：21－8：39） … 136
　神の義の啓示（3：21－31） … 136
　信仰の人アブラハム（4：1－25） … 151
　神との平和、神との和解（5：1－11） … 171
　第二のアダム（5：12－21） … 183
　キリストと共に死に、キリストと共に生きる（6：1－23） … 194
　　洗礼によってキリストの死の姿に結ばれる（6：1－11） … 194
　　罪への隷属から解放されて義に仕える（6：12－23） … 204
　律法と罪の問題（7：1－25） … 217

	目　次
人の死と律法からの解放（7:1-6）	220
律法の本質と罪の働き（7:7-13）	224
肉にある者の意思と罪が支配する行動の矛盾（7:14-25）	227
霊に導かれる生活、被造物の希望（8:1-39）	233
霊のうちにある生（8:1-17）	236
被造物の希望（8:18-30）	242
神の愛（8:31-39）	248

主要文献　　253

凡　例

1. 本書は新約聖書のギリシア語本文の底本として、E. Nestle / Aland, K. *Novum Testamentum Graece* (28. revidierte Aufl.; Stuttgart: Deutsche Bibelgesellschaft, 2012) を用いている。旧約聖書のヘブライ語本文の底本としては、K. Elliger / W. Rudolph. *Biblia Hebraica Stuttgartensia* (Stuttgart: Deutsche Bibelgesellschaft, 1967-77) を、七十人訳本文の底本としては、A. Rahlfs, *Septuaginta* (editio minor, duo volumina in uno; Stuttgart: Deutsche Bibelgesellschaft, 1935) を用いている。本書中に言及される聖書翻訳は、特段に断らない限り、著者の私訳である。

2. 使徒教父文書の底本としては、J. A. Fischer, *Schriften des Urchristentums*（4 Bde; Darmstadt: Wissenschaftliche Buchgesellschaft, 1964-98）を用いたが、A. Lindemann / H. Paulsen, *Die Apostolischen Väter* (Tübingen: Mohr, 1992) も参照した。

3. 本書中の旧約・新約諸文書の略記法は、共同訳聖書実行委員会『聖書 新共同訳』日本聖書協会、1987年に準拠し、外典・偽典、使徒教父文書の略記法は、荒井献監修『旧約・新約聖書大事典』教文館、1989年、14-16頁に準拠した。

4. 一次史料（古典文献、碑文・パピルス史料、ユダヤ教文書等）及び外国語で書かれた二次文献（論文、専門雑誌、モノグラフ等）の略記法や引用のスタイルについては、Society of Biblical Literature, *The SBL Handbook of Style* (2nd ed.: Atlanta: SBL Press, 2014) に準拠している。

なお、そこに挙げられていない以下の略号を追加する。

Bauer-Aland　Bauer, W. *Wörterbuch zum Neuen Testament* (6. völlig neu bearb. Aufl.; hrsg. v. K. Aland / B. Aland; Berlin: de Gruyter, 1987).

BDAG　Montanari, F. *The Brill Dictionary of Ancient Greek* (Leiden: Brill, 2015).

BDR　Blass, F. / A. Debrunner, *Grammatik des neutestamentlichen Griechisch* (18. Aufl.; bearb. v. D. Rehkopf; Göttingen: Vandenhoeck & Ruprecht, 2001).

Str.-Bill.　Strack, H. L. / P. Billerbeck, *Kommentar zum Neuen Testament aus Talmud und Midrasch* (6 Bde; 6. unveränderte Aufl.; München: Beck, 1986).

序　　説

1　執筆事情

1.1　著者・執筆時期・執筆場所

　ローマの信徒への手紙（以下、「ローマ書」と略記）は後 57 年頃、コリントに滞在する使徒パウロが、ローマ帝国の東半分のギリシア語圏での伝道を終えた時点で、まだ訪問したことがないローマの教会へ書き送った手紙である（ロマ 1:1-7, 10-15; 15:14-21 を参照）。

　当時の公的書簡は口述筆記されるのが通例であり、パウロ書簡もこれに倣って基本的には口述筆記された。書簡の終わりの方で大切なことについて、パウロが口述筆記を停止して自ら筆を執ることがあるが（Ⅰコリ 16:21; ガラ 6:11）、このことはその時点までパウロの語る言葉が口述筆記されていたということを示唆している[1]。特に、ローマ書では書簡の末尾の挨拶の部分で、筆記のテルティオが自ら名乗り出て、ローマの教会へ挨拶の言葉を述べている（ロマ 16:22）。なお、この時代の地中海世界において、公の手紙は使者によって朗読されるのが通例であり、パウロ書簡もこの例に洩れなかった（Ⅰテサ 5:27; シリ・バル黙 86:1 を参照）[2]。ローマ書の場合は、ケンクレア教会の奉仕者フィベがパウロの使者としてこの手紙をローマの教会へ持参し（ロマ 16:1-2）、教会の集まりの中でそれを朗読する手筈になっていたと推定される[3]。ローマ書もパウロが語るように筆記され、ローマの教会の集会において朗読されて、信徒たちによって聞かれたのであった。この時代のコミュ

---

[1] M. L. Stirewalt, Jr., *Paul, the Letter-Writer* (Grand Rapids: Eerdmans, 2003) 10 n.43 を参照。

[2] Stirewalt, 14-16; J. L. White, "New Testament Epistolary Literature in the Framework of Ancient Epistolography," *ANRW* 25.2 (1984) 1743.

[3] M. Wolter, *Der Brief an die Römer* (EKK VI 1; Neukirchen-Vluyn: Neukirchener Verlagsgesellschaft; Ostfildern: Patmos, 2014) I 28, 55-56; S. E. Porter, *The Letter to the Romans: A Linguistic and Literary Commentary* (Sheffield: Sheffield Phoenix Press, 2015) 34 を参照。

ニケーションにおいては、書く言葉と話す言葉の距離は非常に近かったことは見逃してはならない大切なポイントである[4]。

1.2 執筆目的

パウロがこの書簡を執筆した第一の目的は、献金を届けるためのエルサレム旅行に出発する直前の時期にあたって（ロマ15:25-29）、将来のスペイン伝道の途上にローマに立ち寄る旅の計画を予め告知して、理解と協力を得ることである（15:22-24）[5]。ローマの信徒たちに対して、パウロは書簡の冒頭で、信仰告白伝承を引用しながら、キリストの死と復活という共通の信仰対象を確認した上で（ロマ1:3-4）、ピスティス（信実、信仰）を通して受ける神の義を中核とする独自の福音理解をテーゼとして提示し（1:16-17）、本文の前半部分で（1:18-8:39; 特に、3:21-28を参照）、それを体系的に立証することとなった。

この書簡を書き送る第二の目的は、形成途上のローマの教会に対して指導を与えることであった[6]。パウロがローマの信徒たちにそうした勧めを行うことができる権威の根拠は、自身が神によって「神の福音のために聖別されて、使徒として召されている」ことに求められている（ロマ1:1; さらに、ガラ1:1; Ⅰコリ1:1; Ⅱコリ1:1; Ⅰテサ2:7も参照）。パウロはまだローマ教会を

---

4 当時の世界における口頭でのコミュニケーションの重要性については、W. J. Ong, *Orality and Literacy. The Technologizing of the Word* (London: Routledge, 1988); P. J. Achtemeier, "Omne Verbum Sonat: The New Testament and the Oral Environment of Late Western Antiquity," *JBL* 109 (1990) 3-27 を参照。

5 P. Stuhlmacher, "The Theme of Romans," in *The Romans Debate* (ed. K. P. Donfried; Revised and Expanded ed.; Peabody, MA: Hendrickson, 1991) 333; J. D. G. Dunn, *Romans* (WBC 38A-38B; 2 vols; Dallas: Word Books, 1988) I lv; R. Jewett, *Romans* (Hermeneia; Minneapolis: Fortress, 2007) 87-91; T. S. Schreiner, *Romans* (Grand Rapids: Baker, 2004) 22.

6 P. S. Minear, *The Obedience of Faith: The Purposes of Paul in the Epistle to the Romans* (London: SCM, 1971) 1-17; P. F. Esler, *Conflict and Identity in Romans* (Minneapolis: Fortress, 2003)128-134; Dunn, I lvi-vii; Schreiner, 19-22.

直接訪問する機会を持っていなかったが (ロマ 1:13-15)、ローマ出身の多くの信徒たちとの知遇を得ており (16:1-16)、ローマ教会が置かれた状況についても、ある程度具体的な助言をすることが可能であった (特に、ロマ 14:1-15:13 を参照)[7]。

1.3 受信人

1.3.1 ローマにおけるユダヤ人の歴史

ローマとユダヤ人の公的な接触は、マカベア戦争期にユダ・マカベアが、使者を送ってローマと友好条約を締結し、同盟関係に入ったことに遡る (Iマカ 8:17-32; ヨセフス『古代誌』12.414-419)[8]。その後、代々のハスモン朝の大祭司たちは、大祭司職就任時に使節を送ってローマとの同盟関係を更新した (Iマカ 12:1-4; 14:40-41; ヨセフス『古代誌』13.163-165, 169-170)。

紀元前2世紀のローマには既に定住したユダヤ人が存在しており、前139年にコルネリウス・ヒスパルスは、異教の布教を理由にしてユダヤ人をローマから追放している (ヴァレリウス・マキシムス『メモラビリア』1.3.3)[9]。その後、前63年に、ポンペイウスがユダヤに侵攻した後に、多数のユダヤ人捕虜をローマに連行したが、彼らは後に解放されてローマに定住してユダヤ教の伝統に忠実な生活を送っていた (フィロン『ガイウス』155)[10]。特に、

7　Dunn, I lvi-viii.

8　S. Cappelletti, *The Jewish Community of Rome: From the Second Century B.C to the Third Century C.E.* (Leiden: Brill, 2006) 37-42.

9　G. La Piana, "Foreign Groups in Rome during the First Centuries of the Empire," *HTR* 20 (1927) 3345-347; M. Stern, *Greek and Latin Authors on Jews and Judaism* (3 vols; Jerusalem: The Israel Academy of Sciences and Humanities, 1974-1984) I 357-360; W. Wiefel, "Jewish Community in Ancient Rome and the Origins of Roman Christianity," in *The Romans Debate* (Revised and Expanded Edition; ed. K. P. Donfried; Peabody, MA: Hendrickson, 1991) 86-87.

10　L. V. Rutgers, "The Roman Policy toward the Jews: Expulsions from the City of Rome

共和政末期の内戦を制して覇者となったユリウス・カエサルはユダヤ人たちに好意的な政策を採り、彼らに安息日を守ることや割礼や食物規定等の宗教的慣習を守ることを許容し、収入の一部を神殿税としてエルサレムに送ることを承認した（スエトニウス「ユリウス・カエサル」『皇帝列伝』42.3; ヨセフス『古代誌』14.213-216）[11]。帝政の創始者アウグストゥスはカエサルの政策を継承して、帝国内のユダヤ人たちが父祖伝来のユダヤ教の習慣を実践することと神殿税をエルサレムへ送ることを認めた（スエトニウス「アウグストゥス」『ローマ皇帝伝』32.1; ヨセフス『古代誌』16.160-166; フィロン『ガイウス』155-158）[12]。アウグストゥスはローマ在住のユダヤ人に対しても、安息日に集会することを含めた宗教的習慣を伝統的権利として認めた（フィロン『ガイウス』156-158）[13]。帝政期のローマには大きなユダヤ人人口が形成され、ヘロデ王の死後、息子の一人のアルケラオスが分封領主としてユダヤを相続したことを皇帝に承認して貰うためにローマに到着した際には、ローマ在住のユダヤ人のうち8千人が抗議を行っている（ヨセフス『古代誌』

---

during the First Century C.E.," in *Judaism and Christianity in First-Century Rome* (Grand Rapids: Eerdmans, 1998) 97; D. Noy, *Foreigners at Rome: Citizens and Strangers* (London: Duckworth, 2000) 255-261; M. H. Williams, "The Shaping of the Identity of the Jewish Community in Rome in Antiquity," in *Christians as a Religious Minority in a Multicultural City* (eds. J. Zangenberg / M. Labahn; JSNTSup 243; London: T & T Clark, 2004) 34-37.

11 H. J. Leon, *The Jews of Ancient Rome* (Updated edition; Peabody, MA: Hendrickson, 1995) 5-10; Cappelletti, 5-8; Jewett, 56.

12 E. Schürer, *The History of Jewish People in the Age of Jesus Christ* (175 B.C. - 135 A.D.) (eds. G. Vermes/ M. Black/ M. Goodman; Edinburgh: 3 vols; T. & T. Clark, 1973) III 117-118; Rutgers, 94-96; Dunn, I xlvi; M. D. Nanos, "To the Churches within the Synagogues of Rome," in *Reading Paul's Letter to the Romans* (ed. J. L. Sumney; RBS 73; Atlanta: Society of Biblical Literature, 2012) 16. これに対して、T. Rajak, "Was there a Roman Charter for the Jew?," in idem., *The Jewish Dialogue with Greece and Rome* (Leiden: Brill, 2001) 313 は、この勅令が妥当する範囲が小アジアの都市に限られるとしている。

13 P. Richardson, "Augustan-Era Synagogues in Rome," in *Judaism and Christianity in First-Century Rome*, 17-21.

17.300–303;『戦記』2.80; 18.83–84)。

　後19年に元老院はローマにおいてイシス教とユダヤ教を奉じることを禁じる決議を行い、皇帝ティベリウスはユダヤ人4千人を兵として徴募してサルディーナに送り、他のユダヤ人はローマから追放した（スエトニウス「ティベリウス」『ローマ皇帝伝』36; タキトゥス『年代記』2.85; ヨセフス『古代誌』18.63–64）[14]。また、皇帝クラウディウスは、後41年に、ユダヤ人たちが集会を行うことを禁じ（ディオ・カッシウス『ローマ史』60.6.6)、後49年には、ユダヤ人の間に生じた争論を理由にユダヤ人をローマから追放する勅令を出した（スエトニウス「クラウディウス」『ローマ皇帝伝』25; 使18:2）[15]。他方、クラウディウスはアレクサンドリア総督に書簡を送り、ユダヤ人が先祖伝来の慣習を守ることを尊重するように指示した（ヨセフス『古代誌』19.286–291, 304）[16]。皇帝ネロの治世になると前帝のユダヤ人追放令は無効となり、ローマのユダヤ人人口が回復したようである。使徒言行録によると、パウロが皇帝に上訴したためにローマに移送された時には大勢のユダヤ人たちが対話のために彼の家を訪れており、後60年頃のローマに大きなユダヤ人人口があったことを示唆している（使28:17–30)。

　ユダヤ戦争の際に、ウェスパシアヌスが皇帝に推戴された後にローマ軍を指揮したティトゥスは、反乱を鎮圧した後に、多数のユダヤ人捕虜を戦利品の一部としてローマに連行した（ヨセフス『戦記』7.118, 154）[17]。他方、ウェスパシアヌスやティトゥスは、ディアスポラのユダヤ人に対しては、彼らが先祖伝来の宗教的・民族的習慣に従って生活することを認める、カエサル以来の寛容政策を確認している（ヨセフス『古代誌』7.100–111)。

　カタコンベから得られた碑文史料によると、帝政ローマ期のローマには複

14　Schürer, III 75–76; Wiefel, 88–89; Rutgers, 94–95; Cappelletti, 49–67; Noy, 257; Williams, 37–38.

15　Schürer, III 77–78; Rutgers, 105–106; Cappelletti, 69–89; J. A. Fitzmyer, *Romans* (AB33; New York: Doubleday, 1993) 28; Williams, 39.

16　Rutgers, 108.

17　Cappelletti, 91–122.

数のユダヤ人共同体が存在していた。碑文の大半はギリシア語で書かれているが、ラテン語の碑文も少数であるが存在する[18]。ローマのユダヤ人の多くはギリシア語圏からやって来た移民の末裔であり、言語的にはギリシア語を日常語として用いていたが、次第にラテン語を話す者たちが出てきていたことが分かる。

帝政期ローマには少なくとも 11 のシナゴーグが存在していた（CIJ 1.282, 301, 318, 319, 343, 368, 383, 384, 390, 425, 433, 508, 509, 510, 537）[19]。ローマのシナゴーグは、シナゴーグ長（ἀρχισυναγώγης）や（65, 282, 336, 383, 504）、ゲルーシア長（γερουσιάρχης）や（95, 106, 119, 147, 301, 353, 368, 425, 504, 511）、司（ἄρχων）や（13, 26, 102, 110, 118, 120, 140, 216, 247, 265, 277, 289, 291, 304, 316, 324, 338, 343, 347, 380, 384, 390, 391, 397, 505, 538）、書記（γραμματεύς）等の（31, 36, 85, 125, 142, 146, 148, 149, 180, 318, 351, 433, 456, 470）指導者たちによって率いられていたことが墓碑銘によって確認される[20]。但し、ローマにおいては市内に存在するシナゴーグ全体を統括するような統一組織が存在したことは確認されていない[21]。

1.3.2 ローマにおけるキリスト教共同体形成の歴史

ローマにおける最初のキリスト教宣教を何時誰がどのような形で行ったか

---

18 H. J. Leon, *The Jews of Ancient Rome* (Updated edition; Peabody, MA: Hendrickson, 1995) 75‐92; L. H. Kant, "Jewish Inscriptions in Greek and Latin," *ANRW* II 20,2 (1989) 671‐713; L. V. Rutgers, *The Jews in Late Ancient Rome*: *Evidence of Cultural Interaction in the Roman Diaspora* (Leiden: Brill, 1995) 176‐209; Wiefel, 89‐92; G. Snyder, "The Interaction of Jews with Non-Jews in Rome," in *Judaism and Christianity in First-Century Rome*, 86; Richardson, 19; Cappelletti, 197‐198.

19 Schürer, III 97‐98; Leon, 135‐166; A. T. Kraabel, "The Roman Diaspora: Six Questionable Assumptions," *JJS* 33 (1982) 458; Jewett, 56‐57; Williams, 44.

20 Schürer, II 501‐516; 3.71‐96; R. Penna, "Les Juifs à Rome au temps de l'Apôtre Paul," *NTS* 28 (1982) 328‐330; Leon, 167‐194; Fitzmyer, 28.

21 Leon, 167‐170; J. S. Jeffers, *Conflict at Rome*: *Social Order and Hierarchy in Early Christianity* (Minneapolis; Fortress, 1991) 39‐40; Cappelletti, 11‐26; P. F. Esler, *Conflict and Identity* (Minneapolis: Fortress, 2003) 88; Jewett, 58.

については、資料不足ではっきりしたことが分からない。使徒言行録はペンテコステの出来事の際に、ローマからの巡礼者がエルサレムに居合わせたことや（使2:10）、ディアスポラから帰還した者たちによって構成されるシナゴーグがエルサレムに存在し、ヘレニストたちの宣教に反対した人々の中に解放奴隷たち（libertini）のグループがあったことに言及しているので（6:9）、30年代にはローマのユダヤ人たちにもキリスト教の存在自体は知れていたであろう[22]。しかし、ローマに対して宣教師を送る組織的な宣教がなされたことを示す資料は存在しないので、30年代から40年代にかけて、様々な理由でローマへ移住したり、商用で赴いたりしたユダヤ人信徒たちの中に宣教活動をする者が現れた結果、キリスト教信仰を受け入れるユダヤ人が出てきたのであると推定される[23]。後49年に皇帝クラウディウスが出したユダヤ人追放令は、キリスト教の宣教を巡るユダヤ人の間の争論を機縁に出されているので（『ローマ皇帝伝』「クラウディウス」25; 使18:2）、40年代後半には、ローマのユダヤ人社会の中でキリスト教の宣教活動が活発になり、回心者が生まれる一方で、反対する者も多くいたと推定される[24]。最初期のロー

22　U. Wilckens, *Der Brief an die Römer* (2.Aufl.; EKK VI/1; Zürich: Benzinger; Neukirchen-Vluyn: Neukirchener Verlag, 1989) I 38 – 39; Dunn, xlvii; Fitzmyer, 29; B. Byrne, *Romans* (Sacara Pagina 6; Collegeville: The liturgical Press, 1996) 10; B. Witherington III, *Paul's Letter to the Romans: A Socio-Rhetorical Commentary* (Grand Rapids: Eerdmans, 2004) 9; T. S. Schreiner, *Romans* (Grand Rapids:Baker, 2004) 11 – 12; A. J. Hultgren, *Paul's Letter to the Romans: A Commentary* (Grand Rapids: Eerdmans, 2011) 9.

23　C. E. B. Cranfield, *The Epistle to the Romans* (2 vols; Edingburgh: T & T Clark, 1973 – 1979) I 17; P. Stuhlmacher, *Der Brief an die Römer* (NTD 6; Göttingen: Vandenhoeck & Ruprecht, 1989) 12; Fitzmyer, 30; E. Lohse, *Der Brief an die Römer* (KEK; Göttingen: Vandenhoeck & Ruprecht, 2003) 38; A. B. du Toit, *Focusing on Paul: Persuasion and Theological Design in Romans and Galatians* (Berlin: de Gruyter, 2007) 186 – 190; Byrne, 10.

24　Schürer, III 77 – 78; P. Lampe, *Die stadtrömischen Christen in den ersten beiden Jahrhunderten* (WUNT 2/18; Tübingen: Mohr-Siebeck, 1989) 53 – 63; Wiefel, 92 – 94; F. F. Bruce, "The Romans Debate – Continued," in *The Romans Debate*, 178 – 180; R. Brändle / E. W. Stegemann, "The Formation of the First 'Christian Congregations' in Rome in the

マのキリスト教はユダヤ人信徒によって構成されていた。使徒言行録の記述によると、ポントス出身のユダヤ人信徒アキラとその妻プリスカもクラウディウスの追放令に従って、ローマを離れてコリントへ移り住んだ（使 18:2）。彼らはコリントにおいて、パウロの宣教の協力者として宣教に従事したが（18:2, 26）、後には、エフェソ伝道に同行し、家の教会の指導者となっている（Ⅰコリ 16:19）。パウロのローマ書執筆時には、彼らは再びローマに戻っており、家の教会の指導者となっていた（ロマ 16:3-5）[25]。クラウディウスの死後に、ユダヤ人信徒たちはアキラとプリスカのようにローマへ戻ったのであるが、追放令が解除されるまでの間にローマのキリスト教徒の構成が変わり、異邦人信徒が多数となっていたと推測される[26]。パウロは手紙の名宛人であるローマの信徒たちの多数が異邦人信徒であることを前提にしている（ロマ 1:5-7, 13; 11:13; 15:7-13, 15-16）。ローマのユダヤ人信徒と異邦人信徒との間には、祝祭日や食事の習慣に関して考え方の相違があり、相互の軋轢の種となっていたようである（ロマ 14:1-15:13 を参照）[27]。

Context of the Jewish Congregations," *Judaism and Christianity*, 117-118, 125-127; J. Walters, "Romans, Jews, and Christians: The Impact of the Romans on Jewish Christian Relations in First-Century Rome," in *Judaism and Christianity*, 178-179; W. L. Lane, "Roman Christianity during the Formative Years from Nero to Nerva," in *Judaism and Christianity*, 204-207; Esler, 98-101; Cranfield, I 16-17; Wilckens, I 35; Suhlmacher, 12-13; Dunn, I xlviii-xlix; Fitzmyer, 31-32; Byrne, 11; Lohse, 38-39; Witherington III, 12-16; Jewett, 18-19; 59-60; Hultgren, 3-4; Schreiner, 12-13; K. Haacker, *Der Brief des Paulus an die Römer* (THNT 6; Leipzig: Evangelische Verlagsanstalt, 1999) 11; du Toit, 183-184; A. A. Das, "The Gentile-Encoded Audience of Romans," in *Reading Paul's Letter to the Romans*, 42-43.

25　P. Lampe, "The Roman Christians in Romans 16," in *The Romans Debate*, 220-221; Brändle / Stegemann, 127; Esler, 99; Wilckens, I 33.

26　Walters, 178-179; E. Käsemann, *An die Römer* (HNT 8a; Tübingen: Mohr-Siebeck, 1973) 12; Wilckens, I 34; Dunn, I liii; Fitzmyer, 238; Jewett, 59, 70-72; Hultgren, 11; S. E. Porter, *The Letter to the Romans: A Linguistic and Literary Commentary* (Sheffield: Sheffield Phoenix Press, 2015) 5-10.

27　Walters, 179; Wilckens, I 35-36, 39-41; Brändle / Stegemann, 125; Lane, 213; Dunn, liii; Stuhlmacher, 13; Lohse, 40; Byrne, 12; Jewett, 60-61, 70-71; Schreiner, 19-22.

ローマ書執筆時には、地中海世界の信徒たちの間で、首都ローマにキリスト教徒が存在することは良く知られていた（1:8）。パウロは過去にローマの教会を訪ねようと試みたし（1:13-15）、今後、パウロが企てるスペイン伝道の拠点教会となることを期待して、訪問の予告を行っている（15:22-24）[28]。

　パウロはローマ書の冒頭で、名宛人をローマにある教会（ἐκκλησία）ではなく、「ローマにいる神に愛されているすべての者、聖なる召された人々へ」としている（ロマ1:7）。このことは、ローマ書執筆時のローマには統一的な教会組織はなく、複数の家の教会が存在し、礼拝と宣教を行っていたことの反映である（16:5, 10, 11, 14, 15を参照）[29]。

　その頃のローマ教会は、伝統的な神々への信仰を離れて、唯一の神への信仰へと回心した異邦人を中心とする信徒集団であった（ロマ1:5-7, 13; 11:13）。彼らは神によって召された、神に愛された聖徒であり（1:7; 8:27; 12:13; 16:2,15）、創造主なる神を崇めることをしない異邦人世界（1:21）の中に散らされて存在するディアスポラ共同体であった。

　信徒たちは、他のキリスト教共同体におけると同様に互いに「兄弟（姉妹）」と呼び合い（ロマ1:13; 7:1, 4; 8:29; 10:1; 11:25; 12:1; 14:10, 13, 15; 15:14, 30; 16:14, 17）、共同体は家族に擬制されていた[30]。信徒同士は他の初期キリスト教共同体におけると同様に兄弟愛に立って互いに愛し合うことを求められた（ロマ12:11; 13:8; さらに、1テサ4:9も参照）[31]。ローマ書には監督や

28　Fitzmyer, 79; Haacker, 12-13; Stuhlmacher, 5-6; Jewett, 87-91.

29　Cranfield, I 22; Lampe, *Die stadtrömischen Christen*, 130-131; idem., "The Roman Christians in Romans 16," 229-230; Brändle / Stegemann, 125; Jeffers, 14-15, 41-47; Esler, 120 -122; Haacker, 11; F. Matera, *Romans* (Paideia Commentaries on the New Testament; Grand Rapids: Baker, 2010) 7.

30　W. A. Meeks, *The First Urban Christians*: *The Social World of the Apostle Paul* (New Haven: Yale University Press, 1983) 74-84; T. J. Burke, *Family Matters: A Socio-Historical Study of Kinship Metaphors in 1 Thessalonians* (JSNTSup 247; London: T & T Clark, 2003); Das, "The Gentile-Encoded Audience," 31 を参照。

31　R. H. Thorenstein, *Roman Christianity & Roman Stoicism: A Comparative Study of An-*

長老への言及はなく、キリストの体の喩えの中で恵みの賜物として、預言や奉仕や教える者や勧めや施しや指導等の職務が列挙されている（ロマ 12 : 6 - 8; さらに、I コリ 12 : 27 - 31 も参照）。それぞれの信徒が与えられた賜物を生かし、自然発生的に様々な役割を演じることを前提としており、指導者に公に任じる按手のような制度的手段はまだ存在していない。

2　本文と統一性問題

2.1　本文批評上の問題

ローマ書の本文については、特に、16 : 25 - 27 の部分が写本によって読みが大きく分かれていることが問題となる。この部分の本文上の配置について、ネストレ／アラント 28 版の脚注に従って、主要写本がどのような読みを伝えているかを一覧表にすると以下のようになる[32]。

(1)　F G 629 Hier^{ms}：1 : 1 - 14 : 23 + 15 : 1 - 16 : 24
(2)　マルキオン聖書：1 : 1 - 14 : 23
(3)　P^{61} ℵ B C D 81. 365. 630. 1739. 2464 ar b vg sy^p co Or$^{lat\ mss}$ Ambst：1 : 1 - 14 : 23 + 15 : 1 - 16 : 23(24)+ 16 : 25 - 27
(4)　P^{46}：1 : 1 - 15 : 33 + 16 : 25 - 27 + 16 : 1 - 16 : 23
(5)　L Ψ 0209^{vid} 1175. 1241. 1505. 1881 M et al.：1 : 1 - 14 : 23 + 16 : 25 - 27 + 15 : 1 - 16 : 24

---

cient Morality (Oxford: Oxford University Press, 2010) 97.
32　E. Nestle – K. Aland, *Novum Testamentum Graece* (28. revidierte Auflage; Stuttgart: Deutsche Bibelgesellschaft, 2012) 517; さらに、K. Aland, *Text und Textwerte der griechischen Handschriften des Neuen Testaments II. Die paulinischen Briefe* (Berlin: Waler de Gruyter, 1991) 447 – 451; B. M. Metzger, *A Textual Commentary on the Greek New Testament* (2nd ed.; Stuttgart: Deutsche Bibelgesellschaft, 1994) 470 - 473 を参照。

(6) A P 33. 104 et al.: 1：1−14：23 + 16：25−27+ 15：1−16：23(24) + 16：25−27

(7) 1506: 1：1−14：23 +16：25−27 +15：1−33 + 16：25−27

ネストレ／アラントの28版の本文は、第一の読み方から16：24を除いた形が最も原型に近いと判断している[33]。外的証拠からは、第三の読みが有力であるが、16：25−27の頌栄句は文体・内容の点からパウロ書簡としては異例である。真正パウロ書簡の結びの句は、通常はキリストの恵みと神の愛が与えられることを祈る祝祷句である（Ⅰコリ16：23; Ⅱコリ13：13; ガラ6：18; フィリ4：23; Ⅰテサ5：28; フィレ25）[34]。神に栄光を帰す典礼的な頌栄句は、時折、論述の切れ目を示す句として使用されているが（ロマ11：36; ガラ1：5; フィリ4：20）、手紙の末尾には置かれていない。また、ロマ16：25−26の典礼的な用語・文体や、神の永遠の奥義がキリストの福音において啓示されたという内容は、真正パウロ書簡よりもむしろ、第二パウロ書簡のエフェソ書や牧会書簡の内容に近い（エフェ3：3−11; Ⅱテモ1：9−11; テト1：2−3）[35]。従って、この部分はローマ書本文に後から付け加えられた編集句

---

33 E. Nestle – K. Aland, 517; さらに、H. Lietzmann, *An die Römer* (HNT 8a; 4. Aufl.; Tübingen: Mohr-Siebeck, 1933) 130; C.K. Barrett, *A Commentary on the Epistle to the Romans* (London: Black, 1957) 13; H. Gamble, *The Textual History of the Letter to the Romans* (Grand Rapids: Eerdmans, 1977) 23−29 を参照。

34 Gamble, 123−124; J. A. Fitzmyer, *Romans* (AB33; New York: Doubleday, 1993) 62. なお、祝祷と頌栄の違いについては、J. A. D. Weima, *Neglected Endings: The Significance of the Pauline Letter Closings* (JSNTSup 101; Sheffield: JSOT, 1994) 135−136 を参照。

35 Gamble, 123−124; R. F. Collins, "The Case of a Wandering Doxology: Rom 16, 25−27," in *New Testament Textual Criticism and Exegesis* (ed. A. Denaux; Leuven: University Press, 2002) 293−303 を参照。これに対して、エフェソ書や牧会書簡にパウロの真筆性を認める研究者は、ロマ16：25−27の真筆性を認める。L. W. Hutardo, "The Doxology at the End of Romans," in *New Testament Textual Criticism: its Significance for Exegesis* (FS. Bruce M. Metzger; eds. E. J. Epp and G. D. Fee; Oxford: Clarendon, 1981) 191, 197−198; R. N. Longenecker, *Introducing Romans: Critical Issues in Paul's Most Famous Letter* (Grand Rapids: Eerdmans, 2011) 37; Pate, 326 を参照。また、Weima,

である可能性が強い³⁶。さらに、16:24 を有力写本の多くは伝えていないので、この節も二次的付加であると判断できる。すると、ローマ書の原型は 1:1 - 14:23 + 15:1 - 16:23 であると推定されることになる³⁷。これに対して、P・ランペは、ロマ 1:1 - 14:23 + 15:1 - 16:23 を構成内容とする本文型を伝える写本が現存しないので、第一の読み（F G 629 et al.）が示すように 16:24 を含んだ 1:1 - 14:23 + 15:1 - 16:24 の形が原初的であると主張し、一部の注解者が賛成している³⁸。しかし、頌栄句 16:24 については、最も古い写本（P^{46} P^{61} $\aleph$ B C 他）は伝えておらず、より後期に成立した写本（D G L Ψ 629.

---

142 - 144; L. T. Johnson, *Reading Romans: A Literary and Theological Commentary* (Grand Rapids: Eerdmans, 1997) 221 - 223 は、先行するロマ 1:16 や 3:21 や 15:5 - 13 の内容がロマ 16:25 - 27 に対応しているとして、パウロの真筆性を認めている。

36　C.H. Dodd, *The Epistle of Paul to the Romans* (London: Hodder and Stoughton, 1932) xvii; Lietzmann, 131; O. Michel, *Der Brief an die Römer* (KEK; 12. Aufl.; Göttingen: Vandenhoeck & Ruprecht, 1966) 24; Barrett, 11 - 12, 286; C. E. B. Cranfield, *The Epistle to the Romans* (2 vols; Edinburgh: T & T Clark, 1973 - 1979) I.8; 松木治三郎『ローマ人への手紙　翻訳と解釈』日本基督教団出版局、1966 年、580 - 581 頁; Gamble, 24, 123 - 124; H. Schlier, *Der Römerbrief* (HTKNT 6; 2. Aufl.; Freiburg: Herder, 1979) 451 - 455; W. H. Ollrog, "Die Abfassungsverhältnisse von Röm 16," in *Kirche* (FS. G. Bornkamm; hrsg. v. D. Lührmann / G. Strecker; Tübingen: Mohr-Siebeck, 1980) 221; K. Aland, *Der Text des Neuen Testaments* (Stuttgart: Deutsche Bibelgesellschaft, 1981) 297; J. K. Elliott, "The Language and Style of the Concluding Doxology to the Epistle to the Romans," *ZNW* 72 (1981) 124 - 130; B. Byrne, *Romans* (Sacra Pagina 6; Collegeville: The liturgical Press, 1996) 29; K. Haacker, *Der Brief des Paulus an die Römer* (THNT 6; Leipzig: Evangelische Verlagsanstalt, 1999) 18; D. Starnitzeke, *Die Struktur paulinischen Denkens im Römerbrief. Eine linguistische-logische Untersuchung* (Stuttgart: W. Kohlhammer, 2004) 477; R. Jewett, *Romans* (Hermeneia; Minneapolis: Fortress, 2007) 18 - 19; 田川建三『新約聖書　訳と註 4』作品社、2009 年、357 頁; F. W. Horn (Hg.), *Paulus Handbuch* (Tübingen: Mohr-Siebeck, 2013) 214 - 215.

37　K. Aland, "Der Schluß und die ursprüngliche Gestalt des Römerbriefes," in ders., *Neutestamentliche Entwürfe* (München: Kaiser, 1979) 284 - 301(特に、295 - 297); J. A. Fitzmyer, *Romans* (AB33; New York: Doubleday, 1993) 50.

38　P. Lampe, "Zur Textgeschichte des Römerbriefes," *NovTest* 27(1985) 272 - 277; Gamble, 130; Jewett, *Romans*, 4 - 6.

630. 1175. 1241. 1505. 1881. M ar vg^cl sy^h) が支持しているだけである[39]。さらに、内的証拠の点からしても、一般則として、短い本文の方がより原型に近い場合が多いので、16:24 を含まない形が原型であると判断し、ネストレ／アラントの 28 版の本文を支持する[40]。

2.2　統一性問題

2.2.1　ローマ書 9 - 11 章と統一性問題

　基本的な人間観と救済論を提示する教理的部分には、通例であれば、信徒の生き方を提示する倫理的部分が続く（例えば、ガラ 2:15 - 4:31 と 5:1 - 6:10 を参照）。しかし、ローマ書の場合は、教理的記述である 1:18 - 8:39 と倫理的記述である 12:1 - 15:29 の間を分断する形で、ユダヤ人と異邦人の究極的救いについての記述である 9:1 - 11:36 が存在している。このために、イギリスの聖書学者 C・H・ドッドは、この部分がイスラエルの運命について論じた独立の論説であり、後からローマ書に挿入されたものであると論じた[41]。しかし、この部分がローマ書の本来の構成部分であることは、以下の理由により支持される。

　イスラエルの躓きと救いを論じる 9:1 - 11:36 の部分は、修辞学的には、本題から一時離れて違う主題を取り上げる脱線（digressio）と評価できる（キケロ『発想論』1.51.91; クゥインティリアヌス『弁論家の教育』4.3.12 - 17）。

　他方、この部分は前後の文脈から独立しているとはいえ、書簡全体の主題とは共鳴している。例えば、業による義を追い求めたユダヤ人が義に達せず、異邦人がピスティスによる義を得ることとなったという 9:30 - 10:4 の記述は、論証部分の中核を構成する 3:21 - 28 の内容の救済史的展開である。

39　A. J. Hultgren, *Paul's Letter to the Romans*: *A Commentary* (Grand Rapids: Eerdmans, 2011) 20 - 21 を参照。

40　田川、356 - 357 頁を参照。

41　C.H. Dodd, *The Epistle of Paul to the Romans* (London: Hodder and Stoughton, 1932) 148 - 150.

11:25-32 に述べられているユダヤ人と異邦人の救いという結論は、書簡の冒頭部に提示された提題（1:16-17 を参照）の成就を終末論的希望の視点より論じたものである[42]。ローマのキリスト教は元々ユダヤ人の間から始まったという経緯があり、その後の歩みの中で次第に異邦人信徒が多数になったとはいえ（1:5-7, 13; 11:13; 15:7-13, 15-16）、依然としてローマにはユダヤ人信徒が存在し、ローマ教会は異邦人とユダヤ人からなる混成教会であったので（14:1-15:13; 16:3-4, 7 を参照）、ユダヤ人と異邦人の究極的救いを論じたこの部分は、聴衆が関心をもつ主題を取り扱っていると言えよう。神は公平であり（2:11）、ユダヤ人と異邦人の神（3:29）であることが、ここでは救済史的展望のもとに明らかにされる（特に、11:11-36 を参照）[43]。

パウロは当時、マケドニアやアカイアの教会から集めた献金を、原始教会へ届けるために行うエルサレム旅行を目前に控えていた（15:25-27）。彼はユダヤ人であり（ロマ 9:2; フィリ 3:5 を参照）、熱心なユダヤ教徒として教会の迫害を行ったのであるが、復活のキリストとの出会いによってキリストの使徒となった前歴を持つ（I コリ 15:8-10; ガラ 1:13-17; フィリ 3:5-11 を参照）。律法から自由な福音を宣教するパウロは（ガラ 1:11-12; 2:4-5; 2:15-21; ロマ 3:21-26; 9:30-10:4）、ユダヤ教の側からすると棄教者であり、父祖たちの宗教の根本を否定する者となるので、彼のエルサレム訪問に対してはユダヤ人の強い反発が予想された（ロマ 15:30-32 を参照）。エルサレム訪問を前にして、ユダヤ人問題の神学的解明を行っておくことがパウロには必要であった。

2.2.2　ローマ書 16 章と統一性問題

現存のローマ書の統一性に疑問を呈し、16:1-20 の部分は、ローマに宛てた手紙のコピーが後にエフェソへ送られる際に添えられた、エフェソ教会

---

[42]　U. Wilckens, *Der Brief an die Römer* (2.Aufl.; EKK V/1; Zürich: Benzinger; Neukirchen-Vluyn: Neukirchener Verlag, 1989) I 19-21 を参照。

[43]　M. J. Debanné, *Enthymemes in the Letters of Paul* (LNTS 303; London: T & T Clark, 2006) 175-177 は、この部分に見られる神義論的契機を重視している。

宛の挨拶文ではないかという説を、T. W. Manson らが提唱しており、かつては支持する意見も多かった[44]。ローマ書16章がエフェソに宛てたものであるとする説の実質的な根拠は、以下の通りである。

(1) 二世紀に遡る古い写本である P^{46} は、16:25-27 の頌栄句を、16章の末尾ではなく、15:33 の後に置いている[45]。

(2) パウロが未訪問のローマ教会の信徒たちの個人名をこれほど多く知っているのは不自然であることに加えて、16章において挨拶の相手として名前を挙げられている者たちの中に、プリスカとアキラや（使 18:1-3, 18-19; ロマ 16:3; I コリ 16:19）、アジアの初穂エパイネト（ロマ 16:5）のように、エフェソでパウロと関係を持った者たちがいる[46]。

(3) 異端的教えへの厳しい警告を内容とするロマ 16:17-20 は、挨拶を内容とするローマ書16章の文脈に合わず、ローマの教会の実情とも対応しないが、エフェソの長老に向けられたミレトス説教の内容と平行しており（使 20:17-35 を参照）、エフェソの教会へ宛てられたものとして理解できる[47]。

(4) ロマ 15:33 と 16:20b の両方に書簡末尾に用いられる祝祷句が出てきていることは、ローマ書が元々は 15:33 で終わっていたことを示唆している[48]。

---

[44] T. W. Manson, "St. Paul's Letter to the Romans and Others," in *Romans Debate* (ed. K. P. Donfried; Revised and Expanded ed.; Peabody, MA: Hendrickson, 1991) 3-15; E. J. Goodspeed, "Phoebe's Letter of Introduction," *HTR* 44 (1951) 55-57; H. M. Schenke, "Aporien im Römerbrief," *TLZ* 92 (1967) 881-884; J. I. H. McDonald, "Was Romans 16 a Separate Letter," *NTS* 16 (1969-70) 369-372; W. Schmithals, *Der Römerbrief. Ein Kommentar* (Gütersloh: Gerd Mohn, 1988) 27-28, 544-547.

[45] Manson, in *Romans Debate*, 10-14.

[46] Schmithals, 546-547.

[47] Manson, in *Romans Debate*, 13.

[48] Ibid., 8.

2　本文と統一性問題

(5)　16:20bにある祝祷句の後に、16:21-23の挨拶が続くのは不自然であり、手紙の本来の結びの後に事後的に付加されたと考える方が自然である。
(6)　挨拶だけからなる書簡は古代世界に存在した[49]。

　第一の議論は、P[46]という一つのパピルス断片の読みだけに依拠しており、本文批評上の根拠が弱い。P[46]は二世紀に遡る古い写本ではあるが、上記の本文問題の検討で明らかになったように、必ずしも最も原型に近い本文型を伝えていないのである。
　第二の議論については、挨拶のリストに出てくる人たちの中には、プリスカとアキラのように、ローマの教会出身の信徒でコリントやエフェソでパウロの同労者として働いた者たちもあるので（使18:1-3, 18-19; ロマ16:3; Iコリ16:19）、パウロが彼らを通してローマの教会の内部事情に通じていた可能性がある[50]。また、エパイネトのように、アジア州でパウロと出会って回心した信徒たちもあるし（ロマ16:5）、アンドロニコスやユニアのようにパウロと共に宣教活動の過程で入獄した体験を持つ人々などもあり、パウロとローマの信徒たちの間に共通の知人も存在した（16:7）。これらの人々は、皇帝クラウディウスの死後、ユダヤ人追放令が無効になってから、ローマに移住し、ローマの教会の指導的メンバーになっていた可能性がある[51]。
　第三の議論には一理ある。異端的教えへの厳しい警告を内容とするロマ16:17-20は、挨拶を内容とするローマ書16章の文脈に合わず、使徒言行録が伝えるミレトス説教の内容と平行している（使20:17-35を参照）。し

49　A. Deissmann, *Licht vom Osten* (Tübingen: Mohr-Siebeck, 1923)199-200.
50　Ollrog, 238-242; Fitzmyer, 60.
51　Dodd, xx-xxi; Lietzmann, 128-129; Fitzmyer, 60; K. P. Donfried, "A Short Note on Romans 16," *Romans Debate*, 44-52; P. Lampe, *Die stadtrömischen Christen in den ersten beiden Jahrhunderten* (WUNT 2.18; Tübingen: Mohr-Siebeck, 1987) 124-135; ders., "The Roman Christians of Romans 16," *Romans Debate*, 216-230; Byne, 11-12; T. S. Schreiner, *Romans* (Grand Rapids:Baker, 2004) 9; B. Witherington III, *Paul's Letter to the Romans: A Socio-Rhetorical Commentary* (Grand Rapids: Eerdmans, 2004) 6を参照。

かし、そこで問題となっているような異端的教えの問題は、パウロの時代のエフェソよりも、使徒後時代の一世紀末の状況に当てはまる。この部分は、一世紀末にローマ書末尾に書き加えられた編集句であると考えるべきであろう[52]。

第四、第五の議論は、書簡の本文が完結する前に祝祷句が出てくるのが不自然であるという文章形式上の根拠に基づいている。パウロは書簡を口述筆記する際に、文書の結びでなくても、論述の流れの切れ目のところに祝祷句を置くことがあり（ロマ 5:21; 15:13）、ローマの信徒たちの名前を列挙した挨拶の後に（16:3-20a）、執筆場所でパウロと共にいる人々の挨拶の言葉を並べ始める前に（16:21-23）短い祝祷句が置かれてもそれ程不自然ではない。

第六の議論は、ローマ16章が独立の手紙である可能性を示す傍証として主張されており、挨拶だけからなる手紙など考えられないという批判に対する反論となっている。ダイスマンやマクドナルドが具体的に指摘しているように、古代書簡の中に主として挨拶からなる手紙が存在したのは事実である（BGU 601; P.Oxy 1300, 1679 他）[53]。しかし、そのことが直ちにローマ書16章が独立の手紙であったことを示す根拠になる訳ではない。I テサ 5:26; I コリ 16:19-20; II コリ 13:12; フィリ 4:21-22 に見られるように、個人的に良く知っている教会に対して、パウロは書簡の末尾の挨拶において、個々の会員の名前を挙げることを通常はしないが、ローマ書のように未訪問の教会に向けて書かれた手紙の末尾については、これから親しい関係を築くために個人名を列挙した挨拶のリストを付した可能性は存在するのである[54]。

52　これに対して、Schreiner, 10; C. M. Pate, *Romans* (Grand Rapids: Baker, 2013) 326 は、この部分が本来の構成部分であるとする。

53　Deissmann, 199-200; McDonald, 370-372.

54　Cranfield, I .10; Dunn, *Romans*, I 884-885; Schreiner, 9; Witherington III, 5; C. G. Kruse, *Paul's Letter to the Romans: A Commentary* (Grand Rapids: Eerdmans, 2012) 13-14; S. Mathew, *Women in the Greetings of Romans 16.1-16: A Study of Mutuality and Women's Ministry in the Letter to the Roman*s (London: T & T Clark, 2013) 3-4, 37-45 を参照。

2.2.3　木下順治の複合書簡説

木下順治はローマ書の統一性について疑問を持ち、現存のローマ書は以下の三つの文書がエフェソで事後的に編集されて成立したと推定している[55]。

A. 原ローマ書（ロマ 1 : 1 – 32; 2 : 6 – 16; 3 : 21 – 26; 5 : 1 – 11; 8 章、12 – 13 章、15 : 14 – 33）
B. ユダヤ人との論争覚え書き（2 : 1 – 5; 2 : 17 – 3 : 20; 3 : 27 – 4 : 25; 5 : 17 – 7 : 25; 9 – 11 章; 14 : 1 – 15 : 13）
C. フィベの推薦状（16 章）

木下によれば、パウロがローマに書き送った元の書簡は、専ら異邦人信徒を対話の相手として想定していた（ロマ 1 : 1 – 32; 2 : 6 – 16; 3 : 21 – 26; 5 : 1 – 11; 8 章、12 – 13 章、15 : 14 – 33）。これに対してパウロがエフェソで書き記した覚え書きは、ユダヤ人たちとの論争のために書かれたもので（2 : 1 – 5; 2 : 17 – 3 : 20; 3 : 27 – 4 : 25; 5 : 17 – 7 : 25; 9 – 11 章; 14 : 1 – 15 : 13）、両者の想定する神学的対話の相手は異なっている。このようにローマ書 1 – 15 章の背後に二つの文書の存在を想定すれば、それぞれの文書の論旨は一貫し、現存のローマ書の記述のところどころに見られる繋がりの不具合を解決できる[56]。また、原ローマ書と論争のための覚え書きは、神学的視点が異なり、前者が神の恵みの業による義の啓示と和解と霊の働きを強調しているのに対して（特に、3 : 21 – 26; 5 : 1 – 11; 8 章）、後者は律法の業によらずキリストのピスティスによって人が義とされることを強調している（3 : 27 – 4 : 25; 5 : 17 – 7 : 25; 9 – 11 章）。

ローマ書 16 章は、P^{46} が示しているように、本来のローマ書の構成部分ではなく、フィベを紹介する推薦状であり、エフェソ教会に集まっていた小ア

55　J. Kinoshita, "Romans__Two Writings Combined: A New Interpretation of the Body of Romans," *NovTest* 7(1964 – 65) 272 – 277; 木下順治『新解　ローマ人への手紙』聖文舎、1983 年、7 – 168 頁を参照。

56　Kinoshita, "Romans__Two Writings,"261 – 275; 木下『新解』、111 – 131 頁。

ジアの教会指導者たちに宛てパウロが書いた別個の書簡であった[57]。エフェソの教会において、原ローマ書と論争覚え書きが編集されて一つの手紙の体裁に仕立てられ、さらに、挨拶からなるフィベの推薦状が付け加えられた写本が、アレクサンドリアに伝えられたとしている[58]。

　この文書仮説には幾つかの難点がある。第一に、木下はローマの教会は専ら異邦人信徒から構成され、ユダヤ人信徒は殆どいないと想定している[59]。パウロがローマ書を執筆した時、ローマの教会が主として異邦人信徒によって構成されていると想定していたのは事実である（ロマ1:7, 13-15を参照）。しかし、ローマ書16章には、プリスカとアキラの夫婦や（ロマ16:3）、マリアや（16:6）、アンドロニコスとユニア（16:7）、ヘロディオン等の（16:11）指導的ユダヤ人信徒の名前が列挙されており、ローマの教会にある程度の数のユダヤ人信徒がその時点で存在していたことを示している。皇帝クラウディウスの死後、ユダヤ人追放令が無効となり、ユダヤ人信徒たちが首都に戻って来て活動していた可能性は否定できない。第二に、ローマ1-15章の記述を異邦人向けの部分とユダヤ人向けの部分に分け、前者を原ローマ書、後者を論争のための覚え書きとすることには無理がある。福音はユダヤ人と異邦人の両方に向けられているとパウロは考えている（ロマ1:14, 16; 3:29; 9:24, 30; 10:12; 11:25）。神はユダヤ人と異邦人の両方の神であり（3:29）、ユダヤ人も異邦人も等しく罪の下にあり（3:9）、神の裁きに服している（2:9）。パウロはローマ書の中で、ユダヤ人と異邦人に交互に言及した後に（例えば、1:18-32と2:1-4, 2:17-24と2:25-3:8, 9:1-18と9:19-29, 10:5-11:10と11:11-24）、両者を一括して論じるのが通例であり（2:5-11; 3:9-20; 9:30-10:4; 11:25-36）、ユダヤ人に言及する部分と異邦人に言及する部分とは、相互に結びついて一つの論述を作り上げている。

　第三に、木下はローマ書16章が元々別の文書であったという根拠に、P[46]において、15:33の直後に16:25-27の頌栄句が置かれていることを挙げ

57　木下『新解』、150-168頁。
58　木下『新解』、150-168頁。
59　Kinoshita, "Romans__Two Writings," 258-261; 木下『新解』、13-14, 103-111頁。

ている[60]。先に述べたように、P[46]という一つのパピルス断片の読みだけに依拠する議論は、本文批評上の根拠が薄弱である。P[46]は 16:25-27 の後に、16:1-23 の部分も伝えており、15 章だけで終わってはいないし、写本全体としては混合型を示しており、必ずしも最も原型に近い本文型を伝えていない。

2.2.4 シュミットハルスの複合書簡説

W・シュミットハルスは 1988 年に刊行したローマ書の注解書において、現存のローマ書が本来独立に書かれた書簡が編集されて成立したとする複合書簡説を唱えて注目された[61]。シュミットハルスによれば、現存のローマ書背後には下記の三つの書簡が存在している[62]。

ローマ書 A: 1:1-4:25; 5:12-11:36; 15:8-13
ローマ書 B: 12:1-21; 13:8-10; 14:1-15:4a, 5-6, 7; 15:14-33; 16:21-23
エフェソ宛て書簡：16:1-20

5:1-11; 13:1-7; 13:11-14; 15:4b; 16:25-27 は、内容的に前後の文脈に適合せず、編集的挿入とされている[63]。ローマ書をローマ書 A とローマ書 B に分ける主たる根拠は、ローマ書 1-11 章が信仰義認の教理を体系的に説いた論説であり、特に、ローマの教会の状況を反映していないのに対して、12-15 章が、ローマのキリスト教徒の置かれた状況を念頭に置いた勧告的手紙であるということにある[64]。

60　Kinoshita, "Romans__Two Writings,"258 n.1; 木下『新解』、11, 150 頁。
61　W. Schmithals, *Der Römerbrief. Ein Kommentar* (Gütersloh: Gerd Mohn, 1988) 25 – 29.
62　Ibid., 29.
63　Ibid., 29.
64　Ibid., 27-28.

16:1-20 が元々はエフェソに宛てた手紙であると判断する理由は、訪問したことがないローマの教会に、この部分に挨拶の相手として挙げられている多くの人々を個人的に知っているのは不自然であるということにある[65]。シュミットハルスによれば、この部分はパウロの使者として派遣するフィベに持たせた紹介状であり、それは当時の習慣に適っている（16:1-2; Iコリ 16:3; II コリ 3:1; 8:16-24; 使 9:2; 15:23-29; 22:5）[66]。挨拶を主たる内容としていることも、紹介状には相応しいことである。エフェソ宛てであると判断するのは、挨拶の対象として挙げられている人々の中には、プリスカとアキラ（使 18:1-3, 18-19; ロマ 16:3; Iコリ 16:19）、エパイネトや（16:5）、アンドロニコスやユニアのように（16:7）、エフェソ教会で活動していた可能性が高い人々が多く含まれるからである[67]。

　第一の議論は現存のローマ書の記述の流れの中には、前後の文脈とは繋がらないような部分があることを根拠としている。パウロ書簡は当時の書簡執筆の習慣に従って口述筆記されている（16:22 を参照）。口頭で語られる言葉の常としてパウロの議論は必ずしも直線的には進まず、話題が逸れたり、関連の主題が間を置いて繰り返されたりすることもしばしばである。ローマ書に文書としてのより緊密な論理的一貫性を想定して、1章から15章までの本文を分解してローマ書AとBの存在を想定する必要はない。

　第二の議論に対しては、先に「ローマ書16章と統一性問題」のところで確認したように、パウロはコリントやエフェソでローマの教会出身の信徒と接触する機会があったので（ロマ 16:3, 5, 7; さらに、Iコリ 16:19 使 18:1-3, 18-19 を参照）、ローマの教会の信徒たちの間に多くの知人がいた可能性があることが挙げられる[68]。シュミットハルスが主張するように、古典古代世界において挨拶だけを内容とした紹介状が存在した可能性はあるが、ロー

65　Ibid., 546-547.
66　Ibid., 544-545.
67　Ibid., 547.
68　K. P. Donfried, "A Short Note on Romans 16," *Romans Debate*, 44-52; P. Lampe, "The Roman Christians of Romans 16," *Romans Debate*, 216-230 を参照。

マ 16 章を独立の手紙であるとする論拠としては弱く、むしろ新しい問題を作り出している。もし、この部分が本来はエフェソ教会に宛てた書簡だとすれば、先行するローマの教会に宛てた書簡と結び付けられた具体的な事情と理由を説明する必要が出てくるが、そのことについての首尾一貫した説明をシュミットハルスは提供していない。

3 書簡論的分析[69]

3.1 内容構成

ローマ書は、導入部（1:1-15）に前書き（1:1-7）と感謝の祈り（1:8-15）を備えると共に、本文部分（1:16-15:29）の後に、とりなしの祈りの要請（15:30-32）と頌栄句（15:33）と挨拶（16:1-23）からなる結語部（15:30-16:23）を含んでおり、パウロ書簡の定型を踏まえている。ローマ書の内容と構成をより詳しく分析すれば、以下の通りとなる。

導入部
　1:1-7　前書き（発信人、受信人、頌栄句）
　1:8-15　感謝の祈り
本　論
　1:16-17　神の力、神の義の啓示としての福音
　1:18-3:20　罪のもとにある人間
　　1:18-32　異邦人の罪
　　2:1-16　神の公平な裁き
　　2:17-29　ユダヤ人の罪

---

[69] ローマ書の詳細な書簡論的分析については、原口尚彰「ローマ書の書簡論的分析」『ヨーロッパ文化史研究』第 15 号（2014 年）135-153 頁を参照。

3：1－8　神の信実とユダヤ人の不信実
　　3：9－20　人類の罪
　3：21－8：39　神の義のもとにある人間
　　3：21－31　神の義の啓示
　　4：1－25　信仰の人アブラハム
　　5：1－11　神との平和、神との和解
　　5：12－21　第二のアダム
　　6：1－23　キリストと共に死に、キリストと共に生きる
　　7：1－25　律法と罪の問題
　　8：1－39　霊に導かれる生活、被造物の希望
　9：1－11：36　イスラエルの躓きと救い
　　9：1－5　パウロの同族への思い
　　9：6－29　神の選びと神の裁き
　　9：30－10：4　神の義とイスラエル
　　10：5－21　御言葉の宣教と信仰
　　11：1－24　神の選びとオリーブの木の喩え
　　11：25－36　神の秘義：異邦人とイスラエルの究極的救い
　12：1－15：29　信仰者の生き方について
　　12：1－2　神への聖なる捧げ物
　　12：3－8　キリストのからだ
　　12：9－21　兄弟愛と善の勧め
　　13：1－7　上なる権威への服従
　　13：8－10　愛は律法を成就する
　　13：11－14　救いの時の接近
　　14：1－23　相互の寛容
　　15：1－13　弱い者への配慮
　　15：14－21　パウロの宣教の生涯
　　15：22－29　スペイン伝道とエルサレム行きと献金問題
結語部

15:30-33　とりなしの祈りの要請と祝祷
16:1-16　挨拶（1）
16:17-20　警告
16:21-23　挨拶（2）
［16:25-27　頌栄］

3.2　書簡類型

　R・ジューウェットは、ローマ書をパウロが訪れたことのないローマの教会に対して、スペイン伝道への助力を得るために、自らを使徒として公式に受け入れて貰うために書き送った使節的書簡（Ambassadorial Letter）であるとした[70]。このタイプの手紙は、古代の書簡理論では、「外交的書簡」にあたると考えられる（偽リバニオス『書簡類型論』第4類型）[71]。

　D・ドールマイアーは、修辞学的関心から、ローマ書の配列構成を、序言（1:1-7）、導入（1:8-17）、論証（1:18-11:36）、勧告（12:1-15:13）、結語（15:14-16:23）であるとした上で、この書簡は、福音理解の内容を保持するために書かれた「演示的書簡」であるが、助言的要素も含んでいるとした（ロマ 12:1-15:13 を参照）[72]。但し、「演示的書簡」という類型は、古代書簡理論には出てこない。古典修辞学において「演示的」とは、共同体の価値観を保持するために、ある行為や人物を賞賛したり、非難したりすることである（アリストテレス『弁論術』1358b; キケロ『発想論』1.5.7;『弁論術の分析』24.83-87;『弁論家について』1.6.22; 1.31.141; 偽キケロ『ヘレンニウスに与える修辞学書』1.2.2; クウィンティリアヌス『弁論家の教育』3.4.1-16）。演示的内容を持つ書簡類型は、敢えて言えば、古代書簡理論の「推薦状」（偽

70　R. Jewett, "Romans as a Ambassadorial Letter," *Int* 36 (1982) 5-29 を参照。

71　H.-J. Klauck, *Ancient Letters and the New Testament* (Waco, TX: Baylor University Press, 2006) 303 を参照。

72　D. Dormeyer, *Das Neue Testament im Rahmen der antiken Literaturgeschichte* (Darmstadt: WBG, 1993) 197; さらに、Aune, 219-221 を参照。

デメトリオス『書簡タイプ論』第 2 類型 ; 偽リバニオス『書簡形式論』第 55 類型)、「非難の書簡」(偽デメトリオス第 3 類型)、「賞賛の書簡」(偽デメトリオス第 10 類型)、「祝辞」(偽デメトリオス第 19 類型) などに該当するであろう。

　M・L・スタイアワルトは、ローマ書の内容が客観的・理論的であることに注目して、この書簡がギリシア・ローマ世界の哲学者たちの書簡に見られる「論説的手紙(letter-essay)」と評価できるとした[73]。論説的手紙(letter-essay)」は、手紙の形式を取った論説であり、理論的事柄を論証すると共に、その立場を読者に受け入れるように勧めるものであり、古典書簡理論の「助言的書簡」(偽デメトリウス『書簡タイプ論』第 7 類型 ; 偽リバニオス『書簡形式論』第 5 類型) のタイプに該当する[74]。

　筆者自身は、この書簡が書かれた目的に着目し、その果たす役割を機能論的に考察して、書簡類型を決定すべきであると考える。この書簡はパウロがまだ訪れたことがないローマの教会に対して (ロマ 1 : 7, 10 - 15)、将来のスペイン伝道の拠点教会の役割を期待して (15 : 22 - 25)、宣教者である使徒としての自己紹介をするために書かれている。使徒としての自己紹介に当たって、パウロは自らが信奉する独自の福音理解を提示して (1 : 16 - 17)、その真理性を体系的に述べることを目指している (1 : 18 - 8 : 39; 9 : 1 - 11 : 32)。従って、ローマ書はヘレニズム世界の書簡類型から言えば、「推薦状」(偽デメトリウス『書簡タイプ論』第 2 類型 ; 偽リバニオス『書簡形式論』第 55 類型) の性格が強い。他方、受信人であるローマの教会が、この「推薦状」を受け取り、パウロを使徒として受け入れ、その説く福音に真理性を見出すための前提として、パウロとローマの信徒たちとの間に信頼関係が存在しなければならない。この書簡の書き出しの部分 (前書きと感謝の祈り) と結語

---

[73] M. L. Stirewalt, Jr., "The Form and Function of the Greek Letter-Essay," in K. P. Donfried ed., *Romans Debate* (Revised and Expanded ed.; Peabody, MA: Hendrickson, 1991) 147 - 171; idem., *Paul, the Letter-Writer* (Grand Rapids: Eerdmans, 2003) 107 - 112 を参照。

[74] Klauck, 303 も同意見。

部分には（挨拶と祝祷句）には発信人とローマの信徒たちとの密接な関係を強調しており、「友好的書簡」（偽デメトリウス『書簡タイプ論』第1類型；偽リバニオス『書簡形式論』第11類型）の要素が強く認められるのである。

さらに、信仰者としての生き方について語る部分には（12:1-15:29）、キリスト教徒の生き方一般に通じる倫理的勧告（12:1-13:14）とローマの教会の事情に応じた助言（14:1-15:11）とが含まれており、「助言的書簡」（偽デメトリウス『書簡タイプ論』第7類型；偽リバニオス『書簡形式論』第5類型）の要素もある。古代書簡理論は様々な手紙が果たす目的に応じて、手紙を様々な書簡類型に分類しているが、個々の類型は相互に排他的であるとは限らない。場合によっては、一つの手紙が複数の機能を果たす結果、複数の書簡類型の要素を併せ持つ混合型を示す場合も存在するのである[75]。

3.3 ディアスポラ書簡

初期ユダヤ教において、エルサレムのユダヤ人指導者たちと離散のユダヤ人との間に交わされた宗教的事柄に関する一連の書簡が存在した（エレミヤの手紙、バルク書簡、エレファンティネ書簡、IIマカバイ記冒頭の2書簡他）[76]。これらの書簡は、エルサレムに在住する指導者から、離散のユダヤ人共同体に宛てて書かれており、世界に住むユダヤ人の民族的・宗教的一体性を維持する機能を帯びていた。それぞれは書かれた時代の標準的言語で書かれ、離散の民が置かれていた周辺文化への適応が見られる。書簡形式において、エレファンティネ書簡はペルシア時代の書簡形式の慣例に従い、IIマカバイ記冒頭の2書簡は基本的にはヘレニズム時代のギリシア語書簡の慣例に従っていた。

---

75 Stirewalt, 26 を参照。

76 この文学類型についての理論的考察については、I. Taats, *Frühjüdische Briefe. Die paulinischen Briefe im Rahmen der offiziellen religiösen Briefe des Frühjüdentums* (Freiburg in der Schweiz: Universitätsverlag; Göttingen: Vandenhoeck & Ruprecht, 1991) を参照。

Ⅰペトロ書やヤコブ書はディアスポラ状況の中にある信徒たちに宛てて書かれた体裁をとっており（Ⅰペト 1:1; ヤコ 1:1）、初期ユダヤ教のディアスポラ書簡の形式を意識的に採用している[77]。但し、ディアスポラ書簡の概念を初期キリスト教書簡に援用するためには、ディアスポラ概念の再定義が必要である。ディアスポラとは、ユダヤ人がイスラエルに在住せず、異邦人の間に離散して生活する状況（申 28:25; エレ 15:7; 41:17; ダニ 12:2; ユデ 5:19）、または、離散のユダヤの民のことである（申 30:4; イザ 49:6; 詩 146:2; ネヘ 1:9; ソロ詩 8:28; 9:2; Ⅱマカ 1:27）。これに対して、キリスト教は早い時期に民族的壁を乗り越えて（使 11:20-21）、ユダヤ人も異邦人も含む共同体としての教会を形成した（ガラ 3:28; Ⅰコリ 12:13）。当時のキリスト教徒は社会の少数者として、圧倒的多数の異教徒の蔑視や敵意に取り囲まれて生活していた（マタ 5:11; ルカ 6:22; フィリ 1:27-30; Ⅰテサ 2:14; Ⅰペト 4:12-16 を参照）[78]。従って、初期キリスト教徒のディアスポラ状況とは、民族的離散状況とは区別される宗教的離散状況のことである。こう再定義されたディアスポラ状況は、初期キリスト教会に属した信徒たち全体に該当するのであり、ほとんどの初期キリスト教書簡も実質において、ディアスポラ書簡として機能していると言える[79]。初期キリスト教書簡の多くは、デ

---

[77] ヤコブ書をディアスポラ書簡と規定した例として、M. Tsuji, *Glaube zwischen Vollkommenheit und Verweltlichung* (WUNT 2,93; Tübingen: Mohr-Siebeck, 1997) 18-26; 辻学「ディアスポラ書簡としてのヤコブ書」『神学研究』44 号（1997 年）57-78 頁; 同『ヤコブ書註解』新教出版社、2003 年、19-26 頁; K.-W. Niebuhr, "Der Jakobusbrief im Licht Frühjüdischer Diasporabriefe," *NTS* 44 (1998) 420-443; T. Klein, *Bewährung in Anfechtung. Der Jakobusbrief und der Erster Petrusbrief als christliche Diasporabriefe* (Tübingen: Mohr-Siebeck, 2011) 182-224, 274-347, 367-398 があり、Ⅰペトロ書をディアスポラ書簡と規定した例としては、Tsuji, 29-32; I. J. Michaels, *1 Peter* (WBC 49; Dalas: Word Books, 1988) xlix; J. H. Elliott, *1 Peter* (AB 37B; New York: Doubleday, 2000) 12; Klein, 225-273, 348-366, 399-433　が挙げられる。

[78] 詳しい分析は、原口尚彰「初期キリスト教のディアスポラ状況」『神学と人文学』（『教会と神学』改題）第 2 号（2012 年）15-28 頁を参照。

[79] 原口尚彰「ディアスポラ書簡としての初期キリスト教書簡」『東北学院大学キリスト教文化研究所紀要』第 31 号（2013 年）1-26 頁を参照。

ィアスポラ状況の中にあるキリスト教共同体に宛てて書かれた書簡であり、それぞれが置かれた状況や課題に対応すると共に、キリスト教としての一体性を前提に、教理と生活における基本的一致を進めるために書かれた。ディアスポラ書簡という視点は、初期キリスト教書簡の宛先である受信人たちの置かれたディアスポラ状況にスポットライトを当て、それぞれの固有の課題を浮き彫りにする効果がある。但し、初期キリスト教ディアスポラ書簡は、ユダヤ教ディアスポラ書簡のようにエルサレムから書き送られるとは限らない。真正パウロ書簡はコリントやエフェソから書き送られているし、Ⅰペトロ書はローマから書き送られたと措定されている（Ⅰペト 5:13 を参照）。キリスト教徒にとって国籍は天にあり（フィリ 3:20）、地上の特定の場所が帰還すべき本籍地ではないのである（ヘブ 11:13-16）。ローマ書は、パウロが滞在するコリントから、ローマ帝国の首都ローマに存在するキリスト教共同体へ向けて書かれた、初期キリスト教のディアスポラ書簡として固有の機能を持っていると言える[80]。

4　修辞学的配列構成・種別[81]

4.1　配列構成

修辞学的視点より見たローマ書の配列構成は、以下の通りとなる。

序論　1:1-15　　　　前書きと感謝の祈り
提題　1:16-17　　　神の力としての福音、神の義の啓示としての福音
叙述　1:18-3:20　　罪のもとにある人間

80　同「ディアスポラ書簡としてのローマ書」『新約学研究』第 41 号（2014 年）39-53 頁を参照。
81　ここでは、修辞学的分析を配列構成と修辞学的種別の問題に限定し、個々の節の修辞学的分析は注解部分で行うことにする。

			（異邦人の罪、ユダヤ人の罪、人類の罪）
論証	3：21－8：39	神の義のもとにある人間	
			（神の義、アブラハム、和解と希望）
脱線	9：1－11：36	イスラエルの躓きと救い	
勧奨	12：1－15：29	信仰者の生き方について	
結語	15：30－16：23	とりなしの祈りの要請、挨拶、頌栄	

4.2 修辞的種別

この書簡はパウロがまだ訪れたことがないローマの教会に対して（ロマ1：7, 10－15）、スペイン伝道の拠点教会の役割を期待して（15：22－25）、福音宣教者である使徒としての自己紹介をするために書かれている。その際にパウロは宣べ伝える独自の福音理解を提示して（1：16－17）、その真理性を論証し、ローマの信徒たちの同意と協力を得ることを目指している（1：18－8：39; 9：1－11：32）。古典修辞学において演示弁論は賞賛や非難を通して、共同体が拠って立つ基本的価値観を再確認する社会的機能を持っている（アリストテレス『弁論術』1358b; 偽キケロ『ヘレンニウスに与える修辞学書』1.2; クウィンティリアノス『弁論家の教育』3.7.28）。ローマ書の場合はキリスト教が拠って立つキリストの福音という基本的価値に関する理解を確立することが目的であるので、主たる機能において演示的であると言える。但し、信仰者としての生き方について語る部分には（12：1－15：29）、キリスト教徒の生き方一般に通じる倫理的勧告（12：1－13：14）とローマの教会固有の事情に応じた助言（14：1－15：11）とが含まれており、助言的要素も併せ持っている。助言（議会）弁論は、聴衆の未来の行動に関係し、「あることをするように、或いは、あることをしないように説得する」機能を持つ（アリストテレス『弁論術』1358b; キケロ『発想法』1.7;『弁論術の分析』10;『弁論家について』2.10; 偽キケロ『ヘレンニウスに与える修辞学書』3.2.2; クウ

インティリアヌス『弁論家の教育』3.3.15)[82]。

---

82 R. Volkmann, *Die Rhetorik der Griechen und Römer* (Leipzig: Teubner, 1885; Nachdruck: Hildesheim: Georg Olms, 1987) 262-271; H. Lausberg, *Handbook of Literary Rhetoric: A Foundation for Literary Study* (eds. D. E. Orton / R. D. Anderson. Leiden: Brill, 1998) §431-442.

注　解

導入部 (1:1-15)

前書き (1:1-7)

1. 私訳

1¹ キリスト・イエスの僕、使徒として召され、神の福音のために聖別されたパウロより、² ＿＿＿この福音は神が預言者たちを通して聖なる書物において予め約束したものであり、³ 御子に関している。御子は肉によればダビデの子孫より生まれ、⁴ 聖なる霊によれば、死者の復活により、力をもって神の子と定められた、私たちの主イエス・キリストである。⁵ 御子を通して、私たちは恵みと使徒職とを受けたが、それは御名のためにすべての異邦人たちの間で、信仰の従順に到らせるためである。⁶ その中にあってあなた方もまた、イエス・キリストに属する召された者となっている、＿＿＿⁷ ローマにいる神に愛されているすべての者、召された聖徒たちへ。私たちの父なる神と主イエス・キリストより、恵みと平和があなた方にあるように。

2. 注解

ロマ1:1-15によって構成される書簡導入部は、修辞学的には序論に相当する。修辞法において序論は、聴衆に対して本論の中で展開される議論に対する準備を与える機能を果たす（アリストテレス『弁論術』1414b; クウィンティリアヌス『弁論家の教育』4.1.5）[83]。演説の場合は最初に、聴衆へ語り掛ける言葉があり、聴衆の注意を喚起している（プラトン『ソクラテスの弁明』17a; デモステネス『オリュントス情勢（第一演説）』1;『オリュントス情勢（第二演説）』1;『冠について』1; さらに、使2:14b; 3:12b; 5:35; 7:2;

83　Volkmann, 127-148; Lausberg, §263-288; Jewett, 96-99.

13:16; 15:7; 15:13b; 19:35; 22:1; 23:1b; 26:2を参照)。ローマ書は書簡形式で書かれた文書であるので、語り掛ける言葉の代わりに前書きが冒頭に置かれ、発信人と受信人との基本的関係を設定している (ロマ1:1-7)[84]。但し、パウロはローマ書の論述の途中で、読み手であるローマの信徒たちに語り掛けることを試みることがある。特に、序論中の1:13に出てくる「兄弟たちよ (ἀδελφοί)」という呼び掛けの言葉は、パウロとローマの信徒たちの間に存在する信仰者としての連帯性の確認であり、以後、この書簡の論述の節目で繰り返されることとなる (1:13; 7:1, 4; 8:12; 10:1; 11:25; 12:1; 15:14, 30; 16:17)。

　パウロ書簡の前書きは、発信人と受信人を明らかにし、祝祷句によって結ばれる (ロマ1:1-7; Iコリ1:1-3; IIコリ1:1-2; ガラ1:1-5; フィリ1:1-2; Iテサ1:1; フィレ1-3)[85]。本書簡の前書き (ロマ1:1-7) は、他のパウロ書簡の前書きと比して非常に長くなっている (Iテサ1:1; フィリ1:1; フィレ1:1他を参照)。それは、福音の本質を初代教会の信仰告白伝承によって説明している長い部分が挿入されているからである (ロマ1:2-6)[86]。このために発信人名 (1:1) と受信人名 (1:7a) との間が非常に離れる結果となっている。なお、パウロ書簡の定型に従って、本書簡においても前書きの後に、「感謝の祈り」(ロマ1:8-15)、「本論」(1:16-15:29)、「結語」(15:30-16:23) が続き、一つの完成した書簡の形を作り上げている[87]。

1節　パウロは当時の書簡の定型に従って、発信人としての自分の名前を記している (「キリスト・イエスの僕、使徒として召され、神の福音のために聖別されたパウロより」)。他の書簡では彼の宣教活動に同行する宣教者

84　S. Byrskog, "Epistolography, Rhetoric and Letter Prescript: Romans 1:1-7 as a Test Case," *JSNT* 65 (1997) 27-46.
85　拙稿「真正パウロ書簡導入部の修辞学的分析」『東北学院大学キリスト教文化研究所紀要』第18号 (2000年) 27-30頁。
86　Wilckens, I 55-56; Lohse, 59; Jewett, 97-98.
87　原口尚彰『新約聖書概説』教文館、2004年、87-89頁。

の名前も挙げるのが通例であるのに（Ⅰコリ1:1; Ⅱコリ1:1; ガラ1:1; フィリ1:1を参照）、ここでは自分の名前だけを挙げ、一人称単数形で叙述を進めている。同労者であるテモテやルキオやヤソンやソシパトロらの名前を、パウロは共同の発信人としては挙げない（ロマ16:21を参照）。Παῦλος（パウロ）という名前はパウロ自身が用いていたラテン名 Paulus のギリシア語読みであろう[88]。使徒言行録によると、パウロのユダヤ名はサウロ（ギリシア語で Σαούλ または Σαῦλος と表記）であったが（使7:58; 8:1; 9:1, 4, 17; 13:9, 21; 13:21; 22:7, 13; 26:4）、パウロ書簡において、パウロは自分自身を一貫して Παῦλος という通称で呼んでいる（ロマ1:1; Ⅰコリ1:1; Ⅱコリ1:1; ガラ1:1; フィリ1:1; Ⅰテサ1:1; フィレ1:1）。

Δοῦλος Χριστοῦ Ἰησοῦ（キリスト・イエスの僕）とは、初代教会の宣教者を指す称号の一つである（Ⅱコリ4:5; ガラ1:10; フィリ1:1; ヤコ1:1; ユダ1:1）。名詞 δοῦλος は、元々は奴隷の身分にある者を指す言葉であるが、ここでは福音の宣教者の呼称に転用されている[89]。「キリスト・イエスの僕（δοῦλος）」とは、伝道者が宣教活動を通してキリストに仕える者であることを強調する呼称である（ロマ1:1; Ⅱコリ4:5; ガラ1:10; ヤコ1:1; Ⅱペト1:1; ユダ1:1を参照）。その背景として、旧約聖書においてアブラハムや（詩105[104]:42）、ヤコブ＝イスラエルや（イザ48:20）、モーセや（ヨシュ14:7; 王下18:12; 詩105[104]:26）、ヨシュアや（ヨシュ24:29 [24:30]; 士2:8）、ダビデ等の（サム下7:5, 27; 王下19:34; 詩78[77]:70; 89[88]:4）、イスラエルの指導者たちが、「（主の）僕」と呼ばれる称号の用法が存在していることが挙げられる[90]。また、神の言葉の告知者である預言者を「神の僕」

---

[88] Dunn, I 6–7; Fitzmyer, 230–231; Jewett, 99; G. A. Harrer, "Saul who also is Called Paul," *HTR* 33 (1940) 19–34; C. H. Hemer, "The Name of Paul," *TynBul* 36 (1985) 179–183.

[89] ギリシア語名詞 δοῦλος の語学的分析については、Bauer-Aland, 413–414; K. H. Rengstorf, "δοῦλος κτλ.," *TWNT* II 264–283; A. Weiser, "δουλεύω κτλ.," *EWNT* I 844–851; C. Spicq, "δοῦλος κτλ.," *TLNT* I 380–386 を参照。

[90] K. H. Rengstorf, "δοῦλος κτλ.," *TWNT* II 268–271; J. Byron, *Slavery Metaphors in Early Judaism and Pauline Christianity* (WUNT 2.162; Tübingen: Mohr-Siebeck, 2003)

という呼ぶ用例も存在している（王上 15:29; エレ 7:25; 25:4; アモ 3:7; ゼカ 1:6）[91]。初期キリスト教の用語法は直接には、この神の言葉の告知者を「神の僕」と呼ぶ習慣を継承したのであろう。

　Χριστοῦ Ἰησοῦ（キリスト・イエスの）という句には、Ἰησοῦ Χριστοῦ（イエス・キリストの）という異読がある。前者を支持するのは、P^{10} B 81 他であるのに対して、後者を支持するのは、P^{26} ℵ A G K L P 他であり、外的証拠において両者の読みは拮抗している。キリスト・イエスという表現（ロマ 2:16; 3:24; 6:3, 11, 23; IIコリ 4:5 他）も、逆の語順のイエス・キリストという表現（ロマ 1:4, 6, 7; 3:22; 5:1, 11, 15, 17, 21; 7:25 他）も、パウロ書簡の中でしばしば使用されており、内的証拠の点からも両者の読みの優劣は付けがたい。ギリシア語名詞 ἀπόστολος は、動詞 ἀποστέλλω「遣わす」から派生しており、「遣わされた者」、「使者」を意味する[92]。この言葉は初代教会の用語法の中で、キリストによって福音宣教のために遣わされた権威ある巡回宣教者である「使徒」を指す称号として術語的意味を持っている[93]。この単語は、パウロ書簡においても（ロマ 1:1; 11:13; Iコリ 1:1; 4:9; 9:1, 2, 3; 15:7, 9; IIコリ 1:1; 8:23; ガラ 1:1, 17, 19 他）、福音書伝承においても（マコ 3:14; 6:30; マタ 10:2; ルカ 6:13; 9:10）、しばしば主の授権による宣教派遣という文脈で使用されている。「使徒（ἀπόστολος）」はエルサレムの原始教会に由来する言葉であると推定されるが（ガラ 1:17, 19; Iコリ 15:9 を参照）、初期の用法では必ずしもイエスの十二弟子に限定されるのではなく（このことが起こるのは、共観福音書と使徒言行録の時代以降である）、主の兄弟ヤコブ（ガラ 1:19）や、バルナバ（Iコリ 9:3–7; 使 14:14）も「使徒」と呼ばれている[94]。従って、パウロが自分は「使徒として召された」のだと

177–180; Cranfield, I 50 を参照。

91　Byron, 27.

92　Bauer-Aland, 200 –201; K.-L. Bühner, "ἀπόστολος," *EWNT* I 342 –351; K. H. Rengstorf, "ἀπόστολος," *TWNT* I 406–446.

93　J. Roloff, "Apostel / Apostolat /Apostolizität," *TRE* III 430–445 を参照。

94　拙稿「原始キリスト教の指導者像」『パウロの宣教』教文館、1998 年、179–

理解していることも（ロマ1:1）、コリントにおけるパウロの論敵が「使徒」と自称していることも（Ⅱコリ11:5, 13; 12:11, 12）、当時の用語法では何ら奇異なことではない。

パウロが使徒として召されたことを（Ⅰコリ1:1; ガラ1:1）自覚するようになったのは、厳格なユダヤ教徒として律法への熱心の余りに教会を迫害していた頃に、復活のキリストと出会う決定的な体験を経た後であった（Ⅰコリ9:1; 15:8-11; ガラ1:15-16; フィリ3:6; 使9:1-30）。パウロはこれを恵みの体験と捉え、異邦人の使徒として誰よりも多く宣教活動を展開してきたのであった（Ⅰコリ15:8-11; ガラ1:15-16）。

パウロが手紙の劈頭で自分が使徒であることを述べている例は、ローマの信徒への手紙以外では、第一、第二コリント書とガラテヤ書に見られる（Ⅰコリ1:1; Ⅱコリ1:1; ガラ1:1）[95]。第一、第二コリント書の場合は、コリントに生じた紛争の中で、パウロの使徒職が攻撃の対象となったからである（Ⅰコリ9:1-2; Ⅱコリ11:1-33を参照）。ガラテヤ書についても事情は同様である。ガラテヤにパウロとは福音理解を異にする宣教者たちが訪れ、「異なる福音」を説いた結果（ガラ1:6-9）、ガラテヤ人たちの間にパウロが説いた福音の真理性と彼の使徒職に対する疑念が生じていたことが（4:15-16）、冒頭でパウロが自らの使徒職を強調する理由であろう。未知の教会に自己紹介して将来の宣教計画への協力を得ることを目的とするローマ書の場合、イエス・キリストの福音を伝える使徒としての自己の立場を冒頭で強調する必要があったために、パウロは発信人である自己の名前に続けて、「キリスト・イエスの僕」という句と、「使徒として召され、神の福音のために聖別された」という句を付け加えたのであった。

「神の福音のために聖別された」という句に用いられている ἀφορίζω（聖別する）という言葉は、特定の目的のために事物や人を取り分けるという意味の動詞である（マタ13:49; 25:32; ルカ6:22; 使13:2; ロマ1:1; ガラ

183頁を参照。

95　第二パウロ書簡では、エフェ1:1; コロ1:1; Ⅰテモ1:1; Ⅱテモ1:1; テト1:1 に見られる。

1:15)⁹⁶。この動詞は祭儀的背景を持つ言葉であり、七十人訳聖書において は、祭司が清い物と清くない物を分ける行為を指して使用されている（レビ 13:11, 21, 26; 14:38, 46; 20:25; エゼ 45:1 他）。注目されるのは、イスラエル が神の民として諸国民の中から聖別されていることを述べるレビ 20:26 で ある：「あなた方は聖なる者となりなさい。あなた方の主なる神である私は 聖であり、私のものとするためにあなた方をすべての民から聖別したあなた 方の神であるからである（καὶ ἔσεσθέ μοι ἅγιοι, ὅτι ἐγὼ ἅγιος κύριος ὁ θεὸς ὑμῶν ὁ ἀφορίσας ὑμᾶς ἀπὸ πάντων τῶν ἐθνῶν εἶναι ἐμοί)」（私訳）。ここで は、ἀφορίζω がイスラエルを神の民としての選ぶ神の業を指して使用されて いる。さらに、ガラ 1:15 においてパウロは、自分の使徒職への召しを、旧 約の預言者エレミヤの召命記事や第二イザヤ書中の主の僕の召命記事の例に 倣って、「（神は）母の胎の中から私を聖別し、その恵みによって召し出し（ὁ ἀφορίσας με ἐκ κοιλίας μητρός μου καὶ καλέσας διὰ τῆς χάριτος αὐτοῦ)」と述 べる。このことはパウロが自分の使徒職について、神に召されて諸国民に神 の言葉を告げる預言者的務めであると考えると共に（エレ 1:5 後半「母の 胎から生まれる前に、私はあなたを聖別し、諸国民の預言者として立てた」 ；イザ 49:1 「主は母の胎にある私の名を呼び、母の腹にある私の名を呼んだ」 を参照）、特別に聖別された祭司的務めであると理解していたことを示して いる（ロマ 15:16 も参照）⁹⁷。

名詞 εὐαγγέλιον（「福音」）は、七十人訳ではサム下 4:10; 18:22 において、 ヘブライ語 בְּשׂוֹרָה の訳語として用いられ、良い知らせをもたらした伝令へ の褒美を意味している。他方、女性形の εὐαγγελία も בְּשׂוֹרָה の訳語として 用いられ、戦勝の良い知らせ、もしくは、それに対する褒美を意味している （サム下 18:20, 27; 王下 7:9）⁹⁸。しかし、使用頻度から言えば、名詞形よりも 動詞形 εὐαγγελίζομαι の方が多く登場し、ヘブライ語動詞 בָּשַׂר（ピエル形）

96　Bauer-Aland, 255; K.-L. Schmidt, "ἀφορίζω," TWNT V 454–456; U. Kellermann, "ἀφορίζω," EWNT I 442–454.

97　Lohse, 61 も同趣旨。

98　G. Friedrich, "εὐαγγέλιον," TWNT II 705–735.

の訳語となっている。動詞形は戦勝の知らせを伝える意味でも出てくるが（サム上 1:20; 4:10; 18:19, 20, 27; 31:9）、第二、第三イザヤと詩編において、救いの知らせを告げることを表す術語として出てきており（イザ 40:9; 52:7; 60:6; 61:1; 詩 40[39]:10; 68 [67]:11; 96 [95]:23）、新約聖書中の εὐαγγελ-語群の用法の背景をなしている[99]。パウロは εὐαγγέλιον（「福音」）を初代教会の宣教を表す術語としてしばしば用いており（ロマ 1:1, 16; 15:16; ガラ 1:7, 11; 2:2,5; Ⅰテサ 2:2, 8, 9; 3:2 その他多数）、この言葉は λόγος（「御言葉」）とほぼ同義である（Ⅰテサ 1:6, 8 と 2:8, 13 を比較せよ。さらに使 7:4「福音の言葉」も参照）。福音宣教の主体は神であり、パウロが εὐαγγέλιον τοῦ θεοῦ（神の福音）という時（ロマ 1:1; 15:16; Ⅱコリ 11:7; Ⅰテサ 2:2, 8, 9 他）、「神の」は主格的属格である[100]。パウロら宣教者は召しを受けて、神から福音を託され、神の使者として福音を語るのである（ガラ 2:7; Ⅰテサ 2:4）。これに対して、パウロが εὐαγγέλιον τοῦ Χριστοῦ（キリストの福音）という時の（ロマ 15:19; Ⅰコリ 9:12; Ⅱコリ 2:12; 4:4; 9:13; 10:14; ガラ 1:7; フィリ 1:27; Ⅰテサ 3:2）、「キリストの」は目的格的属格と主格的属格の両方を含意している。しばしば見られる「（イエス・）キリストを宣べ伝える」（Ⅰコリ 1:23; 15:12; Ⅱコリ 1:19; 4:5; フィリ 1:15）という表現では、キリストは明らかに宣教の客体である[101]。他方、キリストが使徒の宣教派遣の主体であることを示す個所や（Ⅰコリ 1:17）、救済の業の主体であることを示す個所が存在しているので（ガラ 3:13; 5:1）、キリストは宣教の主体であるという理解もできる。ギリシア・ローマ世界において、εὐαγγέλιον は、古くから戦勝の「良い知らせ」という意味で用いられた（ホメロス『オデュッセ

99　G. Friedrich, "εὐαγγέλιον," *TWNT* II 707–721; P. Stuhlmacher, *Das paulinische Evangelium* (Göttingen: Vandenhoeck & Ruprecht, 1968) I 109–179; Wilckens, I 74–75; Dunn, I 9–10 に賛成、皇帝礼拝の用語を直接の背景と見る G. Strecker, "εὐαγγέλιον," *EWNT* II 176–186 に反対。

100　Bauer-Aland, 643; Wolter, I 83.

101　Bauer-Aland, 643.

イア』14.152, 166; アッピアノス『内乱』3.39)[102]。注目されるのは、ヘレニズムの支配者礼拝の伝統の中で、ローマ皇帝の誕生（OGIS 458.37-38）や即位（ヨセフス『戦記』4.6-8, 656）の知らせが世界に平和と幸いをもたらすεὐαγγέλια（複数形）と呼ばれていることである[103]。ローマ書はローマにある教会に宛てられており、受信人である教会の信徒たちは、皇帝の誕生や即位が世界に平和をもたらす福音であるというローマ帝国のイデオロギーに対して、キリストの福音こそが世界に救いと平和をもたらす「良い知らせ」であることを強く意識させられるのであった[104]。

2節 パウロはこの手紙を通して、使徒としての自己紹介を行っている（1:1）。しかし、この手紙に自伝的要素は少なく使徒職の中核をなす福音について客観的に述べる神学的自己紹介が展開されている（1:1-7；1:16-17；3:21-26）。このように宣教者であるパウロが自分の福音理解を説明しなければいけない理由は、最初期の教会において複数の福音理解が並存し、競合していたからである。例えば、パウロはコリントやガラテヤにやって来た論敵である宣教者たちが説いた福音を「異なる福音」として斥けている（Ⅱコリ11:1-33; ガラ1:6-9を参照）。他方、パウロはロマ1:2-6において、初代教会に遡る信仰告白を引用し、受信人であるローマ人たちと共有する福音理解を確認している。初代教会一般に共通な「キリストの福音」の内容は、救済論的意味を持つキリストの死と復活の出来事であり、パウロもまたこうした理解を継承している（Ⅰコリ15:1-7; ロマ1:1-4）。彼は当時の教会が共通に持っていた福音理解の土台の上に、彼の固有な福音理解であるピスティス（信実、信仰）による義ということを提示し（ロマ1:16-17）、手紙の本文全体を通してそのことを立証しようとするのである（ロマ1:18-11:36）。福音の内容を初代教会の信仰告白伝承を引用して説明しようとすることは、Ⅰコリント15章にも見られ、そこでは、キリストの死と復活に

102　LSJ, 705; Bauer-Aland, 643.
103　G. Friedrich, "εὐαγγέλιον," *TWNT* II 727; G. Strecker, "εὐαγγέλιον," *EWNT* II 179.
104　Cranfield, I 54-55; Porter, 44 を参照。

ついての伝承が福音の内容とされている（Iコリ 15：3 - 7）。パウロは伝承を引用する際に選択的な態度を取っており、修辞的状況の要求に従って必要なことに絞って引用する。

　パウロは、「この福音は神が預言者たちを通して聖なる書物において予め約束したものである」と述べる（ロマ 1：2）。「聖なる書物（γραφαὶ ἁγίαι）」とは旧約聖書のことを指している。新約諸文書は旧約聖書について、単数形の γραφή を用いることが多いのであるが（マコ 12：10; ルカ 4：21; ロマ 4：3; 9：17; 10：11; 11：2; ガラ 3：8, 22; 4：30; ヤコ 2：8, 23; 4：5; Iペト 2：6）、ここでは、旧約聖書が複数の文書より構成されていることに着目して複数形 γραφαί が用いられている（マタ 21：42; 22：29; 26：54, 56; マコ 12：24; 14：49; ロマ 15：4; Iコリ 15：3, 4 を参照）。この名詞には修飾語が付かないのが通例であり、「聖なる書物（γραφαὶ ἁγίαι）」という表現も新約聖書ではロマ 1：2 にしか登場しないが、アレクサンドリアのフィロンの著作には ἱεραὶ γραφαί という類似表現が散見される（フィロン『神のものの相続人』106, 159; 286; 『カインの子孫』158 他）[105]。

　「予め約束したものである」という表現には（IIコリ 9：5 も参照）、旧約聖書の預言が語る神の約束が、キリストにあって成就したという理解が反映している。神の言葉を取り次ぐ預言者たちのうちの誰がキリストを証ししているのかについて、この文章は明らかにしていないが、ハバ 2：4 やホセ 2：1, 25 やイザ 10：22 - 23; 28：16, 22; 40：13; 65：2 等が、手紙の本論部分に引かれている（ロマ 1：17; 9：25 - 26, 27 - 29; 10：20 を参照）。

　3 - 4 節　パウロが引用する信仰告白伝承の関心はキリスト論に集中しており、パウロは、「御子は肉によればダビデの子孫より生まれ、聖なる霊によれば、死者の復活により、力をもって神の子と定められた、私たちの主イエス・キリストである」と述べる（Iテモ 3：16; IIテモ 2：8; イグ・エフェ 18：2; 20：2; イグ・ロマ 7：3; イグ・スミ 1：1 を参照）。名詞 σάρξ（肉）は人

---

[105]　Lohse, 63.

間を表し（詩65:2; 136[135]:25; シラ1:10; 13:16; 14:18; 17:4 他多数）、「肉による（κατὰ σάρκα）」という表現は人としての出自を語る文脈で使用される（ロマ4:1; 9:3, 5; Ⅰコリ1:26; 10:18; ガラ4:23）。ここでは特に、キリストがダビデの子孫として生まれたことに注目する視点を「肉による（κατὰ σάρκα）」と呼び（ロマ9:5を参照）、復活を通して神の子と定められたことに注目する視点（「聖なる霊による（κατὰ πνεῦμα ἁγιωσύνης）」）と対照させている[106]。この用語法は、「肉による（κατὰ σάρκα）」ということを、神の意思に反する思いに従って歩むことと捉える人間論的な用法（ロマ8:4; 12, 13; ガラ4:29）とは明らかに異なっている。

「ダビデの子孫より（ἐκ σπέρματος Δαυίδ）」という句に用いられているσπέρμαは種を表すギリシア語であるが、ここでは転義で子孫を指して用いられている（ロマ9:7-8; ガラ3:29）[107]。七十人訳はヘブライ語 זֶרַע を一貫してσπέρμαと訳している（創4:25; 21:12, 13; 申1:9; 3:3; 4:17; 詩105[104]:6; 106[105]:27 他）。「ダビデの子孫より生まれ」ということは、ダビデ王朝の系譜に立つ王的メシア到来への待望を背景としている（サム下7:16-17; 詩2:6-7; 89[88]:3-4; イザ11:1, 10; エレ23:5-6 他）。油注がれた者（キリスト）であるイエスは、ダビデ王家の子孫から生まれるという観念は、マタイによる福音書やルカによる福音書が伝える系図（マタ1:1-17; ルカ3:23-38）や、受胎告知・誕生物語（マタ1:18-25; 2:1-12; ルカ1:26-80; 2:1-20）に反映している。なお、「ダビデの子」という初期ユダヤ教に由来する表現が（ソロ詩17:21を参照）、福音書伝承では奇跡物語におけるメシア称号として使用されている（マタ9:27; 12:23; 15:22; 20:30, 31; 21:15, 45; マコ10:47, 48; 12:35; ルカ18:38, 39; 20:41）。

「聖なる霊による（κατὰ πνεῦμα ἁγιωσύνης）」という句において神の霊を指して用いられている「聖なる霊（πνεῦμα ἁγιωσύνης）」という表現は、旧約聖書に出てくる רוּחַ קֹדֶשׁ（詩51:13; イザ63:10）や、死海写本に出てく

106　Wolter, I 86.
107　G. Quell / S. Schulz, "σπέρμα κτλ.," *TWNT* VII 537-547; U. Kellermann, "σπέρμα," *EWNT* III 629-632 を参照。

る רוח קודש (『宗規要覧 (1QS)』4.21; 8.16; 9.3;『感謝の詩篇 (1QH)』4.26; 6.13; 8.11; 15:6-7; 16.12; 17:32; 20:12;『ダマスコ文書 (CD)』2.12; 7.14; 1QSb 2.24; 4QpPs^a 1.4.25; 11Q ShirShabb 9.5 他) を想起させるが、新約聖書ではこの箇所にしか用いられていない。パウロは他の箇所では聖霊に言及する際に、πνεῦμα (霊) (ロマ 8:4, 5; I コリ 2:10; 12:8, 9; ガラ 3:2, 3, 5; 4:29 他)、または、πνεῦμα ἅγιον (聖霊) (ロマ 9:1; 14:17; 15:13, 16; I コリ 12:3; II コリ 6:6; I テサ 1:5, 5, 6 他) と呼んでいる。なお、ロマ 1:21 において「聖なる霊による (κατὰ πνεῦμα ἁγιωσύνης)」とは、「聖霊の導きによって与えられた認識に従えば」ということを意味すると考えられる。神の意思を究めることができるのは神の霊だけだからである (I コリ 2:11, 14 を参照)。

この文脈で「死者の復活により (ἐξ ἀναστάσεως νεκρῶν)」とはイエス・キリストの三日目の甦りのことを指している[108]。新約文書は通例、終わりの時における死者の復活について、「死者の復活 (ἀνάστασις νεκρῶν)」と呼ぶが (マタ 22:31; 使 4:2; 23:6; 24:21; 26:23; I コリ 15:12, 13, 21, 42; ヘブ 6:2)、キリストの復活については、「死者の中からの復活 (ἀνάστασις ἐκ νεκρῶν)」という表現を使っているので (使 17:31; I ペト 1:3)、ロマ 1:4 における用語法は例外的である。キリストは初穂として甦ったのであり (I コリ 15:20, 23)、キリストの復活は終末における死者の復活の出来事の一部であるという終末論的視点がこの用例の背後には存在している[109]。

イエスは復活によって神の子とされたとするこの信仰告白伝承の考えは、非常に早期のキリスト論を表している (使 2:36; 13:33-34 を参照)[110]。より進んだキリスト論においては、キリストは地上の生涯において、既に洗礼を受けた時に神の子と宣言されたと言われている (マタ 3:17; マコ 1:11; ル

---

[108] Lietzmann, 25; Käsemann, 2, 9; Cranfield, I 62 は、前置詞 ἐκ を時の起点を指して使用されていると考え、この句を「死からの復活以来」と訳している。

[109] Dunn, I 15-16 も同趣旨。

[110] Käsemann, 9-11; F. Hahn, *Christologische Hoheitstitel. Ihre Geschichte im frühen Christentum* (Göttingen: Vandenhoeck & Ruprecht, 1963) 254-255; idem., *Theologie des Neuen Testaments* (2 Bde; Tübingen: Mohr-Siebeck, 2002) I 206.

カ 3:22; ヨハ 1:34)。さらに進んだキリスト論において、キリストは天地が創られる前に父なる神のもとにあり、創造の仲介者となったとされる（ヨハ 1:1-5, 18; ヘブ 1:1-2; エフェ 1:3-6)。パウロも神の子の世への派遣を語る際には、キリストの先在を前提としている（ロマ 8:3; ガラ 4:4; フィリ 2:6-7 を参照)[111]。

ギリシア語 Χριστός（キリスト）は、ヘブライ語メシアッハ（מָשִׁיחַ）の直訳であり、「油注がれた者」を意味する称号である（サム上 2:10; 16:6; 詩 2:2 他を参照)[112]。従って、キリスト・イエスまたは、イエス・キリストという表現は、元々はイエスがキリスト（メシア）であるという信仰告白に外ならない。旧約聖書において מָשִׁיחַ（油注がれた者）とは、王の任職の儀式である油注ぎを受けた者ということであり、王を意味する（サム上 2:10; 16:6; 詩 2:2)。この表現が後に異民族の支配に喘ぐイスラエル人たちが待望する王的救世主の称号となったのであった。しかし、イエスとキリストが繰り返し使用される結果、キリストは称号としての意味が薄れて、固有名詞の一部として機能するようになっていった[113]。

5 節 パウロは自分の使徒職について、「御子を通して、私たちは恵みと使徒職とを受けたが、それは御名のためにすべての異邦人たちの間で、信仰の従順に到らせるためである」と述べる。使徒職への召しを神の恵みと捉えることは（15 節)、他の文脈にも見られ（Ⅰコリ 9:1; 15:10; ガラ 1:15)、パウロの使徒職理解の根本を形成している[114]。コリントの信徒への手紙一では過去に神の教会を迫害したという前歴に照らして、パウロは自分を「月足らず」、「使徒と呼ばれるに値しない者」と呼んでいる（Ⅰコリ 15:9)。神の言

111　Hahn, I 204-205.
112　Bauer-Aland, 1768-1769.
113　W. Grundmann, "χριστός," *TWNT* IX 527-580; F. Hahn, "χριστός," *EWNT* III 1147-1165.
114　Käsemann, 12; Wolter, I 91-92; 佐竹明『新約聖書の諸問題』新教出版社、1977 年、139-179 頁を参照。

葉を語るという職務の重さに照らして、我が身の値のなさをパウロもまた感じていたが、神の選びによる聖別に抗うことはできないのであった。従って、使徒である彼のなした宣教の業も、パウロの功績に帰されるのではなく、彼を召した神の恵みの業に他ならない（Ⅰコリ 15:10）。

「それは御名のためにすべての異邦人たちの間で、信仰の従順に到らせるため」という使命を実現するために、パウロは宣教旅行を行い、異邦人の間で宣教活動を行い、福音を語って来た。ἐν πᾶσιν τοῖς ἔθνεσιν という句は、「すべての異邦人たちの間で」とも「すべての諸国民の間で」とも訳せる。名詞 ἔθνος の複数形 ἔθνη は、非ユダヤ人である「異邦人たち」（使 14:5; 21:21; 26:17; ロマ 3:29; 9:24; 15:10 他）を意味することも、ユダヤ人も含む「諸国民」（マタ 24:7, 14; 28:29; 使 17:26 他）を意味することもあるからである[115]。ローマ書において、パウロは Ἰουδαῖοι（ユダヤ人）との対照で ἔθνη を使用することが多いので（ロマ 2:14, 24; 3:29; 9:24, 30; 10:19; 11:11, 12, 13, 25; 15:9, 10, 11, 12, 16, 18, 27; 16:4）、ロマ 1:7, 13 においても「異邦人」の意味で用いられていると考えられる[116]。パウロは一貫して異邦人宣教の務めを託された（ロマ 1:5, 13-14; 15:16, 18; ガラ 1:16; 2:8-9)、「異邦人の使徒」（ロマ 11:13）と自己規定しているのである。

パウロは自分の宣教活動の目的を εἰς ὑπακοὴν πίστεως（信仰の従順に到らせるため）と語る。彼は手紙の結びの部分においても、εἰς ὑπακοὴν ἐθνῶν（異邦人たちを従順に到らせるため）と語る（15:18）。この場合の「従順（ὑπακοή）」ということは、信徒たちがキリストの福音を信じることを通して（ロマ 10:16）、キリストが地上の生涯においてそうであったように（ロマ 5:19; Ⅰコリ 10:5）、神の意思に服するものとなるということである（ロマ 6:16-17; Ⅰコリ 10:6）。

6節 パウロはローマ人たちへ二人称複数形で言及し、「その中にあっ

115　Bauer-Aland, 440; G. Bertram / K. L. Schmitt, "ἔθνος," *TWNT* II 362-370; N. Walter, "ἔθνος," *EWNT* I 924-929 を参照。

116　Käsemann, 12; Cranfield, I 67; Wilckens, I 67; Wolter, I 94.

前書き（1:1 − 7）

てあなた方もまた、イエス・キリストに属する召された者（κλητοὶ 'Ιησοῦ Χριστοῦ）となっている」と述べる。この部分は、異邦人の使徒であるパウロの福音理解について信仰告白伝承を通して客観的に語る部分（ロマ 1:2 − 5）と、受信人であるローマ人たちに言及する部分（1:7）とをつなぐ橋渡しの機能を果たしている。

パウロは特定の人の使徒職への召しについて語る一方で（ロマ 1:1; ガラ 1:15）、信仰への一般的召しについても語る（Ⅰコリ 1:26; ガラ 1:6; フィリ 3:14）[117]。初代教会の信徒たちは、異邦人社会の中にあって、イエス・キリストの福音を通して神への信仰へと召された人々（κλητοί）であった（ロマ 1:6; 9:24; Ⅰコリ 1:2, 24; 黙 17:14）[118]。

7節 a パウロはここで受信人にさらに具体的に言及し、「ローマにいる神に愛されているすべての者、召された聖徒たちへ」と述べる。「神に愛されているすべての者」という句に用いられている「愛されている者（ἀγαπητός）」という表現は、初代教会においてキリスト教徒を表す一般的呼称として広く用いられた言葉である（使 15:25; Ⅰコリ 4:17; 10:14; 15:58; フィリ 2:12; 4:1; ヘブ 6:9; ヤコ 1:16, 19; Ⅰペト 2:11; 4:12 他多数）[119]。パウロは本書簡において、この呼称を個々の信徒についても（ロマ 16:5, 8, 9, 12）、会衆全体に対しても用いている（1:7; 12:19）。この手紙の宛先はローマの教会の信徒たちであるが、名宛人をローマにある教会（ἐκκλησία）としていないことは、当時のローマには統一的な教会組織はなく、複数の家の教会が併存していたことの反映である（16:5, 10, 11, 14, 15 を参照）[120]。他の真正パウロ書簡

---

117 語学的分析については、Bauer-Aland, 886 − 887; K. L. Schmitt, "καλέω κτλ.," *TWNT* III 488 − 497; J. Eckert, "καλέω," *EWNT* II 592 − 601 を参照。

118 Wolter, I 95 − 96.

119 語学的分析については、Bauer-Aland, 886 − 887; K. L. Schmitt, "καλέω κτλ.," *TWNT* III 488 − 497; J. Eckert, "καλέω," *EWNT* II 592 − 601 を参照。

120 Cranfield, I 22; Lohse, 69; Lampe, *Die stadtrömischen Christen*, 130 − 131; idem., "The Roman Christians in Romans 16," 229 − 230; Brändle / Stegemann, 125; Jeffers, 14 − 15, 41 − 47; Esler, 120 − 122; Haacker, 11; F. Matera, *Romans* (Paideia Commentaries on the

の場合と異なり、パウロはまだこの教会を訪れたことがないが（1：10‐13；15：22）、プリスカとアキラや（使 18：1‐3, 18‐19; ロマ 16：3; Iコリ 16：19）、アジアの初穂エパイネト（ロマ 16：4）のように、コリントやエフェソで関係を結んだ信徒たちを通してローマの教会の事情にもある程度通じていたと推測される[121]。

ローマの福音宣教が無名の伝道者たちによるユダヤ人への宣教によって開始され、次第に異邦人信徒たちへの宣教へと発展する経緯を取った結果、ローマ書執筆当時は会員の中に異邦人信徒が多数となっていたが（ロマ 1：13; 11：13）、ユダヤ人信徒もある程度存在していた（ロマ 16：3, 7, 11 を参照）。その頃のローマ教会は、唯一の真の神を信じるユダヤ人信徒と異邦人信徒から構成される混成的信徒集団であった（ロマ 1：5‐7, 13; 11：13）。彼らは神によって召され、神に愛された聖徒であり（1：7; 8：27; 12：13; 16：2,15)、神々に仕える多神教的異邦人世界（1：21）とは、天地の創造主なる唯一の神以外を崇めることをしない点において決定的な相違を示していた（ロマ 3：30; Iコリ 8：3‐4; Iテサ 1：9‐10）。さらに、この信徒集団は、イエスを救い主として受け入れることをしないユダヤ人共同体の多数とも、キリストへの信仰において一線を画していた。従って、初期のローマ教会は、社会の多数者とは異なる宗教的な志向のために、少数者として存在するディアスポラ共同体であった。

「召された聖徒たちへ」という句に用いられている ἅγιος（聖なる）という言葉は、元々は祭儀に由来する言葉である[122]。神は聖なる方であり（レビ 19：1; 詩 99[98]：5; イザ 5：16; 6：3; 黙 4：8; 6：10）、神に捧げる祭儀のために聖別された祭司や（レビ 21：1‐23）、特別に取り分けられた場所や（出 3：5; 詩 65[64]：5）、事物は（出 12：16; レビ 2：3; 6：17, 25, 26）聖なる存在である。特に、エルサレムが聖なる都と呼ばれ（イザ 52：1; 66：20）、イスラエルが諸国

New Testament; Grand Rapids: Baker, 2010) 7.
121　Schmithals, 546‐547.
122　Bauer-Aland,16‐17; H. Balz, "ἅγιος," *EWNT* I 37‐48; O. Procksch, "ἅγιος κτλ.," *TWNT* I 87‐90, 101‐116.

民のうちから選ばれた聖なる民であると呼ばれていることが注目される（レビ 19:2; 20:7, 26; 21:6; 申 7:6; 14:2, 21; イザ 4:3; 62:12 他）。初代教会ではこの用語法が転用されて、初代教会の信徒たちから始まって（ロマ 15:25, 26, 31）、キリスト教徒全体が「聖徒（ἅγιοι）」と呼ばれるようになった（ロマ 1:7; 16:2, 15; Ⅰコリ 1:2; 6:1, 2; Ⅱコリ 1:1; 8:4; ヘブ 3:1; Ⅰペト 1:16; 黙 17:7, 10）。そこには、教会が神の選びによってキリストへのピスティス（信仰、信実）を与えられていることを通して、多神教的な周辺世界とは一線を画する神の民とされているという理解が存在している。

7節 b パウロは、「私たちの父なる神と主イエス・キリストより、恵みと平和があなた方にあるように」という祝祷句で前書きを締め括る。典礼的な祝祷句や頌栄句の通例として、この文章は動詞を省略した祈願文の形式を採っている。パウロは祝祷句において、「恵み（χάρις）と平和（εἰρήνη）」という表現を用いる（ロマ 1:7; Ⅰコリ 1:3; Ⅱコリ 1:2; フィリ 1:2; Ⅰテサ 1:1; フィレ 3 を見よ）[123]。この句は、ヘレニズム・ユダヤ教の礼拝用語の頌栄句「恵み（χάρις）と憐れみ（ἔλεος）」（知 3:9; 4:15; さらに、ヘブ 4:16 も参照）が、ヘレニズム教会の礼拝に取り入れられて「恵みと平和」という形に変化したものであろう[124]。「恵みと憐れみと平和」という折衷的な形は、第二パウロ書簡と公同書簡の一部に見られる（Ⅰテモ 1:2; Ⅱテモ 1:2; Ⅱヨハ 3 を参照）。パウロは周辺世界であるヘレニズム世界の書簡の定型を前提にして、初代教会の礼拝において形成されてきた用語を加味して、牧会的対話の手段である書簡の書き出しの新しい定型を創り出したのであった。

パウロは、「私たちの父なる神と主イエス・キリストより」という句を祝祷句の構成要素として用いていた（ロマ 1:7; Ⅰコリ 1:3; Ⅱコリ 1:2; フィリ 1:2; Ⅰテサ 1:1; フィレ 3）。「私たちの父なる神より」という句は、神が

---

123 原口尚彰「真正パウロ書簡導入部の修辞学的分析」『東北学院大学キリスト教文化研究所紀要』第 18 号（2000 年）29–30 頁。

124 K. Berger, "Apostelbrief und apostolische Rede," *ZNW* 65 (1974) 191–203; Wolter, I 98 を見よ。

父であるという理解を反映している。旧約聖書には、神がイスラエルの民の父であるとする箇所が散見される（申 32:6; イザ 63:16; エレ 3:4, 19; 31:9; マラ 1:6）。初期ユダヤ教文献の中にも、神をイスラエルの父とする箇所がある（トビ 13:4; III マカ 5:7）。さらに、初期ユダヤ教文献の一部には、敬虔なユダヤ教徒が祈りの中で神に父と呼び掛ける習慣があったことを示す記述が少数だが存在する（シラ 23:1, 4; 知 2:16; 14:3）。イエスは神を専ら父（アッバ）と呼んだが（マタ 5:16, 45, 48; 6:1, 4, 6; 23:9; 24:36; 26:39; マコ 13:32; 14:36; ルカ 10:21, 22; 22:42）、洗礼を受けて聖霊を受けた者である初代教会の信徒たちも、神を父と呼ぶことができると考えていた（ロマ 8:15; ガラ 4:6）。信徒たちは主の教えに従って礼拝で神に父と祈り求めるのを習慣としていたのである（マタ 6:9; ルカ 11:2; ディダケー 8:2; さらに、ディダケー 9:2, 3; 10:2 も参照）。

感謝の祈り（1:8-15）

1. 私訳

[8] まず最初にあなた方すべてについて、あなた方の信仰が世界中で語られていることを、私はイエス・キリストを通して私の神に感謝する。[9] 神は私の証人である。私は私の霊において御子の福音を通して神に仕えており、絶えずあなた方のことを覚えている。[10] 私は祈る度に何とかしていつか神の御心に適ってあなた方の所に行くことができるようにと願い求めている。私があなた方に会いたいと望むのは、あなた方にも霊的な賜物を分かち、力付けたいからである。[12] それは、あなた方の間であなた方と私の信仰を通して互いに励まされることに外ならない。[13] 私はあなた方に知らないでいて貰いたくない、兄弟たちよ。私は他の異邦人たちの所と同様にあなた方の間でも果実を得ようと、あなた方の所へたびたび行こうとして、二度にわたり妨げられたのだった。[14] ギリシア人にもギリシア人以外の人々にも、知恵ある者たちにも無知な者たちにも、私は責任を持っている。[15] 私の希望は、あなた方ロー

マにいる人々にも福音を語ることである。

2. 注解

　この感謝の祈り（ロマ 1:8-15）の部分は、先行する前書き部分（1:1-7）と共に、ローマ人への手紙の導入部を構成している。手紙の前書きの後に感謝の祈りが続くのは、パウロ書簡の定型の通りである（Ⅰコリ 1:4-9; Ⅱコリ 1:3-10; フィリ 1:3-10; Ⅰテサ 1:2-10; フィレ 4-7を参照）。感謝の祈りにおいて、パウロは受信人たちの過去や現在の信仰の有様を思い起こしながら、神に感謝を献げるのが通例である（Ⅰコリ 1:4-9; Ⅱコリ 1:3-10; フィリ 1:3-10; Ⅰテサ 1:2-10; フィレ 4-7を参照）。ロマ 1:8においてパウロは、世界中で評判になっているローマ人たちの信仰を覚えて、神に感謝の祈りを捧げている。ここには演示的要素が顕著である。しかも、この感謝の祈りは、ローマ訪問の希望（ロマ 1:10-12）や、実現しなかった過去のローマ訪問計画（1:13）や、将来のローマ訪問の希望（1:14-15）によって大きく拡張されている[125]。

　しかも、パウロがローマの信徒たちのことを常に祈りに覚え、ローマに行けるように願っていた事実は、神を証人として引き合いに出しながら述べられている（1:9-10）。この手紙の執筆目的が、パウロがエルサレムへ行った後、ローマを経由してスペインへ宣教旅行を企てることをローマの教会の人々へ告げ、その協力を仰ぐことにあったので（15:22-24）、パウロは受信人の信仰と生活を賞め上げると共に、ローマ教会訪問に対して抱いている自分の熱意を強調したのであろう。パウロはここでは語り手としてのエートスの確立を目指している[126]。エートスとは語り手の人格の信頼性を強調する説得の技術である（アリストテレス『弁論術』1356a; 1377b-1378a; キケロ『発想論』1.22, 34-36; クウィンティリアヌス『弁論家の教育』3.8.48-51を参照）。

125　Jervice, 104-107を参照。
126　W. Wuellner, "Paul's Rhetoric of Argumentation," in *The Romans Debate* (Revised and Expanded Edition; ed. K. P. Donfried; Peabody, MA: Hendrickson, 1991)133-134; N. Elliott, *The Rhetoric of Romans* (JSNTSup 45; Sheffield: JSOT, 1990) 78.

8節 パウロが手紙の導入部の中で受信人の信仰の有様を思い起こしながら、神に感謝を献げるのは(「まず最初にあなた方すべてについて、あなた方の信仰が世界中で語られていることを、私はイエス・キリストを通して私の神に感謝する。」)、受信人たちがキリスト教信仰に導かれたのは聖霊を通しての神の業であると考えているためであろう。この感謝の祈りの導入として πρῶτον（まず最初に）という言葉があるが、パウロ書簡の感謝の祈りの前にこのような言葉が置かれた例は他にはない（Ⅰコリ 1:4-9; Ⅱコリ 1:3-10; フィリ 1:3-10; Ⅰテサ 1:2-10; フィレ 4-7 を参照）。後続の言葉の中には πρῶτον（まず最初に）に呼応する δεύτερον（第二に）という言葉が出てこないが（ロマ 3:2; Ⅰコリ 11:18 も同様）、8節がローマの信徒たちのことをパウロが祈りのたび毎に覚え、彼らの信仰の故に神に感謝することを内容としているのに対して、9-15 節はパウロのローマ訪問の願いを神への請願として述べているので、主題が異なっている。パウロは、複数の祈願内容がある中で、神への感謝をまず第一に述べるべきであると判断しているのであろう。

8, 9節に用いられている「私の神」という表現は、一部の詩編に出てくる祈りの言葉を想起させる用語法であり（詩 3:8; 5:3; 7:2, 4; 13:4; 22:2, 3, 11 を参照）、この部分のパウロの発言が客観的事実というよりも、自身が経験した主体的真実を述べていることを際立たせている。

パウロはローマの信徒たちの信仰に関して、「あなた方の信仰が世界中で語られている」と述べている。先に確認したように、40年代の首都ローマにキリスト教徒が存在したことが知られている。キリスト教の宣教をめぐって起こったユダヤ人間の騒動を契機に、後49年にクラウディウス帝は勅令を出してユダヤ人をローマから追放した（スエトニウス『皇帝列伝』「クラウディウス」25）。この時には、後にパウロの同労者となってコリント伝道を助けることになるプリスカとアキラもローマからコリントへやって来たのであった（使 18:2; ロマ 16:3）。パウロはプリスカとアキラらからローマの教会の様子を聞いて良く知っていた。クラウディウスの死後、ユダヤ人追

感謝の祈り（1:8 - 15）

放令は解除され、ユダヤ人キリスト教徒たちは戻ったと推定される。しかし、教会の信徒たちの構成は、ユダヤ人中心から次第に異邦人信徒中心となっていった（ロマ 1:5 - 7, 13; 11:13; 15:7 - 13, 15 - 16）。このような首都ローマの教会の様子は、広く知れわたるものとなり、ローマの信徒たちの信仰は当時の地中海世界のキリスト教徒の間で評判になっていたのであった。「世界中で語られている」という表現も、地中海世界のキリスト教世界に関して言えば、あながち誇張とも言えないであろう。

　パウロは、キリストを通して（διὰ τοῦ Χριστοῦ）感謝の祈りを神に献げている。「神に感謝する」ということは典礼的表現の中に時折出てきている（ロマ 7:25; Ⅰコリ 15:57 を参照）。キリストを通して神に感謝を献げるとは、恐らく、復活・高挙したキリスト（フィリ 2:6 - 11）が、天上において神の前で取りなしをするという表象を前提としているのであろう（ロマ 8:34; ヘブ 7:16 - 28; 8:1 - 13 を参照）。

9 節　パウロは、「神は私の証人である。」と述べて、自分の発言に嘘偽りがないことの証人として神を引き合いに出しているが、これは旧約聖書に遡る習慣である（創 31:44; サム上 12:5; 詩 89[88]:37）。パウロは手紙の読者たちに対して、自己の発言の真実性を強調するために、しばしば神を証人として引き合いに出している（Ⅱコリ 1:23; 11:31; Ⅰテサ 2:5, 10; ガラ 1:20）。ロマ 1:9 においてパウロが真実性を強調しているのは、前後の文脈の中のどの発言かということが問題になる。ここでパウロが念頭に置いているのは、9 節後半と 10 節に述べる、パウロがいつも祈りの内にローマ人たちを覚えていることと、彼らの所を訪問したいと誠心誠意願っているということであろう。パウロは他人との関わりでなす自分の日常の行いにつき、常に神の前でそのことを行っているという自覚があった。外からは他人が見ることも確かめることのできない人の心の中も、全能の神の前では露わであり、誤魔化すことはできないのである（マタ 6:5-6 を参照）。

　自分が述べていることの真実性について神を引き合いに出して確言する行為は、誓いをすることに他ならない。イエスの言葉伝承によれば主は誓いを

することを全面的に禁じている（マタ 5:33-37; ヤコ 5:12）。この伝承は福音書伝承（マタイ特殊資料）とヤコブ書という全く別個の資料が証言していることと、誓いの完全な禁止ということが旧約・ユダヤ教にも、ヘレニズム世界にも余り類例がないことから、イエスの真正の言葉である可能性が強い。しかし、誓いの禁止はその急進的な性格の故にイエス伝承の片隅に押しやられ、マルコ福音書や Q 資料はこれを伝えず、マタイ特殊資料とヤコブ書だけがこれを伝えたのだった。パウロがこのイエスの言葉伝承を知らなかったことも不思議なことではない。

「私は私の霊において御子の福音によって神に仕えており」という文章に用いられている動詞 λατρεύω（仕える）は、七十人訳聖書ではヘブライ語 עָבַד の訳語として用いられ、元々は祭儀行為を通して神に奉仕することを意味している（出 3:12; 4:23; 10:7, 8; 申 6:13; 10:20; 32:43; マタ 4:10; ルカ 1:74; 2:37; 4:8; 使 7:7; 24:24; 26:7; ヘブ 10:2 他を参照）[127]。しかし、この言葉の用法は拡張され、日常生活を通して神の意志を行うことに対しても使用される（フィリ 3:3; ヘブ 9:14; 12:28）。神に奉仕することは、祭儀行為だけではなく、社会生活全体を通してなされるからである（ロマ 12:1）。ローマの信徒への手紙の導入部においてパウロが使徒としての自己紹介をする文脈においては、特に、御子キリストの福音を語る宣教活動を通して自分が神に仕えていることを強調している。なお、ἐν τῷ εὐαγγελίῳ τοῦ υἱοῦ αὐτοῦ（御子の福音によって）という句において前置詞 ἐν は、手段的な意味で用いられている。

「絶えずあなた方のことを覚えている」ということは、具体的にはパウロが絶えず行っている諸教会のための執り成しの祈りの中で（フィリ 1:3; Ⅰテサ 1:2; 3:6 を参照）、ローマの教会のことも名を挙げて祈るということである。訪問して、顔と顔を合わせて語り合うことは信仰の交わりの目に見える表現であるが、祈りの中で覚え合うということは聖徒の交わりを支える見

127　Bauer-Aland, 949-950; H. Strathmann, "λατρεύω," *TWNT* IV 58-66; H. Balz, "λατρεύω," *EWNT* II 848-852.

感謝の祈り（1:8 - 15）

えない力であった。

10節 パウロはローマ訪問を計画するばかりでなく、その実現を神に祈り求めていた（「私は祈る度に何とかしていつか神の御心に適ってあなた方の所に行くことができるようにと願い求めている」）。祈りは自分の願いを神に告げるという要素を持つが、その実現は神に委ねられ、神の御心に適うことだけが聞かれて実現する。このことは福音書伝承が伝える主の祈りの第三祈願（マタ6:10b「天におけるように、地上においても、御心が行われますように。」）や、イエスのゲツセマネの祈りが示している（マコ14:35-36「でも、私が望むことではなく、あなたが望むことを行い下さい。」さらに、マタ26:39; ルカ22:42を参照）。パウロもまた祈りの実現を神の御旨に委ねる姿勢を示しており、彼はかつて所謂「肉のトゲ」を取り去って下さるように主に三度願って聞かれなかったので、自分が「肉のトゲ」を追い続けるのが御心と理解し、「私の恵みはあなたに十分である。力は弱さの中に完成するのだ」という主の声を聞き取っている（Ⅱコリ12:8-9）。

11節 パウロがローマ訪問を切望する理由は、彼がローマで福音を語ることを通して、霊的な賜物を分かち合い、ローマ人たちの信仰を励ますためであった（「私があなた方に会いたいと望むのは、あなた方にも霊的な賜物を分かち、力付けたいからである」）。パウロはまだ福音が語られていないところに福音を伝える宣教者であると同時に（ロマ15:20-21）、既に成立した教会の信徒たちの信仰の状態について配慮する牧会者でもあった（例えば、Ⅰテサ2:17-3:5を参照）。Χάρισμα πνευματικόν（霊的な賜物）とは、信徒たちが聖霊を通して与えられている教会の様々な職務や能力を指すことが多い（ロマ12:3-8; Ⅰコリ7:7; 12:4-11; Ⅰペト4:10）[128]。しかし、ここでパウロが特に念頭に置いているのは、彼が宣教者として託されている福音の言葉であろう（ロマ12:6; Ⅰコリ12:8を参照）。

128　名詞 χάρισμα の語学的分析については、Bauer-Aland, 1753; K. Berger, "χάρισμα," *EWNT* III 1102-1105 を参照。

12節 パウロは他の所では、信徒たちが信仰について互いに励まし合うように勧めているが（Ⅰテサ 4:18; 5:11）、ここでは手紙の受信人である教会の人々と使徒自身が、互いの信仰によって励まし合うことをローマ訪問の目的であるとしている（「それは、あなた方の間であなた方と私の信仰を通して互いに励まされることに外ならない」）。使徒は信仰に基づいた言葉を通してローマの信徒たちを励ます。逆に、信徒たちは彼らの信仰の言葉と行いを通しての証を通してパウロを励ますことが期待されている。伝道者が信徒たちの揺るがない信仰によって励まされ、慰められる点については、パウロとテサロニケ教会の例がある（Ⅰテサ 3:1-10 を参照）。

13節 Οὐ θέλω δὲ ὑμᾶς ἀγνοεῖν（「私はあなた方に知らないでいて貰いたくない」）という句は、話題を改めて重要な主題を導入する定型句としてパウロが好んで用いる表現であり、読者に強い調子で注意を促している（ロマ 11:25; Ⅰコリ 10:1; 12:1; Ⅱコリ 1:8; Ⅰテサ 4:13 を参照）[129]。パウロがここで読者に是非知って貰いたいのは、彼が過去に実際にローマ行きを企てようとしたけれども何らかの事情で断念したという事実である（「あなた方の所へたびたび行こうとして、二度にわたり妨げられたのだった」）。この過去の出来事は、パウロのローマ訪問の希望が真剣なものであることを裏付けている。

パウロは、ローマ書の記述のところどころで受信人たちに「兄弟たち（ἀδελφοί）」と呼び掛けている（ロマ 1:13; 7:1, 4; 8:12; 10:1; 11:25; 15:14, 30; 16:17 を参照）。この呼称は、キリスト共同体の成員が互いに「兄弟（姉妹）」と呼び合う初代教会の用語法の反映であり、キリスト教共同体が家族に擬制されていたことが背景に存在する（Ⅰテサ 1:4; 2:1, 9, 14, 17; フィリ 1:12, 14; ヤコ 1:2, 9, 16, 19; 2:1, 5, 14; Ⅰペト 5:12; Ⅰヨハ 2:9, 10, 11; ポリュ

---

[129]　Bauer-Aland, 19 – 20; R. Bultmann, "ἀγνοέω," *TWNT* I 116 – 122; W. Schmithals, "ἀγνοέω," *EWNT* I 49–51; Fitzmyer, 249; Jewett, 128; Wolter, I 109–110; Porter, 53.

3 : 1 を参照)[130]。パウロが書簡の中でこの用語を用いることの修辞的効果は、新しい話題を導入するに際して受信人の注意を喚起して内容の重要性を強調することと、親しい響きの言葉によって受信人の好意的応答を引き出すことである。

パウロは先にローマ訪問の目的を、賜物を分かち、互いの信仰によって励まし合うことと述べているが (ロマ 1 : 12 - 13)、ここではさらに伝道的な目的を付け加えている (「私は他の異邦人たちの所と同様にあなた方の間でも果実を得ようと」)。「果実を得る (τινὰ καρπὸν σχῶ)」とは、宣教活動によって回心者を得ることを指す比喩的表現である (フィリ 1 : 22)[131]。そうすると、パウロはローマ教会の信徒たちと互いの信仰を分かち、励まし合うばかりでなく、ローマ教会を拠点に異邦人たちに宣教活動を行い、回心者を生み出すことも視野に入れていたことになる[132]。

14 節 パウロは使徒としての宣教の務めを、異邦人の未信者の人たちに対して彼が負っている責務であると述べる (「ギリシア人にもギリシア人以外の人々にも、知恵ある者たちにも無知な者たちにも、私は責任を持っている」)。名詞 ὀφειλέτης は、本来は「負債を負う者」を表すが (プラトン『法律』5.736d; マタ 18 : 24)、社会的な責務を負う者を指すこともある (ロマ 8 : 12; 15 : 27)[133]。使徒パウロの責務とは、勿論、福音を語ることに外ならない。῞Ελλησίν τε καὶ βαρβάροις (「ギリシア人にもギリシア人以外の人々にも」) という句に用いられている ῞Ελληνες はギリシア語を話すギリシア人を指し、

---

130 Porter, 53 - 54; W. A. Meeks, *The First Urban Christians: The Social World of the Apostle Paul* (New Haven: Yale University Press, 1983) 74 - 84; T. J. Burke, *Family Matters: A Socio-Historical Study of Kinship Metaphors in 1 Thessalonians* (JSNTSup 247; London: T & T Clark, 2003) を参照。

131 Bauer-Aland, 821 - 822; F. Hauck, "καρπός κτλ.," *TWNT* III 617 - 619; H. Th. Wrege, "καρπός," *EWNT* II 619 - 623.

132 Wolter, I 111.

133 Bauer-Aland, 1210; F. Hauck, "ὀφειλέτης," *TWNT* V 564 - 565; M. Wolter, "ὀφειλέτης," *EWNT* III 1344 - 1346.

βάρβαροι は、ギリシア語でなく外国の言葉を話す人、つまり、ギリシア人の視点から見た外国人を指す[134]。パウロはギリシア語を話すギリシア人たちに対しても、それ以外の言語圏の人たちにも、つまり、民族的帰属を問わずすべての人に対して宣教の務めを負っていると理解していた。なお、当時のローマ人の多くはギリシア語を話すことが出来、ギリシア文化に親しんでおり、彼ら自身が世界でギリシア・ローマ文化を広める担い手であると自認していたことを考慮すると、ローマ人はこの文脈では βάρβαροι ではなく、Ἕλληνες の方に勘定されていたと推定される[135]。パウロは通常は諸国民について言及する際に、ユダヤ教以来のユダヤ人と異邦人という区別を重視しているが（ロマ 1 : 16; 2 : 9 - 10; 3 : 9, 29; 9 : 24; 10 : 12; I コリ 1 : 22 - 43; 10 : 32; 12 : 13; ガラ 2 : 14 - 15; 3 : 28 他）、ここでは「ギリシア人とギリシア人以外の人々」という、ギリシア人に由来しローマ人に引き継がれた視点を採用している点が目立っている。当時の地中海世界の覇者であるローマ帝国の首都にある教会の信徒たちに対して、異邦人の使徒として（ロマ 11 : 13）、ギリシア・ローマ文化の中心的担い手であろうとなかろうと等しく全世界の人々に対して持っている自らの福音宣教の任務を強調するに当たって、パウロは理解を助けるために敢えてギリシア的表現を採用したのであろう[136]。

　宣教対象を示す σοφοῖς τε καὶ ἀνοήτοις（知恵ある者たちにも無知な者たちにも）という句に用いられている名詞 σοφός は教育を受けて知恵や見識を有する者を指す言葉である（プラトン『パイドロス』278d; 279c;『プロタゴラス』329e; クセノフォン『ソークラテースの思い出』2.1.21 他）[137]。パウロはギリシア・ローマ世界の教育を受けた知識階級の人々に対しても、教育を受けていない階層の人々に対しても福音を語る責任を感じていた。実は、ギ

134　Bauer-Aland, 267, 507; LSJ, 306, 536.
135　川島重成、『ロマ書講義』教文館、2010 年、53 頁 ; Lohse, 75; Jewett, 130 - 131; J. R. Harrison, "Paul's 'Indebtedness' to the Barbarian (Rom 1 : 14)," *NovTest* 55 (2013) 311 - 348.
136　Harrison, 336 - 338.
137　Bauer-Aland, 1518 - 1519; LSJ 1622.

リシア・ローマ世界の知恵は、福音の真理を知るということに対してはあまり役に立たない。ギリシア・ローマ世界の知者たちは、その知恵によって天地を創った唯一の神を認めて崇めることをしなかった（ロマ1:22；Ⅰコリ1:22を参照）。イエス・キリストの福音は、十字架に架けられたキリストを宣べ伝える十字架の言葉である。十字架刑に架けられた刑死した者を救い主とする言葉は、ギリシア・ローマ世界の知恵にとっては愚かなものに見えた（Ⅰコリ1:18-25）。特に、コリント伝道において、十字架の言葉を聞いて最初に回心した人々は、身分が低い、教育を受けていない階層の人々が中心であった（Ⅰコリ1:26-30を参照）。パウロが説く十字架の福音は、当時の支配的な文化であるギリシア・ローマ文化に対して批判的な機能を果たすのである。

15節 パウロはローマ訪問の目的を再度総括して、「私の希望は、あなた方ローマにいる人々にも福音を語ることである」と述べる。ここで、「あなた方ローマにいる人々」という句は、既に入信しキリスト教徒となっているローマの教会の会員たちだけではなく、ローマ在住の市民全体を念頭に置いている。パウロは誰もまだ伝道していないところで宣教を行うことを基本的な方針としていたが（ロマ15:20-21）、ローマ訪問計画にはこの原則を越える要素が含まれていた。パウロはある程度の期間、ローマの教会に留まって信徒たちと信仰を分かち合い、励まし合うのみならず、未信者に対して宣教活動を行って成果を得た後に（1:12-13を参照）、スペイン伝道へ向かおうとしていたのである（15:22-24を参照）。

神の力、神の義の啓示としての福音（1:16-17）

1. 私訳
¹⁶私は福音を恥としない。福音は、まずユダヤ人に、それからギリシア人にも、信じる者すべてに救いを得させる神の力であるからである。¹⁷神の義はその中に啓示され、ピスティスからピスティスへと到らせる。「義人はピスティスによって生きる。」と書いてある通りである。

2. 注解
　この部分は（1:16-17）、非常に短い言葉によってパウロ固有の福音理解を表現しており、ローマ書の主題を提示している。修辞学的に言えば、この部分は、提題（propositio）に当たる[138]。提題は論証において立証される事柄を簡潔な命題の形で提示し、後続の議論の準備を与える役割を持つ（アリストテレス『弁論術』1414b; クウィンティリアヌス『弁論家の教育』3.9.5; 4.2.7; 4.2.10)[139]。福音の機能は、「信じる者すべてに救いを得させる神の力」としての働きである（1:16）。福音の内容は、ピスティスを通して与えられる神の義の啓示である（1:17）。17節は信仰義認のテーゼを、旧約の預言書（ハバ2:4）の引用によって裏付けており、聖書証明の性格も併せ持っている。
　17節の「神の義は福音に啓示され、ピスティスからピスティスへと到らせる」というテーゼには、普遍的真理の叙述に相応しい三人称単数形が用いられている。これに対して、16節前半には、「私は福音を恥としない」という一人称単数形で書かれた文章が置かれている。これは、この書簡は福音の宣教者である自分自身をローマの教会へ紹介するという目的を持つので、福音は神の力であり、神の義の啓示であるということは、客観的真理であると共に宣教者である使徒が確信する主体的真実であることを明らかにする必要

138　H.-J. Klauck, *Ancient Letters and the New Testament* (Waco, TX: Baylor University Press, 2006) 303; Hultgren, 70-71; Witherington III, 47-49; Kruse, 66.
139　Lausberg, §289; §346.

神の力、神の義の啓示としての福音（1:16 - 17）

があったためである[140]。なお、ロマ1:17において提示された主題の内容は、3:21 - 31においてより具体的に論じられ、信仰義認のテーゼとして解き明かされることになる。

16節 ギリシア語動詞 αἰσχύνω やその複合形 ἐπαισχύνομαι は、他人の前で何かを「恥じる」ことを意味する[141]。恥の意識は、エデンの園でアダムとエヴァが禁断の木の実を食べて目が開けた後に自分たちが裸であることを知り、恥ずかしく思うようになったように、他者の視線や意見を恐れることに結び付いている（創2:25; 3:7, 9；さらに、黙3:18を参照）。十字架に架けられたキリストを救い主とするキリスト教の使信は、ギリシア・ローマ世界の知識人たちには愚かな迷信のように受け取られていた（タキトゥス『年代記』15.44）。十字架の言葉は、ギリシア・ローマ世界の知者には愚かなことに思われた（Ⅰコリ1:18, 23 - 25）。ヘブル人への手紙は、十字架の恥について言及している（ヘブ12:2）。他方、共観福音書伝承は、地上の生活においてイエスを恥じることと終末時の裁きとの密接な関係について語るイエスの言葉を伝えている（マコ8:38; ルカ9:26）。「福音を恥としない」とは、キリストの福音への信仰を公に告白する（ὁμολογέω）ことに他ならない[142]。それは、キリストの福音を価値とし、福音を信じ、宣教するために被る社会的に不利な評価や、反対や敵対行為があっても、それを恐れないということである[143]。

パウロは福音が、「信じる者すべてに救いを得させる神の力である（δύναμις γὰρ θεοῦ ἐστιν εἰς σωτηρίαν παντὶ τῷ πιστεύοντι）」と語る。「神の力（δύναμις

140　G・タイセン（日本新約学会編訳）『イエスとパウロ』教文館、2012年、255 - 256頁もこの点を強調する。

141　Bauer-Aland, 48, 571; R. Bultmann, "αἰσχύνω," *TWNT* I 188 - 190; A. Horstmann, "αἰσχύνω," *EWNT* I 100 - 102.

142　松木、80頁；Wilckens, I 82; Lohse, 76; H. Schlier, *Der Römerbrief* (HTKNT 6; 3. Aufl.; Freiburg: Herder, 1987) 42; Stuhlmacher, 29.

143　Jewett, 137, 139; Kruse, 67; Wolter, I 114.

θεοῦ)」という表現は、旧約聖書の用語法の伝統を継承して（申 3:24; 詩 77[76]:15; 145[144]:12; エレ 16:21）、共観福音書や使徒言行録では、奇跡や死者の復活のような超越的な現象の中に神の力が現れることを指している（マタ 22:29; マコ 12:24; 使 8:10）[144]。パウロがこの表現を同様な意味で用いている場合もあるが（ロマ 9:3; 15:13, 19; II コリ 13:4 を参照）、彼に特徴的なことは、むしろ宣教者が福音を語る言葉を通して、信仰を生起させ、人を救いへと導く働きの中に神の力の現れを見ていることである（I コリ 1:18, 24; II コリ 6:7 を参照）[145]。パウロは I コリント書において、「十字架の言葉」は、それを信じない「滅び行く者たちには愚かであるが、私たち信じる者には神の力（δύναμις θεοῦ）である」と述べている（I コリ 1:18; さらに、I コリ 1:24; 2:5 も参照）。宣教の言葉は宣教者によって語られるのであるが（ロマ 10:14-21）、福音の言葉を通して神の力が働き、信じる者が起こされるのであるから、宣教活動は宣教者を通して働く神の業である（I コリ 3:5-9 を参照）。

「救いを得させる神の力（δύναμις γὰρ θεοῦ ἐστιν εἰς σωτηρίαν）」とパウロが言うとき、σωτηρία（救い）の内容として想定しているのは、終末時に信じる者に与えられる救いのことである（ロマ 5:9; 13:11; II コリ 6:2; 7:10; フィリ 1:19, 28; 2:12; I テサ 5:8, 9）[146]。人を救いに導くことが福音宣教の究極的目的であることを、パウロはローマ書において一貫して強調している（ロマ 1:16; 10:1,10; 11:11 を参照）。この救いに与る可能性は福音を信じる者であれば、誰にでも開かれている。

「まずユダヤ人に、それからギリシア人にも」という句において、「ギリシア人（Ἕλληνες）」とは、異邦人世界全体を代表する存在としてのギリシ

144　Bauer-Aland, 416-419; W. Grundmann, "δύναμαι κτλ.," *TWNT* II 286-318; G. G. Friedrich, "δύναμις," *EWNT* I 860-867.

145　Dunn, I 39; Wolter, I 115 を参照。

146　Bauer-Aland, 1597-1598; W. Foester / G. Fohrer, "σῴζω κτλ.," *TWNT* VII 966-1024; K. H. Schelkle, "σωτηρία," *EWNT* III 784-788; Barrett, 27; 松木、81 頁; 川島、54-55 頁; Dunn, I 39; Schlier, 43; Lohse, 77; Matera, 35.

ア人のことであり、「異邦人（ἔθνη）」と言うにほぼ等しい（使11:20; ロマ2:9-10; 10:12; Ⅰコリ12:13; ガラ3:28を参照）[147]。パウロはユダヤ人たちの視点に従って、「ユダヤ人と異邦人」という言い方をすることが多いが（ロマ3:29; 9:24; Ⅰコリ1:23; ガラ2:14, 15他）、ここでは、地中海世界に展開される異邦人世界がギリシア・ローマ文化の圧倒的な影響下にあることを重視して、ユダヤ人とギリシア人を対照させている（使14:1; 18:4; 19:10, 17; 20:21; ロマ2:9, 10; 3:9; Ⅰコリ1:22, 24; 10:32; 12:13; ガラ3:28; さらに、Ⅱマカ4:36; 11:2を参照）。

「まずユダヤ人に、それからギリシア人にも」という順序は、キリストの復活・顕現の出来事の後に福音がまずユダヤ人に語られて、エルサレムに原始教会が誕生し（使2:1-41）、ヘレニストたちへの迫害を契機に周辺地域に宣教活動がなされた後に（使8:2-40）、シリアのアンティオキアにおいて異邦人に対する組織的宣教がなされるようになった歴史的経緯を踏まえている（使11:19-26）。パウロはこの経過を偶然とは考えず、救済史的必然と考えていた（ロマ15:25-29; さらに、使3:26; 13:46を参照）。神が歴史の中でイスラエルと結んだ契約は有効であり（ロマ9:4）、イスラエルの父祖たちに与えた約束は（4:14, 16）、キリストの福音にあって成就した。約束の成就としての福音は、まず約束の受け手であるイスラエルに対して語られ、次に異邦人に対して語られなければならない必然性を持っているのである[148]。

17節　「神の義はその中に啓示され」という句は、ローマ書全体の中心主題を提示しているが、救いを神の義の啓示として語る語り方は、詩98[97]:2やイザ51:4-5; 52:10の言葉遣いの反映であろう[149]。「その中に（ἐν αὐτῷ）」

147　Dodd, 9; 川島、57頁; Schreiner, 62.

148　Barrett, 29; Schlier, 43; Stuhlmacher, 29; Schreiner, 62; Hultgren, 74; Kruse, 68-69.

149　R. B. Hays, *Echoes of Scripture in the Letters of Paul* (New Haven – London: Yale University Press, 1989) 36-38; M. A. Seifrid, *Justification by Faith: The Origin and Development of a Central Pauline Theme* (NTSup 68; E. J. Brill, 1992) 216-217; Jewett,

という句において、αὐτῷ は前節の τὸ εὐαγγέλιον（福音）を承けているので、この句は、「福音の中に（によって）」という意味になる。福音が信じる者を救いに導く神の力であるのは（ロマ 1:16）、神の義が福音の中に啓示されているからである（1:17）。名詞 δικαιοσύνη（義）は古典ギリシア語では、都市国家の市民として相応しい徳ある行動を指す（ヘロドトス『歴史』1.96; プラトン ;『国家』368e-372a; 433a-434c; アリストテレス『ニコマコス倫理学』1130b; 1137a を参照）。但し、ギリシアの倫理思想では δικαιοσύνη よりも δίκη（正義）の方が中心的概念である（ヘシオドス『労働と日々』219,250; ヘロドトス『歴史』4.77; プラトン『法律』643e, 705e）[150]。これに対して、七十人訳聖書において δικαιοσύνη は多くの場合、ヘブライ語 צְדָקָה の訳語として用いられており、義しい裁きによって示される神の義（詩 5:9; 119[118]:40; 143[142]:1; イザ 45:23; エレ 4:2; 22:3, 15; ソロ詩 2:15; 4:24; 8:24, 25, 26; 9:2; 知 9:3; 12:16 他）、あるいは、義に適った人間の行いという意味となる（創 15:6; 18:19; 30:33; 申 9:4, 5, 6; イザ 5:7; 46:12; エレ 22:3, 15; 23:5; シラ 16:22; 38:33; 44:10; 45:26; ソロ詩 9:4, 5; 知 1:1; 5:18; Ⅰマカ 2:29, 52; 14:35; トビ 4:5; 14:7 他）[151]。イザヤ書や詩編には神の義が救いのうちに表されることを述べる箇所があり、この概念の救済論的意義が強調されていることが注目される（イザ 45:21; 46:13; 51:5; 62:1-2; 63:1, 7; 詩 31[30]:2; 71[70]:2, 15; 98[97]:2; 143[142]:1, 11）[152]。

新約ギリシア語におけるこの名詞の用法には、七十人訳聖書の用法の影響

143; Wolter, I 119 を参照。

150　LSJ,430.

151　Bauer-Aland, 395-396; G. Schrenk, "δικαιοσύνη," *TWNT* II 184-193; G. Schneider, "δικαιος, δικαίως," *EWNT* I 781-784; K. Kertelge, "δικαιοσύνη," *EWNT* I 784-796; Dodd, 10, 12; J. A. Ziesler, *The Meanings of Righteousness in Paul* (SNTSMS 20; Cambridge: Cambridge University Press, 1972) 17-85.

152　Ziesler, 28-32; Schreiner, 66; Hultgren, 76; 太田修司『パウロを読み直す』キリスト教図書出版社、2007 年、176-177 頁; D. Heliso, *Pistis and the Righteous One: A Study of Romans 1:17 against the Background of Scripture and Second Temple Jewish Literature* (WUNT 2.235; Tübingen: Mohr-Siebeck, 2007) 104-108.

神の力、神の義の啓示としての福音（1:16 − 17）

が強く、神から付与される義（マタ 5:6; 6:33; ロマ 9:30; 10:4; フィリ 3:9)、あるいは、御心に適った義なる行い（マタ 3:15; 5:10, 20; 6:1; 使 10:35; ヘブ 1:9; ヤコ 3:18; Ⅰヨハ 3:10; 黙 22:11) を意味する[153]。パウロの使用例における δικαιοσύνη（義）は倫理的意味よりも法廷的意味が強く、神が人を義とし、神との正しい関係に置くことを意味する（ロマ 1:17; 3:21, 22, 25、26; 4:3, 5, 6, 13, 22; 9:30; 10:4, 5; Ⅱコリ 5:21)[154]。ロマ 1:17 文頭の δικαιοσύνη θεοῦ（神の義）は、先行する 1:16 に出てくる δύναμις γὰρ θεοῦ ἐστιν εἰς σωτηρίαν（救いを得させる神の力）を承けて、同一の内容を違った言葉で説明する役割を果たしている[155]。さらに、δικαιοσύνη θεοῦ（神の義）は、3:21−26 ではキリストの信実を通して与えられる新しい啓示の中心内容となっている（Ⅱコリ 5:21 も参照)。言葉を換えて言えば、神の義とは、義である（δίκαιος）神が、キリストにより人を義とする（δικαιόω）ことであり（ロマ 1:17; 3:5, 21, 22, 25, 26; Ⅱコリ 5:21; フィリ 3:9)、キリストが私たちのために義となったのである（Ⅰコリ 1:30)[156]。従って、δικαιοσύνη θεοῦ（神の義）という句の θεοῦ（神の）の部分に用いられている属格は主格的であると考えられる[157]。なお、D・バークは、この属格を所有の属格

---

153 G. Schrenk, "δικαιοσύνη," *TWNT* II 194−214; K. Kertelge, "δικαιοσύνη," *EWNT* I 784−796; Ziesler, 131−136 を参照。

154 Käsemann, 21−24; Schreiner, 63−65 を参照。なお、Wolter, I 121−122 のように、この名詞の背後に存在する動詞的意味（「義とすること」）と形容詞的意味（「義しい」）とを峻別して考える必要はない。両者の意味は相補的である。

155 Dunn, I 42. なお、E. Käsemann, "Gottesgerechtigkeit bei Paulus," in idem., *Exegetische Versuche und Besinnungen* (2. Aufl.; Göttingen: Vandenhoeck & Ruprecht, 1965) II 181−193; P. Stuhlmacher, *Gerechtigkeit Gottes bei Paulus* (2. Aufl.; FRLANT 87; Göttingen: Vandenhoeck & Ruprecht, 1966) 165−166 は、人を支配し、従わせる力として神の義の働きを強調する。

156 Heliso, 72−121 は、キリスト論的解釈を強調し、ロマ 1:17 における神の義もキリストを指すとしているが、この節の中には義とキリストを直接に結び付ける手掛かりはなく、この解釈には釈義上の困難がある。

157 松木、84 頁; Jewett, 142; 太田、177 頁; Kruse, 70−71; Wolter, I 121 を参照。

であると解し、神の義とは神の属性を表すと主張している[158]。この解釈は、δικαιοσύνη が動詞 δικαιόω の名詞形ではなく、形容詞 δίκαιος の名詞形であるという見解に基づいている[159]。しかし、神の義の背後に神が義である（ὁ θεὸς δίκαιός ἐστιν）ということを想定するのであれば、神の主語性が前提されていることになり、この説は主格的属格説の一つのヴァリエーションと評価できるのではないだろうか[160]。Δικαιοσύνη θεοῦ（神の義）とは、神が義である（δίκαιος）ことと神が人を義とする（δικαιόω）ことの両方を含意し得るのである[161]。

動詞 ἀποκαλύπτω は、覆いを取り除くことが原義であり、「（隠されていることを）明らかにすること」、「啓示すること」を意味する（イザ 47:2 [七十人訳]、ダニ 2:19, 28, 29, 47[テオドシオン訳]; マタ 10:26; 11:25, 27; 16:17; ルカ 10:21, 22; 12:2; 17:30; ロマ 1:17, 18; 8:18; Ⅰコリ 2:10; 3:13; Ⅰペト 1:5, 12 他）[162]。名詞 ἀποκάλυψις は七十人訳や新約聖書において、人間の目には隠れた神の計画の内容が終末時に明らかにされること、あるいは、明らかにされる内容という意味で用いられている（サム上 20:30; シラ 11:27; 22:22; 41:26; ロマ 2:5; 8:19; Ⅰコリ 1:7; 14:26; Ⅱコリ 12:1, 7; ガラ 1:12; 2:2; Ⅰペト 1:7, 13; 4:13; 黙 1:1）[163]。パウロの用例では、啓示の主体は常に神であり、客体は正しい終末の裁き（ロマ 2:5）、神の子ら（ロマ 8:19）、神の子イエス・キリスト（Ⅰコリ 1:7; Ⅱコリ 12:1; ガラ 1:12）である。ロマ 1:17 におけるこの語の使用は、3:21 における φανερόω の使用と同様に、今まで人間の目には隠されていた究極的救いの出来事である

---

158 D. Burk, "The Righteousness of God (Dikaiosune Theou) and Verbal Genitives: A Grammatical Clarification," *JSNT* 34 (2012) 346–360.
159 Stuhlmacher, 79–80; Seifrid, 215 も同様。
160 Fitzmyer, 257 は、この属格が属性的であり、且つ、主格的であると判断している。
161 Lohse, 81 も同趣旨。
162 LSJ, 201; Bauer-Aland, 184; A. Oepke, "ἀποκαλύπτω κτλ.," *TWNT* III 565–597; T. Holtz, "ἀποκαλύπτω, ἀποκάλυψις," *EWNT* I 312–317; O. Michel, *Der Brief an die Römer* (KEK; 12. Aufl.; Göttingen: Vandenhoeck & Ruprecht, 1963) 54; Dunn, I 43.
163 Dunn, I 43; Porter, 58.

神の力、神の義の啓示としての福音（1：16 − 17）

神の義の啓示が、キリストの福音において決定的に生起したとする、パウロの黙示文学的思考を反映している[164]。「ピスティスからピスティスへ（ἐκ πίστεως εἰς πίστιν）」という句に使用されている名詞 πίστις は、語学的には真実・信実を意味することも（サム上 21：2; 26：23; シラ 1：26; 15：15; ロマ 3：3 他）、信・信仰を意味することも可能である（マコ 11：22; 使 20：21; Ⅰテサ 1：8 他）[165]。しかし、ロマ 1：17 の場合は名詞の意味内容を規定する修飾語が付けられず、πίστις が多義的なままに留め置かれているので、私訳では敢えてこの名詞を日本語に訳さず、ピスティスと音写するにとどめた。つまり、ここで用いられている πίστις（ピスティス）は救いの約束を守る神の信実（ロマ 3：3）、キリストの信実（ロマ 3：22, 26）、その応答としての人間の信実（ガラ 5：22; ヘブ 6：12; 11：7, 17, 20, 21, 22, 23; 12：2; 13：7; Ⅰペト 1：9; 黙 2：13, 19; 13：10; 14：2）、さらには、神を信じる信仰（マコ 11：22; ロマ 1：5, 8, 12, 17; 3：27, 28, 30, 31; 4：5, 9, 11, 12, 13, 14, 16, 19, 20; 5：1, 2; 9：30, 32; Ⅰテサ 1：8 他）のすべてを包含しているのである[166]。新約聖書におけるギリシア語の用法の背景として、旧約聖書のギリシア語訳の語法を参照することはここでも大切である。七十人訳において名詞 πίστις（ピスティス）は、ヘブライ語 אֱמוּנָה（エムーナー）/ אֱמֶת（エメト）の訳語として、信実の意味となる[167]。この名詞が人の信実を表す用例もあるが（王下 12：16; 22：7; 代下 31：12; 34：12; エレ 5：1, 3; 7：28; 9：2; Ⅰマカ 10：27, 37; 14：35; Ⅲマカ 3：3, 10; 5：31, 44; Ⅳマカ 15：24; 16：2）、注目されるのは、神の信実を表す用例で

---

164 Wilckens, I 86.
165 詳しくは、Bauer-Aland, 1332 − 1335; R. Bultmann, "πιστεύω κτλ.," *TWNT* VI 174 − 228; G. Barth, "πίστις, πιστεύω," *EWNT* III 216 − 238; 原口尚彰「パウロにおける πιστός ὁ θεός / πίστις τοῦ θεοῦ」『パウロの宣教』教文館、1998 年、188 − 216 頁; 同『新約聖書概説』教文館、2009 年、85 − 90 頁を参照。
166 この句の意味をより限定するために、ロマ 3：22, 26 の用例の類推で、πίστις の後に 'Ιησοῦ Χριστοῦ という句が含意されていると推定する Heliso, 189 − 191 に反対する。
167 太田修司「πίστις 'Ιησοῦ Χριστοῦ─言語使用の観察に基づく論考」『パウロを読み直す』キリスト図書出版、2007 年、47 − 49 頁もこの点を強調している。

ある(サム上 21:2; 26:23; ホセ 2:22; 詩 33[32]:4; シラ 1:26; 15:15; 22:23; 27:16; 37:16; 40:12; 41:16; 45:4; 46:15)。七十人訳において、ヘブライ語 אֱמוּנָה / אֱמֶת は、ἀλήθεια とも訳され(イザ 11:5; 25:1; 代下 19:9; 詩 36[35]:6; 40[39]:11; 88[87]:12; 89[88]:2, 3, 6, 9, 50; 92[91]:3; 96[95]:13; 98[97]:3; 100[99]:5; 119[118]:86, 90; 142[141]:1)、πίστις(ピスティス)と ἀλήθεια(アレーテイア)はほぼ同義で使用されている。信仰を表す用法は、七十人訳の正典部分には出てこず、外典部分の限られた箇所にしか出てこない(IV マカ 15:24; 16:22; さらに、フィロン『アブラハム』268; 270; 271;『世界の相続人』94; ヨセフス『アピオン駁論』2.163, 169 を参照)。新約聖書において、πίστις(ピスティス)が神の信実について使用されるのは、イスラエルの救済史における神の信実を論じるロマ 3:3 だけである。神の信実については、むしろ ἀλήθεια(アレーテイア)の方が好んで使用されている(ロマ 1:18, 25; 2:2, 8, 20; 3:7; 9:1; 15:8; I コリ 5:8; 13:6; II コリ 4:2; 6:7; 7:14; 11:10; 12:6; 13:8; ガラ 2:5, 14; 5:7)。新約聖書では πίστις(ピスティス)という言葉は、人の信実に対して使用されることが多い(ガラ 5:22; II テサ 1:4; I テモ 2:7; 4:12; 6:11; II テモ 2:22; 3:10; ヘブ 6:12; 11:7, 17, 20, 21, 22, 23; 12:2; 13:7; I ペト 1:9; 黙 2:13, 19; 13:10; 14:2)。

新約聖書において πίστις(ピスティス)が信仰を意味する用法は基本的であり、数多くの使用例がある。この用例において信仰の対象は、神(マコ 11:22; I テサ 1:8)、または、キリスト(使 20:21; フィレ 5; コロ 1:4; 2:5; I テモ 3:13; ヤコ 2:1)であるが、信仰対象が明示されない場合も多い(ロマ 1:8, 12, 17; 3:27, 28, 30, 31; 5:1, 2; I コリ 13:2, 13; II コリ 1:24; 5:7; 13:5; ガラ 1:23; 3:2, 5, 7, 8, 11, 12, 14, 23, 24, 25; 5:5, 6; 6:10)。旧約聖書と異なり、新約聖書では人間の主体的信仰が強調されているからである。

但し、信仰を表す用法と信実を表す用法とは相互に排他的ではなく、両者が重層的に存在することもある。例えば、迫害の中でもキリストへの信仰を捨てないことは、キリストへの信実を貫くことでもある(ヘブ 6:12; 11:7, 17, 20, 21, 22, 23; 12:2; 13:7; I ペト 1:9; 黙 2:13, 19; 13:10; 14:2; さらに、IV マカ 15:24; 16:2 を参照)。特に、黙示録 13:10 では殉教者たちの信仰につ

いて ἡ ὑπομονὴ καὶ ἡ πίστις τῶν ἁγίων（「聖徒たちの忍耐と信仰」）と言われている。この場合は、πίστις（ピスティス）に「信仰」の意味の他に「信実・真実」の意味も重層的に加わっているのは明らかである。

ロマ 1：17 後半の ὁ δὲ δίκαιος ἐκ πίστεως ζήσεται（「義人はピスティスにより生きるであろう」）という文章は、旧約聖書のハバ 2：4 のギリシア語訳による引用であるが、1：16 のテーゼを証明する証拠として提示されている。パウロが引用する本文は、ἐκ πίστεως（ピスティスによる）の後の μου（私の）の省略の他は、七十人訳の本文に一致している（ガラ 3：11 も参照）[168]。この簡潔な引用文については、ἐκ πίστεως（信仰による）が主語の ὁ δίκαιος（義人）にかかると考えて、「信仰による義人は生きる」と訳す可能性もある（チューリッヒ訳；RSV; NEB; REB; 口語訳）[169]。しかし、旧約聖書の本文ではマソラ本文によっても七十人訳によっても、この句は動詞を修飾しているので、私は動詞 ζήσεται（生きるであろう）にかかる副詞句であると考える（ルター訳；AV; NRSV; 新共同訳）[170]。なお、一部の解釈者は、メシア的解釈を試み、ὁ δίκαιος（義人）がキリストを指すとしている[171]。パウロ書簡においては、δίκαιος（義しい、義なる）という言葉は、人に当てはめて使用される

---

[168] エフライム写本（C）は、ὁ δὲ δίκαιός μου ἐκ πίστεως ζήσεται（「私の義人はピスティスによって生きるであろう。」）という本文を伝えているが（ヘブ 10：38 も同様）、これは七十人訳の異読（A C）に依拠している。

[169] 一部の注解者もこの訳を採用している。Barrett, 27, 31; Cranfield, I 96; Wilckens, I 76; Stuhlmacher, 27; Hultgren, 70, 78-79; 川島、60 頁 ; Wolter, I 127; Porter, 59 を参照。

[170] Schreiner, 73; Jewett, 146; Matera, 36 に賛成。

[171] A. T. Hanson, *Studies in Paul's Technique and Theology* (London: SPCK, 1974) 39-51; R. B. Hays, "'The Righteous One' as Eschatological Deliverer," in *Apocalyptic and the New Testament* (eds. J. Marcus / M. L. Soards; FS. J. L. Martyn; JSNTSup 24; Sheffield: JSOT, 1989) 191-215; idem., *Echoes of Scripture in the Letters of Paul* (New Haven – London: Yale University Press, 1989) 36-41; D. A. Campbell, *The Rhetoric of Righteousness in Romans* 3.21-26 (JSNTSup 65; Sheffield: JSOT, 1992) 204-213; I. G. Wallis, *The Faith of Jesus in Early Christian Traditions* (Cambridge: Cambridge University Press, 1995) 78-82; J. Dunnill, "Saved by Whose Faith?-The Function of πίστις Χριστοῦ in Pauline Theology," *Colloquium* 30 (1998) 6-10; Heliso, 122-124.

ことが多い（ロマ 2 : 13; 3 : 10; 5 : 7, 19）。パウロが神を δίκαιος と呼んだ例はあるが（ロマ 3 : 26）、キリストを明示的に δίκαιος と呼んではいない。新約聖書全体を見渡すと、使徒言行録に収録されている初代教会の指導者たちの演説や公同書簡の中に、δίκαιος をメシア称号の一つとしてキリストに適用した例が見られる（使 3 : 14; 7 : 52; 22 : 14; ヘブ 10 : 38; I ペト 3 : 18; I ヨハ 2 : 1 を参照）。しかし、ロマ 1 : 16-17 にはキリストという単語は出てきておらず、この箇所において ὁ δίκαιος（義人）を直接にキリストと結び付ける要素はない[172]。

七十人訳のギリシア語本文は ἐκ πίστεως μου（私の信実によって）となっているが、その理由は根底にあるヘブライ語本文がマソラ本文とは異なり、בֶּאֱמוּנָתוֹ（彼の信実によって）ではなく、בֶּאֱמוּנָתִי（私の信実によって）となっているからであろう[173]。ハバクク書 2 章は預言であり、言葉を語る主体はヤハウェであるから、ἐκ πίστεως（信実によって）にかかる μου（私は）とは当然神を指している。つまり、七十人訳の本文は信仰義認ではなく、神の信実について語り、聞き手に対して救いの到来を忍耐して待つことを勧める箇所なのである。しかし、パウロが依拠するハバ 2 : 4 の本文は解釈上重要な意味を持つ人称代名詞 μου（私の）を省略しているので、ἐκ πίστεως の意味上の主語を ὁ δίκαιος（義人）とする可能性が開けてくる[174]。この場合、名詞 πίστις は七十人訳の場合とは異なり、神の信実よりも文章の主語である義人自身の信実／信仰を意味する可能性が強くなる[175]。こうして、ハバ 2 : 4 は信仰義認を示す根拠箇所となる。このような旧約聖書引用と解釈の手順には、そもそも信仰義認論が解釈原理として働いていることを見て取ることができる。

172　これに対して、ヘブ 10 : 38 は μου（私の）を ὁ δίκαιος（義人）の後に置く本文を引用しており、ὁ δίκαιος をメシア的に解釈してキリストと同定していると推定される。

173　Hultgren, 78 も同意見。

174　D. A. Koch, *Die Schrift als Zeuge des Evangeliums* (BHTh 69; Tübingen: Mohr-Siebeck, 1986) 127-129; Lohse, 82; Wolter, I 127 を参照。

175　Jewett, 145 も同趣旨。

罪のもとにある人間（1:18-3:20）

　ロマ1:18-3:20では、異邦人世界の罪（1:18-32）、ユダヤ人の罪（2:17-3:8）、全ての人の罪（2:1-16; 3:9-20）を具体的に暴き出し、過去から現在に及ぶ世界の現状を描き出している。この記述には罪状を列挙する告発的契機が強く、罪の下にある全世界が神の裁きに服し、律法が罪の自覚をもたらすという趣旨の発言によって閉じられている（3:19-20）[176]。

　修辞学的視点からすると、ロマ1:18-3:20の部分は叙述（διήγησις; narratio）と評価される。ギリシア・ローマ世界の演説の叙述部分において被告人は、自己が無罪であることを弁明するために過去の事実を叙述する。あるいは、告発者であれば、被告人の罪状をなす事実を列挙するのが通例である（アリストテレス『弁論術』1416-1417b; キケロ『発想論』1.9.27; クウィンティリアヌス『弁論家の教育』3.8.1-9; 4.2.31）。ローマ書においては、信じる者に与えられる神の力、神の義として福音の主題が、1:16-17の提題によって提示され、3:21-8:36の論証によって詳述される。その間に置かれている1:18-3:20は、罪の支配下にある世界の状況を非難しながら具体的に描写して、3:21-8:36において神の義の啓示についての論証を行う準備をしている。

異邦人の罪（1:18-32）

1. 私訳

　1[18]不義をもって真理を妨げる人間たちのあらゆる不敬虔と不義に対して、神の怒りが天から現されている。[19]神について知るべき事は彼らにあって明らかであるからである。神は彼らに対して（そのことを）現したのである。

176　Hultgren, 85-87.

[20] 神の見えざる事柄、その永遠の力と神性は、世界の創造以来、被造物において知ることができるものとして認知されているので、彼らは弁解することができない。[21] 神を知りながら、神として崇めず、感謝せず、思いにおいて空しくなり、彼らの悟らない心は暗くなったのである。[22] 彼らは賢者であると主張しながら愚かになり、[23] 不死なる神の栄光を、死すべき人間や鳥や四つ足で歩く獣や爬虫類の似姿に変えたからである。

[24] それだから、神は彼らを心の欲望に引き渡し、彼らは互いに体を辱めることとなった。[25] 彼らは神の真理を偽りに替え、創造主以外の被造物を崇拝して仕えたのである。創造主は永遠に祝福された方である。アーメン。

[26] そのために、神は彼らを恥ずべき情熱に引き渡し、女たちは自然な関係を自然に反するものに変えた。[27] 同様に、男たちは女との自然な交わりを捨てて、互いに欲望に燃え、男たちは男たちに対して恥ずべき事を働き、偽りの当然の報いを身に受ける結果となっている。[28] 認識において神を持つことを適切としなかったので、神は不適切な思いに彼らを引き渡し、彼らは不正なことを行って、[29] あらゆる不義、悪、貪欲、邪悪に満ち、殺意、妬み、悪意、悪習、陰口に溢れ、[30] 悪口を吐く者、神を嫌う者、高慢な者、思い上がる者、自慢する者、悪を企む者、親に逆らう者、[31] 悟らない者、信義を欠く者、情愛を欠く者、無慈悲な者となった。

[32] これらの事を行う者たちは死に値するという神の裁定を知りながら、それらを行っているばかりか、それらを行う者たちに同調しているのである。

2. 注解

ロマ1:18-32は次のような構成を持っている。

 1:18-23 神認識と偶像礼拝
  v.18 神の怒りの啓示
  vv.19-20 被造物を通しての神認識の可能性
   v.19 神について知るべき事の明白性
   v.20 神の本質の認識可能性と異邦人の責任

vv.21-23　神を知りながら偶像礼拝をする
　v.21　神を知りながら神として崇めない
　v.22　賢者を自認しながら愚か者となる
　v.23　不死なる神を死すべき生物の像と取り替える
1:24-25　神の裁きとしての放縦
　v.24　放縦な欲望に引き渡す
　v.25　神の真理を偽りと引き替え、被造物に仕える
1:26-27　神の裁きとしての性的混乱
　v.26　自然に反する性的振る舞い
　v.27　性的混乱
1:28-32　神の裁きとしての不純な思い
　v.28　神の裁き
　v.29-31　悪徳表
　v.32　結び

　このうち、「1:18-23　神認識と偶像礼拝」の部分は、異邦人世界が自然を通して神を知りながら、神を礼拝することをしなかったことに対して、神の怒りが啓示されたことを語っており、1:18-32全体の中で最も中心的な事実を指摘している。なお、「1:18-23　神認識と偶像礼拝」の部分は、「v.18　神の怒りの啓示」の宣言の後、その理由付けとして、「vv.19-20　被造物を通しての神認識の可能性」と「vv.21-23　神を知りながら偶像礼拝をする」より構成され、それぞれの文節は理由を示す接続詞 διότι で導入されている（1:19, 21 を参照）。これに対して、「1:24-25　神の裁きとしての放縦」と「1:26-27　神の裁きとしての性的混乱」と「1:28-32　神の裁きとしての不純な思い」の部分は、「1:18-23　神認識と偶像礼拝」の論理的帰結としての神の裁きの3態様を説明しており、結果を示す表現である διό や（24節）、διὰ τοῦτο（26節）、καί（28節）によって導入されている。

神認識と偶像礼拝（1 : 18 - 23）

18 節　「神の怒りが天から現されている」という文章は、先行する 1 : 17「神の義がそれによって現され、ピスティスからピスティスへと到らせる」に文体的には相似しているが、内容的には逆の事柄を述べており、裏返しの対応関係にある[177]。両節の併置によって、福音における神の義（διακαιοσύνη）の啓示と、神の怒りの対象となっている福音が語られる以前の不義（ἀδικία）に満ちた人間世界が対照されている[178]。1 : 17 と 1 : 18 の間には大きな主題の転換がある。1 : 18 から 3 : 20 に到るまで、神の義とは対照的に人間の不義と罪が語られ、1 : 17 で提示された神の義の主題は、大きく弧を描いて 3 : 21 以下に再び登場する[179]。

　この文章に用いられている動詞 ἀποκαλύπτω は、神の特別な啓示を表す術語であり、パウロは他では自身の回心の体験を回顧する記述の中で、神が御子を啓示したことに関して用いている（ガラ 1 : 16）[180]。「神の怒り（ὀργή）」とは、初期キリスト教においては、特に、神の裁きを指す術語的表現となっている（マタ 3 : 7；ルカ 3 : 7；21 : 23；ヨハ 3 : 36；ロマ 1 : 18；2 : 5, 8；5 : 9；9 : 22；Ⅰテサ 1 : 10；2 : 16；5 : 9；黙 11 : 18；14 : 10；19 : 15 を参照）[181]。「神の怒り（ὀργή）」

---

[177]　Käsemann, 31; Dunn, I 54; Schlier, 48; Wilckens, I 93, 101; Lohse, 83, 85 - 86; 川島重成『ロマ書講義』教文館、2010 年、67 - 68 頁；Hultgren, 88; Wolter, I 130 を参照。

[178]　Dunn, I 56 を参照。なお、Cranfield, I 110 - 111 は、福音の宣教において（ロマ 1 : 17）、神の義のみならず、神の怒りが啓示されると考えているが、むしろ、福音が語られる以前の世界の描写であると考えるべきである。Lietzmann, 8 を参照。

[179]　Wilckens, I 102; Wolter, I 130 を参照。

[180]　動詞 ἀποκαλύπτω の詳しい語学的分析は、LSJ 201; Bauer-Aland, 184; A. Oepke, "ἀποκαλύπτω," *TWNT* III 565 - 597; T. Holtz, "ἀποκαλύπτω," *EWNT* I 312 - 317 を参照。

[181]　詳しくは、G. Bornkamm, "Die Offenbarung des Zornes Gottes," in ders., *Das Ende des Gesetzes. Paulusstudien* (München: Kaiser, 1952) 9 - 33; N. Walter, "Gottes Zorn und das „Harren der Kreatur". Zur Koprrespondenz zwischen Römer 1,18 - 32 und 8,19 - 22," in ders., *Praeparatio Evangelica. Studien zur Umwelt, Exegese und Hermeneutik des Neuen Testaments* (Tübingen:Mohr-Siebeck, 1997) 293 - 302 を参照。

という表現は来るべき終わりの日における裁きを指すのが通例であるのに対して（特に、ロマ 2:5, 8; 5:9; 9:22; Ⅰテサ 1:10; 2:16; 5:9; 黙 11:18; 14:10; 19:15; エチ・エノ 91:7, 9;『宗規要覧』4.12 を参照）、ここでは既に完了し、現在する事柄として理解しているのが特殊である（Ⅰテサ 2:16 を参照）[182]。同様な例は、キリストにおける神の義の啓示に言及する 3:21 に出てくる類義の動詞 φανερόω の用法にも見られ、本箇所と対応している[183]。パウロは自分と読者たちの住んでいる世界の現状を終末的相の下に眺めているのである[184]。

聖書の神は、哲学者のアリストテレスが説く世界の運動の「第一原因」（『形而上学』1071b, 1072a1）というような抽象的原理ではなく、考え、感じ、世界を創造し、働き掛け続ける人格神である[185]。旧約聖書において、神は人間を愛し（申 23:5; 33:12; サム下 12:24; イザ 43:4 他）、憐れむ（創 33:5; 43:29; 出 20:6; 33:19; 申 5:10; 7:9; 30:3; ホセ 1:6, 7 他）と共に、人間の罪に対し怒って裁きを与える（出 32:10-11; 代上 19:2, 10; 27:24）。新約聖書においても、神は人格神として捉えられ、神は人間を愛し（ヨハ 3:16; ロマ 8:37; Ⅰテサ 1:4）、憐れみ（マタ 5:7; ルカ 1:50, 54, 58, 72, 78; ロマ 9:23; 15:9）、人間の罪に対して怒りを現す（マタ 3:7; ルカ 3:7; 21:23; ヨハ 3:36; ロマ 1:18; 2:5, 8; 5:9; 9:22; Ⅰテサ 1:10; 2:16; 5:9; 黙 6:16-17;

182　H.-J. Eckstein, ">>Denn Gottes Zorn wird von Himmel her offenbar werden.<< Exegetische Erwägungen zu Röm 1,18," *ZNW* 78 (1987) 82-89; Haacker, 48; Wolter, I 130 は、ギリシア語動詞の現在形が、未来の意味で使用されることは可能であり（ルカ 14:3; Ⅰコリ 3:13; コロ 3:6; エフェ 5:6 を参照）、ここでも来るべき終末の裁きを指して現在形が用いられているとしている。しかし、この解釈では、1:24, 26, 28 で、「（神が）引き渡した（παρέδωκεν）」と述べられている、既に行われている裁きの執行行為が説明できない。

183　動詞 φανερόω の語学的分析については、Bauer-Aland, 1172-74; O. Preisken, "φανερόω," *TWNT* I.244; H. Hübner, "φανερόω," *EWNT* I 138-145 を参照。

184　Käsemann, 31-32, 33-34; Schlier, 48-49, 54; Wilckens, I. 98; S. Schulz, "Die Anklage in Röm. 1,18-32," *TZ* 14 (1958) 164-166 を参照。

185　F. Stagg, "The Plight of Jew and Gentile in Sin: Romans 1:18-3:20," *RevExop* 73 (1976) 402 も同趣旨。

11:18; 14:10; 19:15 を参照) 存在として描かれている[186]。

パウロは多神教的な宗教文化のただ中で、人の手で作った神々の像を神殿に安置して拝んでいる異邦人世界を念頭に置きながら、異邦人世界の倫理的混乱の問題を論じている。「不義をもって真理を妨げている人間たちのあらゆる不敬虔と不義」という句における「真理」とは(ロマ1:25)、神は唯一であり、創造主なる神だけであるという事実のことである(ロマ2:30; 4:11-12; Iコリ8:4, 6 を参照)。敬虔や正義は、ギリシア・ローマの倫理思想において思慮や節制や勇気と並ぶ主要な徳目として挙げられる(プラトン『国家』1.331A; 4.427E; 10.615C;『法律』1.630B, 631B-D, 888BC; ディオゲネス・ラエルティオス『哲学者列伝』3.80, 83; 7.92, 102; ストバイオス『抜粋集』2.60.9 を参照)。しかし、この場合の敬虔とは、オリュンポスの神々等のギリシア・ローマ世界の神々を敬い、仕えることである(プラトン『国家』10.615C; アイスキュロス『アガメムノン』338; ディオドロス・シクーロス『歴史叢書』4.39.1 他)[187]。「正義」とは、正しい社会的行動を行うことであり(アリストテレス『ニコマコス倫理学』1129a)、完全な徳とされている(1129b)。しかし、ユダヤ人であり、キリスト者であるパウロにとって、敬虔とは天地の創り主なる神を敬い、仕えることであるので、異邦人世界の神々を敬うことは、むしろ、忌むべき偶像礼拝(出20:4-6; 申5:8-11)であり、不敬虔且つ不義であり(詩73[72]:6; 箴11:5)、「不義をもって真理を妨げる」ことと評価されるので、この発言は周辺世界の多神教的宗教文化そのものの断罪として機能している[188]。他方、国家や共同体の守護神である先祖伝来の神々を人間が作った偶像として拝まないユダヤ教徒やキリスト教徒の態度は、多神教的な宗教観を持つ周辺社会の人々からは、奇異なものと受け取られ、「無神論者(ἄθεος, ἀθεότης)」や「人間嫌い(μισανθρώπος)」という非難が浴びせられている(ヨセフス『アピオン駁論』2.148; ディオ・カッシウス『ロー

186　W. Sandy and A. C. Headlam, *A Critical and Exegetical Commentary on the Epistle to the Romans* (ICC; 5th Ed.; Edinburgh: T.&T. Clark, 1902) 41.

187　D. Kaufmann-Bühler, "Eusebeia," *RAC* 6 (1966) 985-1052 を参照。

188　Wilckens, I 100 を参照。

マ史』14.2; エウセビオス『福音書への序文』1.2.2）[189]。ここでは、ユダヤ教やキリスト教が擁する一神教的宗教文化とギリシア・ローマ世界の多神教的宗教文化が鋭く対立している[190]。

19-20節 ロマ1:19-21は、被造世界を通しての神認識の可能性に言及している点が注目される（使17:22-31も参照）。"Τὸ γνωστόν" とは、ここでは、「知られている事」（使1:19; 15:18他）、ではなく、「知るべき事」（使2:14; シラ21:7）を意味する[191]。パウロによれば、神の見えない本質は、天地創造以来、目に見える創造の業を通して理性による知覚が可能なものとなっている（ロマ1:20a）。パウロは神の創造の業を自己啓示の手段と考えているのである（1:19b）。ユダヤ人たちとは異なり、族長たちへの契約や（創12:1-9; 15:1-19; 17:1-14; 35:5-15）、モーセの律法（出20:1-21; 申5:6-22）を通して神の意思の特別な啓示を受けてはいない異邦人たちも、創造主としての神については自然世界の観察を通して知る機会を与えられており、「神について知るべき事は彼らに対して明らか（φανερόν）である」とされる（ロマ1:19a）[192]。「神は彼らに対して（そのことを）顕したのである（ἐφανέρωσεν）」（ロマ1:19b）。ここで用いられている動詞 φανερόω は、新約聖書や初期キリスト教文書において ἀποκαλύπτω と並び、神の啓示を表す術語として用いられている（マコ4:22; ヨハ1:31; 2:11; 3:21; 7:4; 9:3; 17:6; 21:1, 14; ロマ1:19; 3:21; 16:26; Ⅱコリ2:14; 3:3; 4:10, 11; 5:10, 11; Ⅱクレ20:5; イグ・ロマ8:2他）[193]。神について知りうることが明白にな

---

189 M. Stone, *Greeks and Latin Authors on Jews and Judaism* (Jerusalem: The Israel Academy of Sciences and Humanities, 1974) I 155; II 380, 447

190 Wilckens, I 100 を参照。

191 Lietzmann, 8; Sanday / Headlam, 41; Cranfield, I 113; H. Rosin, "To gnoston tou Theou," *TZ* 15 (1961) 164-165; Wilckens, I.106; Lohse, 86-87 を参照。

192 Rosin, 164-165; B. E. Shields, "The Areopagus Sermon and Romans 1:18ff: A Study in Creation Theology," *ResQ* 20 (1977) 29-31 を参照。

193 Bauer-Aland, 1700-1701; P.-G. Müller, "φανερόω," *EWNT* III 988-991; R. Bultmann / D. Lührmann, "φανερόω," *TWNT* IX 4-6.

っているので、彼らがこの神を信じないことについて弁解する余地がなく（1:20c）、彼らに対しては神の怒りが既に啓示されている（1:18）。

　自然を通しての神認識の可能性にパウロが言及するのは、異邦人世界が天地の創造主なる真の神を礼拝しないことの責任を問うという目的のためであり、自然を通しての神認識に積極的な意義を見出しているためではない[194]。自然世界の秩序や規則性・美を観察することを通して神を認識することは、ストア哲学の認識論の中にある（エピクテトス『語録』1.6.19; 1.16.6-8, 15-18; セネカ『自然の問題』7.30.3）。この場合の神とは世界全体に内在し支配する法則のことであり、λόγος（原理、理性、言葉）やφύσις（自然）に一致する（ディオゲネス・ラエルティオス『哲学者列伝』7.134-136, 147-148）。マクロ・コスモスである世界を貫く原理であるロゴスは、ミクロ・コスモスである人間を支配するロゴスと一致するので（『哲学者列伝』7.87-88）、理性による自然を通しての神認識が成立することになる[195]。旧約聖書には、被造世界の規則性や美しさを通して創造主の栄光の顕現を見て取り、神を讃美する考え方が見られる（例えば、詩 8:1-10; 19:1-7; ヨブ 12:9; 36:24 を見よ）。ストア学派の認識論はこうした旧約的創造信仰と接点を持つので、ヘレニズム・ユダヤ教に取り入れられ、創造信仰の視点から再解釈された。例えば、アレクサンドリアのフィロンは、理性を通しての創造主の存在を認識する可能性を論じている（『律法各論』I.32;『律法総論』III.87-93）。また、ソロモンの知恵の著者は、目に見える被造物の整然とした美しさを通して、

194　Bornkamm, 20-21; Michel, 61; Käsemann, 34-36 ; Schlier, 54; W. Popkes, "Zum Aufbau und Charakter von Römer 1.18-32," *NTS* 28 (1982) 490-501; Wilckens, I 100, 105; Cranfield, I 116; Barrett, 35; Dunn, I. 57-58; Stuhlmacher, 33-34; Fitzmyer, 271-272; Schreiner, 85; Lohse, 97-99; F. Hahn, *Theologie des Neuen Testaments* (2 Bde; Tübingen: Mohr-Siebeck, 2002) I. 228-230; Hultgren, 91-92; Kruse, 91-96 は、この箇所が持つ告発の側面を強調する。

195　M. Pohlenz, "Paulus und die Stoa," *ZNW* 42 (1949) 71; A. Fridrichsen, "Zur Auslegung von Röm. 1,19f.," *ZNW* 17 (1916) 159-168; U. Wilckens, W*eisheit und Torheit. Eine exegetische religionsgeschichtliche Untersuchung zu 1Kor.1 und 2* (BHTh 26; Tübingen: Mohr-Siebeck, 1959) 225-268; idem., *Römer*, I. 99.

神認識と偶像礼拝（1:18 − 23）

制作者である神の存在を認識する可能性が与えられているのに、現実には異邦人世界が創造主を知るに至らず（知13:1-9; シビュラ3:8-45）、偶像礼拝に耽る結果（知13:10-14:11）、様々な悪徳・悪行を行い、倫理的混乱に陥っているとしている（知14:22-31; さらに、遺ナフタリ3:1-5; ヨセフス『アピオン駁論』2.199-203, 206-208を参照）[196]。恐らくパウロはヘレニズム・ユダヤ教を介して、被造物を通しての神認識の可能性という思想を持つに至ったのであろう[197]。実際のところ、ロマ1:18-32の論理構造と上述のソロモンの知恵13:1-14:31の論理構造は極めて似通っている。両者の間に見られる違いは、ソロモンの知恵とは異なり、パウロが神の終末的裁きという視点の下に、異邦人世界が創造主を信仰せず、偶像礼拝と倫理的混乱に陥っている事態を眺めていることと（ロマ1:18, 32）、異邦人たちがある種の神認識を現実に有していることを認めている点である（1:21）[198]。

21節 パウロの立場からすると、神の認識は当然に神への信仰へと進むことにならなければならない。神への信仰は、何よりも、創造主なる神として崇めることと、万物の創造の業を覚えて、神に感謝することに表現される。しかし、パウロは「神を知りながら、神として崇めず、感謝せず、思いにおいて空しくなり、彼らの悟らない心は暗くなった」（1:21）と述べる。これは自然を通して神を知る機会を与えられながら、異邦人世界がそこから進んで天地の創り主なる神を信じ、生ける神を礼拝するには至っていない現実

196　Wilckens, I 97; Tobin, 109.

197　Sanday / Headlam, 51 − 52; Dunn, I.56 − 57; Lohse, 86 Anm. 8; C. Romaniuk, "Le livre de la sagesse dans le Nouveau Testament," *NTS* 14 (1967 − 68) 505 − 506; T. H. Tobin, *Paul's Rhetoric in its Contexts*: *The Argument of Romans* (Peabody, MA: Hendrichson, 2004) 109 を参照。

198　J. Barr, *Biblical Faith and Natural Theology* (Oxford: Oxford University Press, 1993) 41 − 57; Schreiner, 85 − 89; Jewett, 154; Romaniuk, 506; Wolter, I 141 もこの点に着目する。これに対して、E. Baasland, "Cognitio Dei im Römerbrief," *SNTS* 14 (1989) 194-197 は、異邦人が神を知る理論的可能性はあっても、実際に神を知っているのは特別な啓示を受けているユダヤ人だけであるとしている。

の指摘である。神を敬わない人間の心に上る思いの空しさについては、詩94[93]:11; エレ 2:5; Ⅰコリ 3:20; 知 13:1 も語っており、本節の見解と軌を一にしている[199]。

パウロが「彼らは神を知りながら」と言うとき、「神を知る」とは何を意味しているかが問題である。他の箇所でパウロが「神を知る」と述べるとき、それはパウロの宣教の言葉を通して回心した者たちが、信仰によって「神を知り、神に知られる」人格的関係に置かれることを意味する（ガラ 4:9; Ⅰコリ 8:3）[200]。この神とはイエス・キリストを死人の中から復活させた神（ロマ 4:24; 8:14; 10:9; ガラ 1:4)、生ける真の神である（Ⅰテサ 1:9）。神を知る者は神を愛し（Ⅰコリ 8:3)、神に「アッバ、父よ」と語り掛け（ロマ 8:15; ガラ 4:6)、神に栄光を帰し（ロマ 15:6, 9; Ⅰコリ 6:20; ガラ 1:24)、神に感謝する（ロマ 1:8; 7:25; Ⅰコリ 1:4, 14; 14:18; Ⅰテサ 1:2; 2:13; 5:18)。しかし、ロマ 1:21 が念頭に置いている「神を知る」ことは、「神を信じ、神を拝する」という意思を伴った全人格的な神認識とは異なり、目に見える被造世界の背後に目に見えない神の働きを認めるといった程度の知的な神認識である[201]。そこからは創造主を信じ、「神として崇め、感謝する」意思は生じない[202]。このような神認識が罪人としての自己認識を生み、自己の罪を認め、告白し、罪の赦しを受けることもない。従って、自然を通しての神認識から、全人的なコミットメントを伴う人格的な信仰は生じないのである[203]。

199　Lietzmann, 8; Cranfield, I 117–118. Wilckens, I 107; Lohse, 88.

200　A. Lindemann, "Die Rede von Gott in der paulinischen Theologie," ders., *Paulus, Apostel und Lehrer der Kirche* (Tübingen: Mohr, 1999) 17.

201　Dunn, I 59; Wolter, I 143.

202　Dunn, I 59 を参照。他方、H. Ott, "Röm.1,19ff. als dogmatisches Problem," *TZ* 15 (1959) 40–50; Lindemann, 14–15; Porter, 65 は、ロマ 12:18–32 において、異邦人が創造主を神として認め礼拝することをしていないのだから、神を知っているとは言えず、パウロは自然を通しての神認識を否定しているとする。この議論は神を知ることの二つのレベルを十分に理解していないことに起因している。

203　Pohlenz, 72–73; Bornkamm, 147–153; H. Rosin, "To gnoston tou Theou," *TZ* 15

神認識と偶像礼拝（1：18 － 23）

「彼らの悟らない心は暗くなった」という句は、人間の「心（καρδία）」のありようを問題にしている[204]。先行する1：19－20は、人間の理性が自然観察を通して神を認識することを問題にしているが、ここでは人間の思考や感情や意思の座である心全体を視野に入れている（ロマ2：5, 15, 29；5：5；9：2；10：9, 10；Ⅰコリ4：5；7：37；Ⅰテサ2：4他を参照）[205]。神を崇めず、神に感謝しないことは、認識や思考の問題であるだけでなく、人間の意思の問題であるからである。パウロの議論は、思考と感情と意思の座である心をトータルに論じる旧約的人間観の上に立っている[206]。

22節 ストア的な神認識は神を世界に内在的なものと理解し、創造主と被造物との間に存在する質的相違を認めないので、被造世界に働く自然力を神格化して信仰し、礼拝する様々な多神教の宗教（ユダヤ教やキリスト教の視点からは偶像礼拝）を許容することになる。パウロはこの点を捉えて、こうして、「彼らは賢者であると主張しながら、愚かになった」アイロニカルな現実を指摘し（1：22）、彼らが、「創造主以外の被造物を敬って仕えた」（1：25）と非難している。賢者であることは、ギリシア・ローマ世界の哲学者たちが目指していた理想であり（プラトン『国家』442C；アリストテレス『形而上学』981b1－983a1；『ニコマコス倫理学』1141a；ディオゲネス・ラエルティオス『哲学者列伝』7.117他）、パウロもギリシア・ローマ世界の賢者の自負を良く知っていた（Ⅰコリ1：20－22, 27を参照）。被造物の姿を取った神々の像を拝むことは、賢者を任じるギリシア・ローマ世界の人々が、愚かになったアイロニカルな現実であるように、ディアスポラのユダヤ人であるパウロの目には映るのである（Ⅰコリ1：20；さらに、知14：11を参照）。

(1961) 164－165；Wilckens, I 99－100, 105－106；Cranfield, I 116－117；Fitzmyer, 281；Lindemann, 15；Wischmeyer, 353－355は、この否定的結果を強調する。

204　名詞καρδίαの語学的分析については、Bauer-Aland, 818－821；F. Baumgärtel / J. Behm, "καρδία," *TWNT* III 609－616；A. Sand, "καρδία," *EWNT* II 615－619を参照。

205　Cranfield, I 118を参照。

206　Dunn, I 60；Jewett, 159を参照。

23 節 ギリシア的神理解によれば、神々は不変、不死、永遠であるのに対して（ホメロス『イリアス』1.492;『オデュッセイア』31, 67, 78, 200; アリストテレス『形而上学』1071b-1072b を参照）、人間は死すべきものであり、永遠に生きることはない（ホメロス『イリアス』1.342;『オデュッセイア』219; : エウリピデス『アイアース』749-784）。ところが、ギリシア・ローマ世界の宗教は、ゼウスやアポロンやアフロディーテ他の神々を理想化された人間の姿で思い描き、人の姿の神像を制作していた[207]。そのことを捉えてパウロは、「不死なる神の栄光を、死すべき人間や鳥や四つ足で歩く獣や爬虫類の似姿に変えたからである」とアイロニーを籠めて批判する。但し、神々を「鳥や四つ足で歩く獣や爬虫類の似姿」で描くのは、むしろ、エジプトの宗教に顕著な傾向である（ANEP nos.548, 553, 558, 564, 567, 568, 570, 573 を参照）[208]。そのことは、ローマでも知られていた（ディオドロス・シクーロス『歴史叢書』1.12.9 を参照）。ヘレニズム期にアレクサンドリアで成立したと推測されるソロモンの知恵の著者も、蛇や動物を神格化して礼拝することを、異邦人世界の愚かさの例として挙げている（知 11 : 15-16; 15 : 18）。パウロは地中海世界に展開される異邦人世界の諸宗教全体を念頭に置いて、被造物の神格化の問題を論じていると言える。

神像を作って拝む事を神の代わりに神ならぬものを拝むとして批判する事は、既にエレ 2 : 11 や詩 106[105]:20 に見られる（申 4 : 16-18 も参照）[209]。両方の箇所で七十人訳はロマ 1 : 23 と同様に動詞 ἀλλάσσω を使用しており、用語法が似ているので、パウロはこれらの箇所を念頭に置いていた可能性がある[210]。但し、エレ 2 : 11 や詩 106[105]:20 が、イスラエルの民の内部で起こっ

207　E. Ferguson, *Backgrounds of Early Christianity* (Grand Rapids: Eerdmans, 1987) 111-153 を参照。

208　Schlier, 58; Dunn, I 61; Fitzmyer, 284; Lohse, 89; Wolter, I 145 もこの点を指摘している。

209　Lietzmann, 8; Cranfield, I 119-120; Haacker, 51 を参照。

210　Sanday / Headlam, 45; Lohse, 88; Jewett, 160-161; Hultgren, 93; U. Schnelle, *Neu-*

た偶像礼拝を断罪しているのに対して、パウロは異邦人世界の宗教的習慣を批判しているという違いがある。

　この書簡の受信者であるローマの教会は、ユダヤ人信徒（ロマ 7 : 1 - 6; 9 : 24; 15 : 7 - 8）と異邦人信徒（1 : 13; 11 : 13 - 16; 15 : 9 - 12）からなる混成教会であるが、数の上では異邦人信徒の方が優勢になっている（特に、1 : 13; 15 : 9 - 12 を参照）。天地の創り主なる神は唯一であり、諸宗教の神々を敬うことを偶像礼拝として禁じる伝統の中に生きるユダヤ人信徒たちにとり、多神教的宗教文化を批判することは、旧約・ユダヤ教の伝統の一部を形成していたので（イザ 44 : 9 - 20; 知 13 : 10 - 14 : 31 を参照）、パウロの議論は受け入れやすいものであったと思われる。他方、初代教会の異邦人宣教は、キリストの福音を聞いて受け入れる前提として、天地の創り主なる生ける神への回心を求めたので（使 14 : 15 - 17; 17 : 22 - 31; Ⅰ テサ 1 : 9 - 10; ガラ 4 : 8 - 10 を参照）、異邦人信徒たちも、神は唯一であり（Ⅰ コリ 8 : 4 - 6 を参照）、異教の神々は人間が想像力で創り出したものであるという認識を共有していることが期待できたのである。

神の裁きとしての放縦（1 : 24 - 25）

24 節　異邦人世界の人々は、パウロの目から見て欲望のままに行動し、互いの体を相応しくない行為によって辱める放縦に陥っていた（Ⅰ コリ 5 : 10; Ⅰ テサ 4 : 5 を参照）。パウロは、「神は彼らを心の欲望に引き渡し（παρέδωκεν）」と述べているが、ここで用いられている動詞 παραδίδωμι（引き渡す）は、元々は官憲に身柄を引き渡すことを表す行政用語である（マタ 5 : 25; 18 : 34; 26 : 15, 25, 46, 48; マコ 9 : 31; 13 : 9, 11, 12; 14 : 10, 11, 18, 21; 15 : 1, 10; ルカ 22 : 4, 6; ヨハ 19 : 16; Ⅰ コリ 5 : 5; 11 : 23b 他）[211]。パウロによると、異

---

testamentliche Anthropologie (BThS 18; Neukirchen-Vluyn: Neukirchener Verlag, 1991) 120 - 121; 川島、73 頁; Wolter, I 144 - 145 を参照。

211　Bauer-Aland, 1242 - 1244; F. Büchsel, "παραδίδωμι," *TWNT* II 171 - 174; W. Popkes, "παραδίδωμι," *EWNT* III 42 - 48 を参照。

邦人たちが心の欲望に囚われ、放縦な生活を送ることは、彼らが天地の創り主を信じないことの報いとして、神が彼らを情欲の支配下に引き渡した行為であり、裁きの執行である（ロマ 1：26, 28; Ⅰコリ 5：5 も参照）[212]。偶像礼拝が諸悪の根源であるという議論は、既にヘレニズム・ユダヤ教の異教世界批判に見られ（知 14：12－21）、パウロはこの論理を踏襲し、新しいコンテクストにおいて展開したのである[213]。欲望（$\epsilon\pi\iota\theta\upsilon\mu\iota\alpha$）は何かを得たい、或いは、したいとする人間の欲求であり、正当な対象へ向かうこともあるが（フィリ 1：23; Ⅰテサ 2：17）、多くの場合は禁じられた対象へ向かったり、限度を超える欲求となり、貪りとして否定的に言及される（ロマ 6：12; 7：7－8; 13：14; ガラ 5：16; Ⅰテサ 4：5; さらに、コロ 3：5; エフェ 2：3; 4：22 も参照）[214]。

パウロが経験的に知っている異邦人世界は、様々な神々の神殿が林立し、祭儀が競合する多神教的世界であると共に、人間の欲望に歯止めがなく、繁栄の中で展開される貪欲や性的放縦に満ちた世界である。これに対して創造主なる神のみを拝するユダヤ教やキリスト教は（出 20：2－6; 申 5：6－10）、十戒に代表されるように性的放縦を禁じ、殺人や窃盗や貪欲を禁じる倫理性を持っており（出 20：13－17; 申 5：17－21）、ユダヤ教徒やキリスト教徒にとって異邦人世界の生活の現状は容認できるものではなかった[215]。

尤も、ヘレニズム世界の倫理思想も、人間が欲望のままに行動することに対しては批判的であり、快楽主義を肯定する訳ではない。例えば、哲学者のプラトンは、放縦に身を委ねることを諫めて、節度と思慮と勇気と健康といった徳目を人間の幸福に到らせるものとして勧めている（『法律』5.733E-734A-E; ディオゲネス・ラエルティオス『哲学者列伝』3.80,83; 7.92, 102）。放縦は人間の無知と自制心の欠如に由来するのである（『法律』5.734B）。アリストテレスもまた、放縦を諫め、節制を勧める（『ニコマコス倫理学』1117B-1119B）。アリストテレスの実践的倫理思想にあっては、人間

212　Sanday/ Headlam, 45; Lohse, 89; Hultgren, 94.
213　Lietzmann, 9; Witherington III, 63－64.
214　Schlier, 60; Wilckens, I 108－109; Dunn, I 62.
215　Lietzmann, 10; Sanday / Headlam, 49－50 を参照。

の持つ即時的欲望を自制心によりコントロールして適度に充足させる中庸が理想とされている。ストア哲学の始祖ゼノンにあっても、節制は思慮や正義や勇気と並ぶ主要な徳目であった（ストバイオス『抜粋集』2.60.9 を参照）[216]。さらに、ストア哲学者の一人クリュシッポスは、欲望を「理性を欠いた欲求」と規定し、理性によって乗り越えるべき情念の一種としてあげている（ディオゲネス・ラエルティオス『哲学者列伝』7.112）。但し、ギリシア・ローマ世界の倫理思想は主として哲学によって担われており、諸々の宗教によって与えられるのではない。多神教的世界の宗教活動は、人間の欲望を制御し、倫理的指針を与える場というよりも、祭儀を通して情念や願望を発散させる場であった。

25節 パウロにとって神は「創造主」であるのに対して（ロマ 1:25; 4:17）、世界は「被造物」（ロマ 1:25; 8:19, 20, 21, 39）である。神は言葉によって世界を創造したのであるから（II コリ 4:6; 創 1:1-2:4a）、自然世界も人間もすべて被造物であり、創造主である神から自立した存在ではない。「彼らは神の真理を偽りに替え、創造主以外の被造物を敬って仕えたのである。」とは、人間や動物を神格化して仕えている多神教的慣行のことを念頭に置いており、1:23 が指摘する、「不死なる神の栄光を、死すべき人間や鳥や四つ足で歩く獣や爬虫類の似姿に変えた」事態を違った言葉で表現している。多神教の神殿には人間の手で作った神々の像が安置され、礼拝されているのである（知 14:10-15; 15:7-19 を参照）。また、「神の真理を偽りに替え」という句は、1:18 の「不義をもって真理を妨げる人間たちのあらゆる不敬虔と不義」に呼応し、その具体例の提示となっている[217]。

「崇拝して仕えた（ἐσεβάσθησαν καὶ ἐλάτρευσαν）」という句に用いられている、「崇拝する（σεβάζομαι）」という言葉は神を畏れ敬うことを指す（ホメロス『イリアス』18.178;『オデュッセイア』3.123; ヨセ・アセ 12.6; シビ

---

[216] S. Wibbing, *Die Tugend- und Lasterkataloge im Neuen Testament* (Berlin: A. Töpelmann, 1959) 16 を参照。

[217] Fitzmyer, 284 もこの点を指摘する。

ュラ 5.405; 8.46 他)[218]。「仕える（λατρεύω）」ことは神に仕える祭儀行為を指す（プルタルコス『倫理論集』405C, 407E; フィロン『律法各論』1.300 他）[219]。

「創造主は永遠に祝福された方である。アーメン」という文章は前後の文脈には上手く繋がらず、創造主である神に言及する際に信仰者であるパウロの心に突然上った讃美の思いが噴出して来た観がある。同じ様な例は、ロマ 7:25; 9:5; II コリ 11:31 にも見られる。

神の裁きとしての性的混乱（1:26-27）

26-27節 ロマ 1:18-32 においてパウロは、異邦人世界が創造主を信じず、かえって被造物を神格化して崇める偶像礼拝に陥っている結果、道徳的混乱に陥っていることを、神の裁きの結果であると解釈している（24, 26, 28 節 「神は彼らを引き渡した [παρέδωκεν]」）。これは創造主なる神が人間の倫理行動に介入せずに放置することを遺棄と考えているのであろう。パウロによれば、道徳的混乱の現象の一つがギリシア・ローマ世界に広がっていた同性愛の現象である（26-27 節；さらに、知 14:26 を参照）[220]。パウロはこの現象を、異邦人世界が神の創造に由来する男女の「自然な関係を自然に反するものに変えた」証左であると考えている（26 節）。パウロはここで、まず女性の同性愛の問題を採り上げ（26 節）、次に、男性の同性愛の問題を論じている（27 節）。ギリシア・ローマ世界において同性愛の問題、特に、男性の同性愛の問題は広く知られていた（オウィディウス『変身物語』9.727-730; マルティアリス『エピグラム』7.67.1-3, 13-15; 知 14:26 を参照）。これに対して、ヘレニズム文献には、女性の同性愛の問題への言及も存在するが、

218　LSJ, 1587; Bauer-Aland, 1491; Cranfield, I 124; Lohse, 90 を参照。

219　LSJ, 1032; Bauer-Aland, 949-950; Cranfield, I 124; Lohse, 90 を参照。

220　K. J. Dover, *Greek Homosexuality* (Cambridge: Harvard University Press, 1978) 12, 19-31, 37, 99; J. D. De Young, "The Meaning of 'Nature' in Romans 1 and its Implications for Biblical Proscriptions of Homosexual Behavior," *JETS* 31 (1988) 435-437 を参照。

神の裁きとしての性的混乱（1：26 − 27）

比較的稀である（例えば、プラトン『饗宴』191E;『法律』636C, 839）[221]。同性愛を自然の秩序に反する行為として批判し、規制しようとする意見は、ギリシア・ローマの倫理思想の一部に見られるが（プラトン『法律』636AB; セネカ『倫理書簡集』47.7 − 8; プルタルコス「愛をめぐる対話」『倫理論集』751A-E, 752B-C を参照）、大勢を変える力はなく、同性愛は周辺世界に広く受け入れられていた慣行であったと言える[222]。

女性の同性愛の問題は旧約聖書には論じられていない[223]。しかし、男性の同性愛は旧約聖書において男性が女性的な役割を演じる行為として、明示的に禁じられており（レビ 18：22; 20：13）、特に、神殿男娼が、しばしば非難されている（申 23：18; 王上 14：24; 15：12; 22：47; 王下 23：7）。ヘレニズム・ユダヤ教文献も旧約聖書の立場を継承して、同性愛を自然に反する行為として否定的な評価を下している（知 14：26; アリステアスの手紙 152; シビュラ 3.184 − 86, 764; フィロン『アブラハム』135 − 136;『律法各論』2.50; 3.37 − 39; ヨセフス『ユダヤ古代誌』1.200 − 201;『アピオン』2.199）。同性愛に対してことさらに厳しい姿勢を取るパウロの態度は、旧約・ユダヤ的な見解の継承と考えられるであろう[224]。

パウロは男女の関係を創 1：27 に従って創造の秩序と考えている。他では、ἀνήρ「男、夫」と γυνή「女、妻」（ロマ 7：2 − 3; Ⅰ コリ 7：2 − 4, 10, 11, 13, 14, 16; 11：3, 7, 8, 9, 11, 12 他）という言葉を使用するのに、ここで ἄρσεν（男）

221　同時代の文献資料に見られるギリシア・ローマ世界の女性の同性愛の問題については、Dover, 171 − 173; B. J. Brooten, *Love between Women: Early Christian Responses to Female Homoeroticism* (Chicago: The University of Chicago Press, 1996) 29 − 186 を参照。

222　R. B. Ward, "Why Unnatural? The Tradition behind Romans 1：26 − 27," *HTR* 90 (1997) 263 − 269 を参照。

223　R. Scroggs, *The New Testament and Homosexuality* (Philadelphia: Fortress, 1983) 115 はそのことに注目し、女性の同性愛は旧約聖書において禁じられていないとする。女性の同性愛については旧約聖書に明示的に論じられていないが、男性間の同性愛は明示的に禁じられており、女性を含めた同性愛全体が禁止されている可能性もあるので、Scroggs のような解釈が妥当かどうかは疑問である。

224　Cranfield, 127; Haacker, 53; Dunn, I 65 − 66, 74; Hultgren, 99 − 100; Wolter, I 153.

と θῆλυ（女）という言葉を使用しているのは（ガラ 3:28 も参照）、創 1:27 LXX の用語法を念頭に置いているからであろう。他方、こうした用語法の選択は、周辺世界において男性・女性の問題を論じるときの慣用にも一致しており（プラトン『法律』636C, 839; フィロン『アブラハム』135 – 136;『律法各論』2.50; 3.37 – 39 を参照）、読者であるローマ教会の信徒たちにも受け入れやすいものであろう。パウロの理解するところによれば、男女間の自然な関係は、神の創造の秩序の一部であるということになる[225]。この場合、ストア哲学の用法と同様に自然は人間の社会関係も含むが、「自然に従って生きること」は、神の創造の秩序に従って生きることに他ならない。パウロの思考において、自然論は創造論の中に組み込まれている。創造者なる神を認識しながら、創造主として崇めない結果、神は異邦人世界が創造の秩序を無視して行動しようとする欲望のままに生きるに任せた。パウロはこの神の放置が即ち裁きであると捉えたのであった。

名詞 φύσις（フュシス）が新約聖書の中に出てくるのは比較的稀であり、福音書や使徒言行録には全く見られず、真正パウロ書簡（ロマ 1:26; 2:14, 27; 11:21, 24; Ⅰコリ 11:14; ガラ 2:15; 4:8）と第二パウロ書簡（エフェ 2:3）、公同書簡（ヤコ 3:7; Ⅱペト 1:4）の一部に見られるだけである。パウロ書簡における使用例を見ると、φύσει（フュセイ）「本性上、本来」（ロマ 2:14; ガラ 2:15; 4:8）という与格形で用いられるか、または、前置詞を伴って、κατὰ φύσιν「本性通り」や（ロマ 11:24a, c）、παρὰ φύσιν「本性に反して」（1:26; 11:24b）という形で用いられることが多い。彼が議論の中に φύσις（フュシス）論を取り込んだ理由は、ギリシア・ローマ世界の思考法に馴染んでいる異邦人信徒たちに対して彼の議論をより身近なものにするためであろう（ロマ 1:26; Ⅰコリ 11:14）。名詞 φύσις は「自然、起源、本質、本性、性格」を意味するギリシア語である[226]。このギリシア語はヘレニズム世界に由来する言葉であり、旧約聖書のヘブライ語には、これに対応する

225　Schreiner, 94 – 96.
226　LSJ 1964; Bauer-Aland, 1733 – 1734; H. Köster, "φύσις," *TWNT* IX 246 – 271; H. Paulsen, "φύσις," *EWNT* III 1063 – 1065.

言葉は存在しない。ストア哲学においてこの言葉は世界を貫く原理としての「自然」を意味する（ディオゲネス・ラエルティオス『哲学者列伝』7.134–136, 147–148）。但し、この「自然」は自然世界のみならず、人間の本性をも包含しており（エピクテトス『語録』1.16.10; ディオゲネス・ラエルティオス『哲学者列伝』7.87; マルクス・アウレリウス『自省録』10.6）、「自然に従って生きる」ことが人間の理想とされた（エピクテトス『語録』1.6.23; ディオゲネス・ラエルティオス『哲学者列伝』7.86–89; マルクス・アウレリウス『自省録』1.9）。名詞 φύσις（フュシス）はヘレニズム・ユダヤ教によって取り入れられ、七十人訳聖書の外典部分にも（ソロ知恵 7:20; 13:1; Ⅲマカ 3:29; Ⅳマカ 5:8, 9, 25; 13:27; 15:13, 25）、それ以外のヘレニズム・ユダヤ教文書にも登場する（フィロン『世界の創造』8, 13, 68;『律法書の寓意的解釈』1.8）。ヘレニズム・ユダヤ教は旧約的創造論の中に φύσις（フュシス）論を取り込み、φύσις（フュシス）を神の創造の秩序と理解している（特に、ソロ知恵 7:20; Ⅳマカ 5:25; フィロン『世界の創造』68）[227]。ヘレニズム思想に由来する φύσις（フュシス）の概念をヘレニズム・ユダヤ教を介して受け入れるにあたって、パウロは旧約聖書の創造論の中に自然論を組み込み φύσις（フュシス）を κτίσις（クティシス）と解釈したのであった。

神の裁きとしての不純な思い（1:28–32）

28節 「認識において神を持つことを適切としなかったので、神は不適切な思いに彼らを引き渡し」という発言は、「彼らは神を知りながら、神として崇めず、感謝することをしなかった」（ロマ 1:21）という事実を、認識論的視点から言い換えている。パウロの論理展開は概して螺旋的であり、同じ主題に度々立ち返りながら、少しずつ進展させていくスタイルを取る。

「適切としなかった」という句に用いられている動詞 δοκιμάζω は、吟味

---

[227] J. D. De Young, "The Meaning of 'Nature' in Romans 1 and its Implications for Biblical Proscriptions of Homosexual Behavior," *JETS* 31 (1988) 434 を参照。

して取捨選択することを意味する（ロマ 2：18; 12：2; 14：22; I コリ 16：3; II コリ 8：8; フィリ 1：10 を参照）[228]。これは、人間の理性的考察による選択行為である（I コリ 1：22 も参照）。この認識論的な選択行為が、彼らの心に「不適切な思い」を生じさせる原因となり、不正な行為を生んでいるのであるが、それをパウロは神による放置（神は不適切な思いに彼らを渡し」）という形を取った裁きに他ならないと理解する。なお、「不適切な思い」の具体的内容は、続く 29-31 節に詳述されることとなる。

29-31 節　パウロは異邦人世界が、「あらゆる不義、悪、貪欲、邪悪に満ち、殺意、妬み、悪意、悪習、陰口に溢れ、悪口を吐く者、神を嫌う者、高慢な者、思い上がる者、自慢する者、悪を企む者、親に逆らう者、悟らない者、信義を欠く者、情愛を欠く者、無慈悲な者となった。」と述べる。この悪徳表は、ヘレニズム・ユダヤ教の異教世界批判の型を継承してヘレニズム世界の一般的な人間像に援用したものであり（知 14：23-29 を参照）、悪徳を次から次へと列挙することを通して読者に対して強い修辞的効果を与えることを狙ったものであろう[229]。リストの初めの 4 つの悪徳の綴りが α で終わり、最後の 4 つの悪徳が否定の小辞 α で始まっているのは、同様な音を重ねることで一体性を感じさせる音韻的効果を狙ったものであろう[230]。

ギリシア・ローマ世界の思想家たちは、無知を非倫理的行為の源泉と見たが（プラトン『法律』5.734B を参照）、パウロはフィロンやソロモンの知恵の著者と同様に（フィロン『十戒』91; 知 14：22 を参照）、神を認めないことの結果として人間の心の中に生じる邪悪な思いとその結果である悪行を列

228　語学的分析については、Bauer-Aland, 406-407; G. Schunack, "δοκιμάζω κτλ.," *TWNT* IX 246-271; W. Grundmann, "δόκιμος κτλ.," *EWNT* II 825-829; 川島、75 頁を参照。

229　S. Wibbing, *Die Tugend- und Lasterkataloge im Neuen Testament* (Berlin: A. Töpelmann, 1959) 23-42, 77-78; E. Schweizer, "Gottesgerechtigkeit und Lasterkatalog bei Paulus (inkl. Kol und Eph)," in P. Stuhlmacher (Hg.), *Rechtfertigung* (FS. E. Käsemann, Tübingen: Mohr-Siebeck, 1976) 469-470; Lohse, 92; Witherington III, 63.

230　Wibbing, 83; Schreiner, 98 を参照。

神の裁きとしての不純な思い（1:28 − 32）

挙している。29 節では他者に対する攻撃的な思いに集中し、30 − 31 節はそのような思いに駆られて行われる反社会的で邪悪な行為をなす人間の諸類型を、神の裁きに値するものとして提示している（32 節を参照）[231]。ギリシア・ローマ世界の倫理思想は、これらの悪徳を容認するものではないが、パウロが経験したエフェソやコリントのようなヘレニズム都市の世界の現実は、哲学が掲げる思慮や正義や節制や友愛といった倫理的理想とは遠いものであったと思われる。パウロによるかなり誇張を含んだ異邦人世界の暗黒面の描写は、繁栄の裏で倫理性が失われていく地中海世界の都市生活の一面を捉えていたのである。

　なお、パウロは他の書簡では、信徒への勧告の中で、悪徳表を避けるべき行為類型群として掲げるのが通例である（ロマ 13:13; I コリ 5:9 − 13; 6:9 − 11; II コリ 12:20 − 21; ガラ 5:19 − 21; I テサ 4:3 − 6 を参照）[232]。同様な悪徳表は、初期ユダヤ教の倫理的勧告の中にも度々登場しており、初期キリスト教の悪徳表の背景をなしている（IV マカ 1:25 − 27; 2:15; 遺ルベン 3.3 − 6; 遺レビ 17.11; 遺イッサカル 7.2 − 6; 遺ガド 5.1; 遺アセル 2.5; 5.1; ヨベ 21.21; 23.14; エチ・エノ 10.20;『宗規要覧』4.2 − 14; フィロン『カインとアベルの供物』22;『言葉の混乱』117 他を参照）[233]。そこに列挙されている悪徳は、唯一の神を信じない異邦人世界のみならず、ユダヤ教徒やキリスト教徒もこの世にある限り犯す恐れのある行為群と理解されているのである。パウロはしばしば、このような悪行をなす者たちは、「神の国を嗣ぐことができない」と伝統的な言い回しを用いながら、信徒たちに対して厳しく警告している（I コリ 6:10; ガラ 5: 21 を参照）。特に、ガラテヤ書における悪徳表では、「肉の業」として、「猥褻、不純、好色、偶像礼拝、魔術、敵意、争い、嫉妬、怒り、利己心、不和、分派抗争、羨望、泥酔、酒宴」を挙げる（ガラ 5:19 − 21）。「肉（σάρξ）」とは、人間の心を唆して神に敵対する思いと行動を起こさせる力である（ロマ 7:18 − 25 以下 ; 13:14; ガラ 5:16 以下）。「肉に従って生きる」（ロ

231　Lietzmann, 11; Lohse, 93.
232　Wibbing, 108 − 117; Schweizer, 476 − 477.
233　Wibbing, 26 − 76; Wilckens, I 112.

マ8:13)、或いは、「肉に従って歩む」（IIコリ10:2）とは、人間が神に敵対する自己中心的な思いに囚われて行動することに他ならない。人間の自己中心性の顕れは、即時的欲望の充足の衝動（ガラ5:16）だけではなく、律法の遵守を通して義を得ようとする努力ともなる（ロマ10:3）。肉の業の帰結は、神からの離反（ガラ5:17, 24; ロマ8:6, 13）と神への敵対である（ロマ5:8-11; 8:7, 31-32）。

32節　「これらの事を行う者たちは死に値するという神の裁定を知りながら、それらを行っているばかりか、それらを行う者たちに同調しているのである」という言葉は、神々の礼拝と放縦に満ちた異邦人世界に対する、終末的論的視点に立ったパウロの最終的判断である[234]。旧約聖書において、偶像礼拝（出22:19; 申17:2-7）や、殺人（出21:12-17; 21:18-21; を参照）や、姦淫（申22:22-27を参照）や、父母への反抗（申21:18-21）のような、神の定めた重要な倫理基準に反する行為は死に値するとされているが、不倫理的行為すべてが死刑相当とされている訳ではない。パウロが非倫理的思いや行為一切を「死に値する」と断じるのは、厳密な議論と言うよりも修辞的な効果を狙った誇張であろう[235]。なお、異邦人世界の人々も、その良心の告げるところに従って（ロマ2:14-15を参照）、悪徳表に挙げられている行為が創造の秩序に背馳し、正義に適わず、処罰に値するものであることを知っている筈である（2:12-13）[236]。しかし、創造主を拝しない彼らが、パウロが想定するように、不道徳な行為の一切が、「死に値するという神の定め」であると意識し、唯一の神の裁きを畏れたかどうかは疑問である[237]。従って、

234　Wibbing, 117.

235　Jewett, 190-191 もそう指摘する。

236　Lohse, 93.

237　Haacker, 55-56 は同様な疑問を投げかけ、ここでパウロは異邦人だけでなく、ユダヤ人も視野に入れているとする。さらに、F. Flückiger, "Zur Untersuchung von Heiden und Judentum in Röm.1,18-2,3," *TZ* 10 (1954) 154-158 は、ロマ1:32 は異邦人ではなくユダヤ人を念頭においており、1:32 は先行する1:18-31 ではなく、後続の2:1-3 に結び付いているとする。しかし、この解釈では、1:18-31 から

彼らが日常生活を送るにあたって放縦な行動を制御する決定的な歯止めはなく、結果として、非倫理的な行動を相互に容認することとなっているのである。

神の公平な裁き（2:1-16）

1. 私訳

2¹ 従って、あなたは弁解することができない、すべて裁く者よ。裁く者が同じことをしているのであるから、他人を裁くことにおいて自分自身を断罪することになる。² 神の裁きは真実に従って同じことを行っている者に及ぶことを、私たちは知っている。³ そのようなことを行っている人々を裁きながら、同じことを行っている者よ、あなたは自分が神の裁きを免れることができると考えているのだろうか？ ⁴ それとも、神の慈悲があなたを悔い改めに導くことを無視して、神の慈悲と辛抱と寛容の豊かさを軽んじるのだろうか？ ⁵ あなたは頑なさと悔い改めのない心によって、神の怒りと義が啓示される日のために自分の上に怒りを積み上げている。⁶「（神は）各々にその業に従って報いる。」⁷（神は）忍耐して良い業を行い、永遠の命を求める者には栄光と名誉と不死を（報いる）。⁸ しかし、利己心に駆られて真理を信じず、不義を信じる者には怒りと憤激とが及ぶ。

⁹ 艱難と困窮が悪を行うすべての者に及ぶが、それはまずユダヤ人に、それから異邦人に対して起こる。¹⁰ 栄光と名誉と平和が善いことを行うすべての者に及ぶが、それはまずユダヤ人に、次に異邦人に対して起こる。¹¹ 神は偏り見ない方であるからである。

¹² 律法なしに罪を犯した者は、律法なしに滅び、律法にあって罪を犯した者はすべて律法によって裁かれる。¹³ 律法に聞く者が神の下で義人となるのではなく、律法を実践する者が義とされるからである。¹⁴ 律法を持たない異

1:32への急激な論題の移行が起こることになり、新たな問題が生じてしまう。パウロがユダヤ人を批判の対象に含めるのは、2:1以降であると考える方が自然である。

邦人が自然に従って律法が命じる事柄を行うならば、律法を持たなくても自分自身に対して律法となる。[15] そのような人たちは、律法の業が心の中に記されていることを示し、互いに断罪したり、弁明したりしている思いの間で良心も共に証ししている。[16] その日に神は、人間の隠れた事柄を私の福音に従ってキリスト・イエスによって裁くこととなる。

2. 注解

2:1-29 では文体が三人称複数形から二人称単数形に変わり、対話者に対して語り掛けるスタイルになる（2:1「あなたは弁解できない、すべて裁く者よ」）。さらに、それに続く 3:1-20 では、修辞的な問いと答えが繰り返されていく。これはディアトリベーという論述法をパウロが採用していることを示している[238]。ディアトリベーは、ギリシア・ローマ期の道徳哲学者たちが教化手段として用いた語り方であり、仮想のパートナーを想定して行う対話的スタイルを特徴とする[239]。パウロはローマ書において、仮想の対話の相手を想定し、パウロの立場に疑問を呈する彼らの主張を論駁する形で信仰義認の思想を提示する（ロマ 2:1-16, 17-29; 3:1-8, 9-18, 27-31; 4:1-12; 6:1-23; 7:7-13; 9:30-10:4; 11:1-10, 11-24）。この表現法を採用することによって、パウロの語り方は同時代の修辞家たちよりも道徳哲学者の語り方に近づいている。ディアトリベーは、一問一答を重ねることによって真理に迫るディアレクティケー（弁証法）の方法を好んだソクラテスやプラト

238　Barrett, 43; 松木、109-110 頁 ; Käsemann, 49; Wilckens, I 122; Schlier, 68; Dunn, I 78-79; Haacker, 58; Fitzmyer, 91; Schreiner, 105; Elliott, 125; Lohse, 98; Witherington III, 73-74; Jewett, 193, 196; Kruse, 119; Wolter, I 166 も同意見。

239　R. Bultmann, *Der Stil der paulinischen Predigt und die kynisch-stoische Diatribe* (Göttingen: Vandenhoeck & Ruprecht, 1910); S. K. Stowers, "Diatribe," *ABD* II.190-193; idem., *The Diatribe and Paul's Letter to the Romans* (SBLDS 57; Chico, CA: Scholars, 1984); idem., "Diatribe," in *Greco-Roman Literature and the New Testament* (ed. D. E. Aune; SBLBS 21; Atlanta: Scholars, 1988) 71-84; T. Schmeller, *Paulus und die „Diatribe"* (Münster: Aschendorff, 1987); A.J. Malherbe, *Moral Exhortation, A Greco-Roman Sourcebook* (Philadelphia: Westminster, 1989) 129-134; C. Song, *Reading Romans as a Diatribe* (New York: P. Lang, 2004).

ンの伝統に連なる[240]。ローマ書における仮想の相手が抱く疑念や反対意見は、読者が抱く可能性がある疑念を代表しており、それに反論することを通して福音の真理の性格を浮き彫りにする論述法は、修辞的効果を挙げるに留まらず、読者の思い違いを正しながら、正しい真理認識に到るプロセスを手助けする手段となっている。

　ロマ 2:1-16 の内容は下記の通りである。

　　2:1-5　人を裁く者への裁き
　　　vv.1-2　人を裁く者自身が裁かれる
　　　vv.3-5　人を裁く者への悔い改めの勧め
　　2:6-11　神の裁き
　　　v.6　　　引用句
　　　vv.7-8　善を行う者と悪を行う者が受ける報い（1）
　　　vv.9-10 善を行う者と悪を行う者が受ける報い（2）
　　　v.11　　神の公平（理由付け）
　　2:12-16　律法なしに行動する者と律法にあって行動する者の
　　　　　　　終末時の運命
　　　v.12-13 律法なしに罪を犯した者は律法なしに裁かれ、
　　　　　　　律法にあって罪を犯した者は律法によって裁かれる。
　　　v.14-15 自然に従って律法の要求を行う異邦人とその良心
　　　v.16　　神は終末時に隠れたことを裁く

　ロマ 2:1-16 に先行する 1:18-32 の部分は知者と自負しながら、天地の創造主を神として崇めることをせず、偶像礼拝と不道徳に耽る異邦人世界が、今既に神の怒りの下に置かれていることを語っている。2:1-16 の部分はユダヤ人も異邦人も等しく、終末時の神の裁きの下に置かれていることを明らかにする。2:17-3:8 は律法を与えられ、神の意思を知っていると任じるユ

240　Stowers, "Diatribe," *ABD* II.191 を参照。

ダヤ人も、終末の裁きにあっては何ら特権的地位を持たないことを語る。

1節 この節は、διό（従って）という句で始まるが、2:1の内容は先行する1:32の内容と直接にスムーズに繋がる訳ではない。2:1-16は断罪する者自身が裁きから免れないことを強調しており、διό（従って）という言葉は、むしろ、異邦人世界の偶像礼拝と倫理的混乱を断罪する1:18-32全体の論旨を承けて、新たな主題を導入する手助けをしていると考えられる[241]。

人を断罪する者は心の中で自らを裁判官の位置に置いており、自分が被告人として裁かれる立場になる可能性を忘れがちであるが、事態は全く逆である。他人を裁く者は、振る舞いにおいて高い倫理基準が要求されるからである。パウロは、「裁く者が同じことをしているのであるから、他人を裁くことにおいて自分自身を断罪することになる」と言う。他人を裁く倫理基準は同様に裁く者自身に適用される。もし、裁く者が他人と同様に規範に違反することをしているならば、他人を裁くことは自分に返って来て、自分自身を断罪する結果となる。そのような者は神の前で全く「弁解することができない」（ロマ1:20を参照）。同様の論理は、山上の説教に引用されている共観福音書伝承にも見られる（マタ7:1-2「あなたがたは裁いてはならない、それはあなた方が裁かれないためである。あなた方が下す裁きによってあなたがたは裁かれ、あなた方が用いる量りによって量られるであろう」）[242]。高い倫理水準を誇って他の人々を裁くのは、モーセの律法を持つユダヤ人の特色の一つであることから（ロマ2:17-29を参照）、一部の注解者たちはパウロが想定する仮想の論敵はユダヤ人であると主張している[243]。しかし、ロマ2:17-29とは異なり、パウロは仮想の対話者を「裁く者」とだけ述べて、異邦人であるかユダヤ人であるかを明言していない。このことは意図的であ

241　Jewett, 196; J. Bassler, *Divine Impartiality: Paul and a Theological Axiom* (SBLDS 59; Chico, CA: Scholars, 1982) 133.

242　Dunn, I 80; Jewett, 196-197 を参照。

243　Käsemann, 49; Cranfield, I 138-139; Stuhlmacher, 39; Schlier, 68; Dunn, I 79-80, 89-90; Schreiner, 106-107; Lohse, 98; 川島、79頁; Wolter, I 163-164 を参照。

り、異邦人であるかユダヤ人であるかを問わず、自分を他人の上に置き、他人の行動を断罪し、他人を裁こうとする者が陥りがちな心的傾向に対して警告していると考えられる（セネカ『寛容について』1.6.2; プルタルコス『倫理論集』515d; マタ7:1-5; ルカ6:37-42; ヨハ8:7を参照）[244]。

2節 パウロはこの言葉伝承を神の公平な裁きという観点から論じる。ここで言う「神の裁き」とは、終末の時に与えられる最終的裁きであり、人を救い、または、滅びに定めることである。神の裁きは真理に従ってなされ（IVエズ7:34; シリ・バル85:9;『宗規要覧』IV 19-20;『ダマスコ文書』XX 28;『バビロニア・タルムード』「ピルケ・アボート」3.16を参照）、同じ行為に対してはそれを誰が行っていても同じ裁きがなされる。

3節 「そのようなことを行っている人々を裁きながら、同じことを行っている者よ、あなたは自分が神の裁きを免れることができると考えているのだろうか？」という文章は、内容的には1節に対応している。この文章は仮想の論敵に向けた修辞的疑問文であり、否定的答えを予想している。人を裁きながら、同じことを行っている者は神の裁きを逃れることができないのである。同様な趣旨の発言は、同時代のユダヤ教文書のソロモンの詩編にも見られ、元々はモーセの律法を持ち、古代世界の諸民族の中でも高い倫理規範を持ったユダヤ人たちの自戒の言葉に由来すると思われる（ソロ詩15:8）。

4節 同様に、「それとも、神の慈悲があなたを悔い改めに導くことを無視して、神の慈悲と辛抱と寛容の豊かさを軽んじるのだろうか？」という文章も修辞的疑問文であり、否定的答えが前提されている。人は「神の慈悲と辛抱と寛容の豊かさを軽んじる」ことはできない。しかし、パウロはここでは、「神の慈悲があなたを悔い改めに導く」と述べて、悪い行いからの悔い改め

---

[244] Barrett, 43-44; Porter, 71; K.-W. Niebuhr, "Menschenbild, Gottesverständnis und Ethik," in *Anthropologie und Ethik im Frühjudentum und im Neuen Testament* (hrsg. v. M. Konradt / E. Schläpfer; Tübingen: Mohr-Siebeck, 2014) 152を参照。

の主題を導入している。人を裁く者を含めてすべての者が神の前に悪を行っていることを前提に、悔い改めることによって救われる可能性が開けていることをパウロは示唆する。神の終末の裁きが迫っていることを告げ、悔い改めを勧めることは、洗礼者の預言者的宣教の論理であり（マタ 3:7-10; ルカ 3:7-9）、初期キリスト教の宣教にも同様な論理は認められる（使 17:22-34; I テサ 1:9-10）。このような論理からは、まだ世の終わりが到来せず、終末の裁きが下されてないという事実は、できるだけ多くの人々に悔い改めの機会を与えるためであり、「神の慈悲と辛抱と寛容の豊かさ」に帰された（シラ 5:4-6; 知 11:23; さらに、シリ・バル 85:12; IV エズ 8:33 も参照）。この時に当たって悔い改めることをしない者は、神の好意を無にする結果になるのである。

5節　「神の怒りと義が啓示される日」とは、終末の日のことであり、神がその義に従って裁きをなすことが「神の怒りと義の啓示」の具体的内容である。「神の怒り」という表現は、終末の裁きを指す術語的な意味を持っている（ゼファ 1:15, 18; 2:2-3; イザ 13:9; 37:3; マタ 3:7; ルカ 3:7; ロマ 2:5, 8; 5:9; I テサ 1:10; 5:9；黙 6:16, 17; 11:18; 14:10; 16:19; 19:15）。神の怒りを招く理由は、救いへの招きに応じて悔い改めることをしない「頑なさと悔い改めのない心」である。神の意思の啓示に対して心を閉ざす「頑なさ」への警告は旧約以来の聖書的主題である（出 7:22; 8:15; 9:35; 13:15; 申 9:27; 10:16; 31:27）。ここでの神の義の理解は、旧約・ユダヤ教に伝統的な考え方に基づいており、特にパウロ的な理解ではない。パウロ固有の神の義理解は、キリストを信じる者を義とするということであり、後に3章後半で展開される（ロマ 3:21-31）。

「自分の上に怒りを積み上げている」という言葉には、アイロニーが込められている（II ペト 3:7 を参照）。ユダヤ教の伝統では、善行を行うことによって天に宝を積むということが語られていた（トビ 4:9-10; ソロ詩 9:3-5; さらに、マタ 6:20 を参照）。パウロはこれをもじって、悔い改めを頑固に拒むことは、救いに到る宝どころか、滅びに到る神の怒りを自らの上に積

み上げる結果となっていると主張するのである。

6節 ここでパウロは文体を二人称単数形から、三人称単数形に転じ、記述内容の客観的妥当性を強調しようとしている。「(神は)各々にその業に従って報いる」という引用句に正確に一致する言葉は旧約聖書にはないが、同様な思想を類似した表現で語る言葉は、箴24:12や詩62[61]:13やエレ17:10やソロ詩9:5に見られる。応報思想は、旧約・ユダヤ教の基本的考え方であり（出20:5-6; 申5:9-10; 28:1-69）、初期キリスト教文書にも随所にその反映が見られる（マタ16:27; 25:31-46; ヨハ5:28-29; Ⅱコリ5:10; 11:5; ガラ6:7-9; エフェ6:8; コロ3:24-25; Ⅱテモ4:14; Ⅰペト1:17; 黙2:23; 20:12-13; 22:12; Ⅰクレ5:42-43）[245]。パウロはこうした伝統的な思考法を前提にしながら、終末の裁きがすべての人に等しく臨むことを強調しようとしている。

7-8節 終末の裁きの内容は、善いことを行う者（「忍耐しつつ良い業を行い、永遠の命を求める者」）に「栄光と名誉と不死」が与えられ、不義を行う者（「利己心に駆られて真理を信じず、不義を信じる者」）は裁きの対象になり、「怒りと憤激」が及ぶ。「栄光と名誉（δόξαν καὶ τιμήν）」は、七十人訳聖書では、神の属性として讃歌の中で言及されているが（詩29[28]:1; 96[95]:7; ヨブ37:22; 40:10）、神の似姿に創造された人間にも与えられると理解されている（詩8:6）。パウロは「栄光と名誉」を終末時に信徒に与えられる究極的救いの一環をなすと理解している（ロマ2:7, 10; さらに、8:18, 21も参照）。「栄光と名誉」は人間の名誉を重んじるギリシア・ローマ社会の価値観に接点を持つが、人や社会によって与えられるのではなく、神によって付与される終末的恵みであると考える点が異なっている。

「不死（ἀφθαρσία）」は、パウロが死者の中から復活した人間の体の属性として、Ⅰコリ15章で論じている事柄である（Ⅰコリ15:42, 52, 53, 54; Ⅱコ

245　Cranfield, I 146.

リ4:11; 5:4)。人間は有限なる被造物の宿命として死を避けることはできない（創3:19）。人間は「死すべきもの（θνητός）」であり（ロマ1:23; Iコリ15:53, 54)、人間の体は「朽ちるべきもの（φθαρτός）」であるが（15:53, 54)、終末時には復活して朽ちない体を備えた不死なる者となる希望が与えられている。

「忍耐（ὑπομονή）」はパウロ書簡では、しばしば終末における救いの希望と結びついて語られる（ロマ5:3-4; 8:25; 15:4; Iテサ1:3; IIコリ1:6)。他方、神の怒り（ὀργή）は新約聖書において終末の裁きを表す術語となっている（マタ3:7; ルカ3:7; ヨハ3:36; ロマ2:5, 8; 3:5; 5:9; 9:22; Iテサ1:10; 5:9; 黙6:17; 11:18)。特に、怒り（ὀργή）と憤激（θυμός）の組み合わせは、旧約聖書に由来するが（申29:27; 詩78[77]:49; エレ7:20; 21:5)、初期キリスト教では、神の終末の裁きの厳しさを表す表現として黙示的文書の中で用いられている（黙14:10; 16:19; 19:15)。「利己心に駆られて真理を信じず、不義を信じる者」とは、キリストの福音を信じず、その結果として悔い改めないということであろう（ロマ10:1-4)。

9-11節 この箇所では7-8節で述べられていることを違った表現で繰り返している。文学的手法としては交差配列（キアスムス）が用いられ、前節において、善行と報い、悪行と裁きの順序で述べられたのに対して、ここでは艱難と困窮が悪を行う者に臨むことが告げられ、次に栄光と名誉と平和が善を行う者に与えられることが語られる順序となっている[246]。パウロはこうした終末の裁きがユダヤ人にも異邦人にも等しく及ぶことを明らかにしているが、その理由は、「神は偏り見ない方であるからである。」（11節）ということである。神の救いが与えられることを神の民として選ばれたイスラエルの特権と考える伝統的な考え方に対して、異邦人も同様に救われる可能性があることを主張する根拠は、神の公平ということであった（使10:34; ガラ2:6; エフェ6:9; コロ3:25)。なお、「まずユダヤ人に、それから異邦人に」

246　Cranfield, I 149.

神の公平な裁き（2:1 – 16）

という順序は、福音が「まずユダヤ人に、それから異邦人に」語られたことと対応している（ロマ 1:16 を参照）[247]。パウロはユダヤ人と異邦人の救済史上の順序を維持しながらも、終末を前にして究極的な救いと裁きの対象であるという点では区別はないことを主張している。

12 節　「律法なしに罪を犯した者は、律法なしに滅び、律法にあって罪を犯した者はすべて律法によって裁かれる」という文章の前半は、モーセの律法を与えられていない異邦人の運命について、後半はモーセの律法を与えられているユダヤ人の運命について言及している。

名詞 νόμος は、古典ギリシア語では、「習慣」、「法」、「法則」を意味する[248]。この言葉は、七十人訳聖書においてヘブライ語名詞 תּוֹרָה の訳語として使われたため、モーセの「律法」を意味するようになり（出 12:49; 13:9; 16:4, 28; 24:12; 申 1:5; 4:8, 44; 17:11; 24:8 他）、この用法を新約聖書も継承した（マタ 22:36; 23:23; ルカ 2:22; , 27; ヨハ 1:17; 18:31; ロマ 2:12, 13, 14, 15, 17; 3:19, 20, 21; 10:4; ガラ 2:16, 19; 3:12 – 13, 17, 19; 5:3 他）[249]。パウロはこの言葉を、1)「律法」（ロマ 2:12, 13, 14, 15, 17; 3:19, 20, 21; 10:4; ガラ 2:16, 19; 3:12 – 13, 17, 19; 5:3 他）、2)「律法の書」（ロマ 3:21; Ｉコリ 9:8; 14:21, 34; ガラ 3:10）、3)「法則」（ロマ 3:27; 7:23, 25）の三通りの意味で使用している。この文脈では、モーセの律法を持つユダヤ人と律法を持たない異邦人の対比が問題になっているので、第一の意味で用いているのは明らかである。

「律法なしに罪を犯した者は、律法なしに滅び」という文章は解釈を要する。罪とは神の前に相応しくないあり方であり、神との関係の破綻である。律法を持たない異邦人は、その行為について律法違反を問われることはないが、罪の結果として終末の裁きにあって滅びに定められる。これに対して、ユダ

---

[247]　Cranfield, I 150.
[248]　LSJ 1180.
[249]　Bauer-Aland, 1097 – 1098; H. Kleinknecht / W. Gutbrod, "νόμος," *TWNT* IX 246 – 271; H. Paulsen,"νόμος," *EWNT* III 1158 – 72.

ヤ人は律法を持っているので、彼らの罪は具体的には律法違反という形をとる（シリ・バル 48:46-47 を参照）。彼らの罪は律法に照らして明らかにされ（ロマ 3:20; 7:7）、有罪判決を受け、罰せられる。

13節　「律法に聞く者が神の下で義人となるのではなく、律法を実践する者が義とされるからである。」律法を与えられていることを誇りにしているユダヤ人に対して終末の裁きはユダヤ人も異邦人も等しく臨むことの根拠として、パウロは律法を聞くだけでは十分でなく、律法を実践することが必要であることを挙げる（『ミシュナ』「ピルケ・アボート」1.15, 17; 3.9, 17; 5.14; マタ 7:24-29; ルカ 6:47-49; ヤコ 1:22-23, 25 を参照）。旧約聖書の申命記において、イスラエルの民は、律法の言葉を聞くように繰り返し求められていた（申 4:10; 5:27; 6:4 他）。さらに、パウロと同時代の地中海世界のユダヤ人たちは、安息日毎にシナゴーグで律法の書の朗読を聞いていたので、ほとんど例外なく、「律法に聞く者」であったと言える。しかし、申命記的な論理では、律法を守る者には祝福が約束され、律法を破る者には呪いが宣言される（申 28:1-68）。そこでは、律法の規定を守るかどうかということが重要であり、律法の言葉を聞いて知っているというだけでは、終末時に救いを与えられために十分ではない。

しかし、「律法を実践する者が義とされる」ということは、パウロが強調する、律法の行いによって人は義とされることはないということと（ロマ 3:20; 2:16）、どのような関係にあるのだろうか。ここではパウロは伝統な旧約・ユダヤ教的理解を述べているのであり、彼独自の理解を述べているのではない[250]。理論的な可能性として、律法の要求を満たせば、ユダヤ人も異邦人も義とされるということをパウロは認める。しかし、彼には現実には律法の要求を満たして義とされた者はいないという現状認識がある。律法の行いによって人は義とされることはなく、罪の自覚を得ている（ロマ 3:20）。そうすると、現実には人は律法の行いによって義とされることがないのであ

250　Barrett, 50.

る。

14節　パウロは旧約的な論理の地平を超えて、律法を持たない異邦人が律法の要求することを満たす可能性を論じる。「律法を持たない異邦人が自然に従って律法が命じる事柄を行うならば、律法を持たなくても自分自身に対して律法となる」という主張は、非常に大胆な考えである[251]。パウロの思考はここでは、ストア哲学の自然法の考えに近づいている[252]。パウロの念頭に置いているのは、「殺してはならない」、「盗んではならない」、「姦淫してはならない」と述べる十戒の倫理的規定のことであろう（ロマ 2 : 21 - 22 を参照）。こうした倫理的規定は、人間世界に普遍的に内在している基本的倫理であり、創造の秩序の一環をなす自然（φύσις）に属するとパウロは考える[253]。

15節　「そのような人たちは、律法の業が心の中に記されていることを示し、互いに断罪したり、弁明したりしている思いの間で良心も共に証ししている」という発言は興味深い。旧約聖書ではエレミヤ書31章に心に刻まれた新しい契約の考えが述べられている（エレ 31[38]: 31 - 34）。新しい契約の条項である律法はイスラエル人の心に書かれているのだから、最早、教えられる必要はない。これはシナイ契約の時に与えられた律法の要求の内面化と言えるが、契約の外にある異邦人は視野の中に入っていなかった。それに対して、モーセの律法を与えられていない異邦人も生まれつき一定の倫理観を持っていることを、ここでパウロは「律法の業が心の中に記されている」と

251　ここでの「異邦人」は、「異邦人キリスト者」を指しているという、Cranfield, I 156 - 157; Jewett, 213 - 214; Kruse, 130 - 131 の主張には賛成できない。

252　Lohse, 104 - 105; Schreiner, 122 - 123; M. Polenz, "Paulus und die Stoa," *ZNW* 42 (1949) 69 - 104.

253　ギリシア語名詞 φύσις の詳しい語学的分析については、LSJ 1964; Bauer-Aland, 1733 - 1734; H. Köster, "φύσις," *TWNT* IX 246 - 271; H. Paulsen, "φύσις," *EWNT* III 1063 - 1065 を参照。

述べている[254]。この場合は、「律法の業」は単数形の τὸ ἔργον τοῦ νόμου で示され、通常使用される複数形 τὰ ἔργα τοῦ νόμου（ロマ 3：20, 28; ガラ 2：16; 3：2, 5, 10）ではないことが注目される。パウロは複数形を否定的なニュアンスを込めて使用するのが通例なので、肯定的な意味で使用する際には敢えて単数形を使用したのであろう[255]。人為的立法によって定められ、布告される「書かれた掟」とは区別される、人間の心に記された「書かれない掟」の観念はギリシア思想の中に存在する（ソフォクレス『アンティゴネー』454－455）[256]。

パウロの理解するところによれば、人間の思いや行いの是非について、人間の心があたかも一つの法廷のように機能して、規範意識に従って自分を非難する見解と弁護する見解の間の葛藤が生じる。「良心（συνείδησις）」という単語は、福音書には使用されていないが、使徒言行録（23：1; 24：16）やパウロ書簡（ロマ 2：15; 9：1; 13：5; Ⅰコリ 8：7, 10, 12; 10：25, 27, 28, 29; Ⅱコリ 1：12; 4：2; 5：11）や第二パウロ書簡（Ⅰテモ 1：5, 19; 3：9; 4：2; Ⅱテモ 1：3; テト 1：15）、さらには、公同書簡（ヘブ 9：9, 14; 10：2, 22; 13：18; Ⅰペト 2：19; 3：16, 21）に多数使用されている[257]。「良心（συνείδησις）」は人間の心の中で謂わば超自我として、倫理的要求を告げ、人の行動を吟味し、規範に反する行為に対しては呵責の念を与える（セネカ『怒りについて』3.36.1;『倫理書簡』28.10）。こうした良心の働きは人間の心の中の法廷において重要な証人の役割を演じるのである（ロマ 9：1; 13：5 も参照）[258]。良心の概念は旧約聖書

---

254 ここでパウロは、キリスト教に回心した異邦人信徒のことを言っているとする Jewett, 214－215 の議論には賛成できない。異邦人信徒も、旧約聖書を読むことを通して律法の言葉に親しんでいるのだから、この文脈ではパウロの議論の対象とはなっていない。

255 Dunn, I 100 を参照。

256 川島、89 頁を参照。

257 Bauer-Aland, 1568－1569; Ch. Maurer, "σύνοιδα, συνείδησις," *TWNT* VII 897－918; G. Lüdeman, "συνείδησις," *EWNT* III 721－725.

258 Wilckens, I 138－142; Schlier, 79－80; H.J. Eckstein, *Der Begriff Syneidesis bei Paulus* (WUNT II 10; Tübingen: Mohr-Siebeck, 1983) 137－180; N. Hildebrand, *Syneidos bei*

には出てこないが、ヘレニズム・ユダヤ教文書には良心の呵責の主題が見られるので（知17:11; フィロン『悪は善を襲う』146;『十戒各論』2.49;『徳論』124)、初期キリスト教はこの概念をヘレニズム・ユダヤ教経由で取り入れたと想定される[259]。

16節 「その日に神は、人間の隠れた事柄を私の福音に従ってキリスト・イエスによって裁くこととなる。」「その日」とは、終末の裁きが行われるその日のことである[260]。「人間の隠れた事柄」とは何だろうか？それは、他人の目には隠れているが神の目には露わな人間の行為や、目には見えない心の中の思いのことであろう（サム上16:7; 代上28:9; 詩139[138]:1-2; エレ17:10; ソロ詩14:8; マタ6:4,6; ヘブ4:12-13を参照）[261]。ここで注目されるのは、「私の福音に従ってキリスト・イエスによって裁く」という言葉である。終末における神の裁きが再臨のキリストを通して行われることは、初代教会の宣教に見られる考えであり、新約聖書の随所に反映している（マタ25:31-33; ヨハ5:22, 27; 使10:42; 17:22-31; Iコリ4:5; IIコリ5:10; IIテサ1:7-10; 黙22:12）。しかし、「福音に従って……裁く」ということの意味は必ずしも明らかでない。キリストの福音を受け入れ、悔い改めて福音に相応しい生活を送る者に救いを、福音を信じず、頑なに悔い改めを拒否し、キリストの福音の精神に反する生活を送る者に裁きを予告しているのであろうか。なお、「私の福音」とは非常に稀な表現であるが、ローマ書の著者であるパウロによって宣べ伝えられた福音という程度の意味であろう（ロマ16:25; IIテモ2:8を参照）[262]。

Philo, Syneidesis bei Paulus (München: Grin, 2013) 1-32 を参照。

259 Wilckens, I 139; Lohse, 107.
260 Cranfield, I 162.
261 Cranfield, I 162-163.
262 Cranfield, I 163.

ユダヤ人の罪（2:17-29）

1. 私訳

2^{17} あなたがユダヤ人を名乗り、律法に安住し、神を誇るのならば、^{18} 御心を知り、律法を通して教えられて、大切なことを見分けるのならば、^{19} 自ら目の見えない者の導き手、闇の中の光であると任じ、^{20} さらには、愚かな者の案内人、未熟な者の教師を任じ、律法の内に知識と真理の具体化を持っているとするのならば、^{21} 他人を教える者は、自分を教えないのだろうか？盗んではならないと説教する者が、盗むのだろうか？^{22} 姦淫してはならないと告げる者が、姦淫するのだろうか？偶像を忌み嫌う者が、神殿を荒らすのだろうか？^{23} 律法を誇る者であるあなたは、律法の違反によって神の名誉を汚しているのだ。^{24}「神の名はあなた方のために、異邦人の間で汚されている」と書かれている通りである。

^{25} 割礼は、もし律法を行うのなら有益である。しかし、あなたは律法の違反者なのだから、あなたの割礼は無割礼となってしまった。^{26} 無割礼の者が律法の規定を守るならば、彼の無割礼は割礼と見なされるのではないか？^{27} 生まれにおいて無割礼でありながら、律法を成就する者は、文字と割礼によりながら、律法の違反者であるあなたを裁くのではないだろうか？^{28} 外見上のユダヤ人が（ユダヤ人）なのではなく、外見上の、そして肉体の上の割礼が（割礼）なのではなく、^{29} 隠れたユダヤ人が（ユダヤ人）であり、文字によらない霊による心の割礼が（割礼）なのである。そのような人の名誉は人ではなく神に由来するのである。

2. 注解

ロマ2:1-16の部分はユダヤ人も異邦人も等しく、終末時の神の裁きの下に置かれていることを明らかにした。これに対して、2:17-3:8は、ディアトリベーのスタイルを用いて、仮想の論敵に鋭く問い掛けながら、律法を与えられ、神の意思を知っていると任じるユダヤ人の特権意識を批判し、

ユダヤ人の罪（2:17 - 29）

終末の裁きにあって彼らは何ら特権的地位を持たないことを語る。さらに、2:17-29 は、自ら立てた問いへの答えとして、ユダヤ人の概念を再定義することを試み、割礼を受けているかどうかではなく、律法を実践する者が真のユダヤ人であるとする。

2:17-29 の部分の構成は、以下の通りである。

 2:17-24 律法への誇りと律法の違反
  v.17 ユダヤ人の誇り：律法と神
  vv.18-20 神の御心を知る教師
  vv.21-22 言葉と行いの矛盾乖離
  vv.23-24 律法を誇る者が神の名を汚している実態
 2:25-29 外見上のユダヤ人と隠れたユダヤ人
  vv.25-27 割礼のある者の律法違反と無割礼の者の律法遵守
  vv 28-29 外見上のユダヤ人と隠れたユダヤ人

17-18節　「もし、あなたがユダヤ人を名乗り、律法に安住し、神を誇るのならば、御心を知り、律法に教えられて、大切なことを見分けるのならば、自ら目の見えない者の導き手、闇の中の光であると任じ、さらには、愚かな者の案内人、未熟な者の教師を任じ、律法の内に知識と真理の具体化を持っているとするのならば」という句は、一体としてひとまとまりの条件文を構成しているが、帰結文は省略されている[263]。パウロはここで初めて、仮想の対話の相手を明示的にユダヤ人に設定して、「あなたがユダヤ人を名乗り」と切り出す[264]。ユダヤ人（Ἰουδαῖος）という名詞は、元々は、外国人がイスラエル人を呼ぶ呼称であった。ヘレニズム世界の著述家たちは、

---

[263] Barrett, 56; Wilckens, I 147; Dunn I 109; Wolter, I 191 がこの点を指摘している。

[264] R. Thorsteinsson, *Paul's Interlocutor in Romans* 2 (Stockholm: Almqvist & Wiksell International, 2003) 196-206 は、この部分におけるパウロの仮想の対話相手は、ユダヤ人ではなく、「ユダヤ人と名乗りたがっている」異邦人、即ち、ユダヤ教に改宗した異邦人としているが、これは過度に技巧的な解釈である。

イスラエル人を Ἰουδαῖος（複数形 Ἰουδαῖοι）と呼んだ（ポリュビオス『歴史』16.39.1,4; ディオ・クリュソストモス『演説集』67.14; 68.1; POxy II.335; IX.1189.9; 1205.7 他）[265]。ディアスポラのユダヤ人著述家たちは自らの同胞を呼ぶに当たって Ἰσραηλίτης（複数形 Ἰσραηλῖται）を用いる一方で（ヨセフス『古代誌』3.189; 9.20; 11.146; ヨハ 1:47; ロマ 9:4; 11:2; IIコリ 11:22）[266]、通称の Ἰουδαῖοι をしばしば用いた（Ιマカ 8:20, 23, 25, 27; 10:25, 29; 15:1, 2; ヨセフス『アピオン駁論』1.179, 229;『古代誌』2.29; 14.91; 15.39; マタ 2:2; 27:11, 29, 37; 28:15; ロマ 1:16; 2:9, 10, 17, 28, 29; 3:1, 9, 29 他）[267]。他方、Ἰουδαῖος は形容詞としても用いられた（Ιマカ 2:23; 14:33; ヨセフス『古代誌』10.265）[268]。

パウロはここでユダヤ人の民族的誇りを問題にしている[269]。ユダヤ人の民族的アイデンティティは、モーセの律法を持っていることに集約される（シラ 39:8; シリ・バル 48:22-24; ロマ 9:4 を参照）。ユダヤ人は、「律法を通して教えられて、神の御心を知り、大切なことを見分ける」ことができると考えている（詩 40[39]:9; 143[142]:10; IIマカ 1:3-4; バル 4:4; ロマ 2:18）。律法は神の御心が具体的な戒めの形をとったものであるから（ロマ 2:18,

---

265 Bauer-Aland, 769; H. Kuhli, "Ἰουδαῖος," *EWNT* II 472-482; K. G. Kuhn, "Ἰσραήλ κτλ. (B)," *TWNT* III 360-361; W. Gutbrod, "Ἰσραήλ κτλ. (C, D)," *TWNT* III 370-373; Fitzmyer, 315-316.

266 Bauer-Aland, 773; H. Kuhli, "Ἰουδαῖος," *EWNT* II 501-504; K. G. Kuhn, "Ἰσραήλ κτλ. (B)," *TWNT* III 360-361; W. Gutbrod, "Ἰσραήλ κτλ. (C, D)," *TWNT* III 373-374.

267 G. Kuhn, Ἰσραήλ κτλ. (B)," *TWNT* III 361; W. Gutbrod, "Ἰσραήλ κτλ. (C, D)," *TWNT* III 373-374. 異邦人のユダヤ教改宗者が Ἰουδαῖος または Ἰουδαῖοι と呼ばれることがあることについては、R. S. Kraemer, "On the Meaning of the Term 'Jew' in Graeco-Roman Inscriptions," *HTR* 82 (1989) 35-53; idem., "Jewish Tuna and Christian Fish: Identifying Religious Affiliation in Epigraphic Sources," *HTR* 84 (1991) 144, 156-158; Thorsteinsson, 201-204 を参照。なお、Ἰουδαῖοι は「ユダヤ民族」や「ユダヤ教徒」という意味の他に、「ユダヤ地方に住む者たち」という意味もある。この点については、M. Lowe, "Who were the Ἰουδαῖοι?," *NovTest* 18 (1976) 101-130; idem., "'Ἰουδαῖοι of the Apocrypha," *NovTest* 23 (1981) 56-90 を参照。

268 Bauer-Aland, 769; H. Kuhli, "Ἰουδαῖος," *EWNT* II 474.

269 Dunn, I 109-110, 116-118; Lohse, 108; Wolter, I 192-193 もこの点を強調する。

20; 7:7を参照)、「律法に安住する」(2:17) ことは、「神を誇る」(エレ 9:23; ソロ詩 17:1) ことと同義になる。これに対して、パウロはキリストを通して神を誇ることを勧めている (ロマ 5:11; Ⅰコリ 1:31; Ⅱコリ 10:17)[270]。

19-20節 「自ら目の見えない者の導き手、闇の中の光であると任じ、さらには、愚かな者の案内人、未熟な者の教師を任じ」(2:19-20) という句は、異邦人世界の中でユダヤ人が律法をもっている故に倫理的な事柄について指導的役割を果たすという自負を語っている。バビロン捕囚の苦難を経た後、イスラエル民族には、回復の希望と共に諸国民の中での自らの使命の自覚が育ってくる。例えば、第二イザヤはイスラエルが「諸国民の中の光」となると語る (イザ 42:6)。それは、神の律法が、道の光であるからである (イザ 52:4-5; 詩 119[118]:105; シラ 24:27; 45:17)。ヘレニズム期のユダヤ教文書になると、ユダヤ教への回心を闇から光への移行と表現しているものがある (ヨセフとアセナテ 8.9; 15.12; シビュラ 1.25-34)。他方、ユダヤ人は異邦人世界では、真理への道案内をする者であるとも言われた (シビュラ 3.194-195)。パウロはユダヤ人のこのような自己意識を捉えて、「(あなたは) 自ら目の見えない者の導き手」と語るが (ロマ 2:20)、同様な民族的自負に対しては共観福音書伝承も批判的に言及している (マタ 15:14; 23:16 を参照)。

「愚かな者の案内人、未熟な者の教師」(ロマ 2:20a) は、ほぼ同義の言葉の繰り返しである。「案内人」、「教師」を自認するからには、自分自身が学習によって知識を集積していることが前提になる。ユダヤ人の知識の源泉は律法であり、彼らは「律法の内に知識と真理の具体化を持っている」と考えていた (2:20c)。第二神殿時代期の詩編には律法 (トーラー) を道として捉え、それに従って歩むことを強調するものが多い (詩 1; 19[18]; 78[77]; 88[87]; 119[118] の各編)。特に、詩編 119編は律法に知恵が結晶していると考えている (119[118]:34, 73, 130, 144, 169)。律法は教えられ (119[118]:12, 29, 108)、学ばれなければならない (119[118]:7, 102)。さらに、初期ユダ

270　Hultgren, 127 を参照。

ヤ教の知恵文学は、律法を知恵の源泉とする（シラ序:1-4; 1:26; 15:1; 19:20; 24:23-34; 33:2; 45:5;知6:18）。逆に、真理の源泉である律法を知らず、律法を学んでいない異邦人は、愚かさの中に生きていると断じられることとなる（知15:14）。パウロの発言は、こうしたユダヤ教の考えを踏まえてなされている。

21-22節　「他人を教える者は、自分を教えないのだろうか？盗んではならないと説教する者が、盗むのだろうか？姦淫してはならないと告げる者が、姦淫するのだろうか？偶像を忌み嫌う者が、神殿を荒らすのだろうか？」の部分は、17-20節の部分を承けて、四つのアイロニーを含んだ修辞的疑問文を仮想の対話者に向けて畳み掛けるように発し、言葉と行動の分裂の問題を追及している。

教える者が、教えている倫理的規範を実行していないというのが、パウロの批判のポイントである（マタ23:3を参照）。同様な論理は、ストア派の哲学者エピクテトスの発言にも見られる（エピクテトス『語録』2.19.19-20; 3.7.17）[271]。当時のユダヤ人が、ヘレニズム世界で典型的な悪行とされていた（アリストテレス『弁論術』1374a; ディオゲネス・ラエルティオス『哲学者列伝』2.99）、盗みを働き（ロマ2:21）、姦淫を犯し、神殿を荒らしている（2:22）という現状認識はユダヤ教文書の一部にもみられるが（ソロ詩8:7-14;レビ遺14:5-8;『ダマスコ文書』6.16-17を参照）、同時代のユダヤ人の多数意見ではない[272]。こうした非倫理的な犯罪行為を行う者はユダヤ人の中にもいたであろうが、それは一部に留まり、ユダヤ人一般の特色ではない。従って、パウロの発言はユダヤ人には極端に厳しい現状認識と聞こえたであろう。

23節　修辞的機能に関して言えば、ロマ2:21-24の部分はユダヤ人と異

---

[271]　Käsemann, 64; Jewett, 221; S. K. Stowers, *The Diatribe and Paul's Letter to the Romans* (Chico, CA: Scholars, 1981) 112-113を参照。

[272]　Dodd, 41-42を参照。

ユダヤ人の罪（2:17 – 29）

邦人からなる世界の原状を述べる1:18–3:20の叙述（narratio）の中に置かれているが、同胞のユダヤ人の罪状を列挙する告発（κατηγορία）の要素を多分に含んでいる[273]。しかも、パウロは相手の弁明を待たずに、ユダヤ人が律法で行ってはならないとされている盗みと姦淫と偶像礼拝を行っていることを前提に、「律法を誇る者であるあなたは、律法の違反によって神の名誉を汚しているのだ。」と断言している[274]。ここでパウロは、自分自身がユダヤ人でありながら、容赦のない批判を同胞に浴びせている。ユダヤ人でありつつユダヤ人社会のあり方に厳しい批判を浴びせ、悔い改めを迫る旧約の預言者の伝統がパウロに生きているのであろう。

24節 ユダヤ人たちが神の名を汚しているという結論を、パウロは旧約引用によって根拠付ける。「書かれている通り」という句はパウロが好んで用いる旧約引用の導入句であり（ロマ1:17; 2:24; 3:4; 3:10; 4:17; 8:36; 9:13, 33; 10:15; 15:3, 21; Iコリ1:31; 2:9）、「旧約聖書に書かれている通り」という意味であるが、通常とは異なり、引用文の前ではなく後に配置されている（ロマ3:4も参照）。ユダヤ人の現状についてのパウロの認識を、聖書引用によって根拠付けることは、旧約聖書の言葉に対して神の言葉としての権威を認めているユダヤ人に対する有効な論証手段である。

「『神の名はあなた方のために、異邦人の間で汚されている』と「書かれている通りである」という文は、国を失った捕囚期のイスラエルに対してなした第二イザヤの預言からの引用である（イザ52:5 LXX;『バビロニア・タルムード』「ヨーマ」86bを参照）[275]。イザ52:5は国が滅ぼされた事実そのものを神の名が汚されていることと考えているが、パウロはポイントをずらして、

---

[273] 古典修辞学における告発については、アリストテレス『弁論術』1416–1417b; キケロ『発想論』1.9.27; クウィンティリアヌス『弁論家の教育』3.8.1–9; 4.2.31 を参照。

[274] これに対して、Jewett, 229はこの文章を第五の修辞的疑問文であると理解している。

[275] Str-Bill, III 106–107.

イスラエルの非倫理的振る舞いが神の名を汚していると解釈している。この解釈の背後には、諸国民の間でのイスラエルの歩みは、神の民の振る舞いとして、神の栄光を現すことにも、神の名を汚すことにもなるという論理が存在している。この考えは、むしろ、イスラエルが捕囚期に諸国民の間で行った振る舞いが神の名を汚していると考えるエゼ 36:21-23 や、ユダヤ人個人の非倫理的な振る舞いによって、イスラエルの神が侮られる結果となるとするナフ遺 8:6 の立場に近いが、ディアスポラのユダヤ人としての出自を持つパウロには、異邦人世界との接触の中で幼少時から常に意識させられていたことであろう。

25 節「割礼は、もし律法を行うのなら有益である。しかし、あなたは律法の違反者なのだから、あなたの割礼は無割礼となってしまった」とパウロは批判する。割礼 (περιτομή) はアブラハム伝承に遡る古い習慣であり（創 17:13; 出 4:25, 26; エレ 11:16 LXX）、ユダヤ人男子は、生まれて 8 日目に割礼を受けなければならないと定められていた（創 17:12; レビ 12:3）。この特異な習慣は捕囚期以降の時代において、イスラエルに与えた神の契約のしるしとしての意義を与えられた（創 17:9-14 [P] を参照）[276]。ヘレニズム時代にセレウコス朝の強引なヘレニズム化政策（Ⅰマカ 1:4-64）に抗して、イスラエルの父祖たちに与えられた神の契約と律法に忠実に歩むことは、割礼と安息日と食物規定を守ることに集中的に現れた（Ⅰマカ 1:60-63; Ⅱマカ 6-7 章）[277]。従って、パウロの時代にあって割礼を受けていることはユダヤ人であることを示す指標であり（ヨベ 15:25-34; ヨセフス『古代誌』13.257-258; ストラボン『地誌』17.2.5; タキトゥス『歴史』5.5.2）、割礼を受

---

[276] Bauer-Aland, 65; O. Betz, "περιτομή," *EWNT* I 186-189; R. Meyer, "περιτομή," *TWNT* VI 72-83; A. Blaschke, *Beschneidung. Zeugnis der Bibel und verwandter Texte* (Tübingen: Francke, 1998) 133-139; Wolter, I 200 を参照。

[277] 拙稿「初期ユダヤ教と初期キリスト教の自己定義」『聖和大学論集』第 25 号 B、1997 年、79-81 頁を参照。

けていないことは異邦人であることを示す指標であった[278]。名詞 ἀκροβυστία（無割礼）はヘブライ語 עׇרְלָה のギリシア語訳であり（創 17:11, 14, 23, 24, 25; エレ 9:25）、本来は「前の皮」という意味である[279]。パウロはこの単語を、割礼を受ける習慣を持たない異邦人世界を象徴する言葉として用いることが多い（ロマ 2:25; 3:30; 4:9; ガラ 5:6; 6:15）[280]。割礼を受けた者は神と民との契約に参与する者として、律法の規定を守らなければならないと考えられていた（ヨセフス『古代誌』13.257-258; ガラ 5:3 を参照）。もし、割礼を受けた者が律法の要求に従って歩まなければ、自身を律法の違反者として示すことになる（ヤコ 2:9-11）。この状態になると割礼を受けている意味は薄く、割礼を受けていない異邦人世界の人たちと大差はないこととなる。

26-27節 パウロは仮定の議論をさらに進め、もし、無割礼の者である異邦人が自発的に律法の要求を満たす振る舞いをし、結果的に律法の定めることを守るならば、「彼の無割礼は割礼と見なされる」とする（2:26）。「生まれにおいて無割礼である」異邦人の良心的な行動が律法の精神と一致し、「律法を守る」結果を生むならば、「文字と割礼によりながら、律法の違反者であるあなたを裁くのではないだろうか？」とパウロは言う（2:27）。「文字と割礼による」とは、ユダヤ人は契約の板に書かれた律法の規定を与えられていることと（出 24:12; 34:1, 28; II コリ 3:3, 6-7 を参照）、生まれて 8 日目に割礼を受けていることを指す（創 17:12; レビ 12:3; I マカ 1:60-63）。ユダヤ人は割礼を受けた者として律法の規定を守らなければならないので（ヨセフス『古代誌』13.257-258; ガラ 5:3 を参照）、律法を守っていなければ、割礼を受けておらず律法の文字を与えられていなくても、律法の精神に合致する振る舞いをしている異邦人から断罪されるのではないかという可能性が生じる（マタ 12:42; ルカ 11:32 を参照）。

278　Wolter, I 200-201; Porter, 82-83 を参照。
279　Bauer-Aland, 1315; O. Betz, "ἀκροβυστία," *EWNT* I 131; J. Marcus, "The Circumcision and Uncircumcision in Rome," *NTS* 32 (1989) 74-76.
280　Marcus, 77-81; Wolter, I 202.

28‐29 節 ここでパウロはユダヤ人概念の再定義を試みる。「外見上のユダヤ人」とはイスラエル民族に属する者のことである。具体的には、アブラハムを父祖とし（創 12：1‐9; 15：1‐19; 17：1‐14; ヨハ 8：33; ロマ 4：1）、生まれて 8 日目に割礼を受けている者が（創 17：12; レビ 12：3; Ⅰマカ 1：60‐63）、「外見上のユダヤ人」である。

「隠れたユダヤ人が（ユダヤ人）であり、文字によらない霊による心の割礼が（割礼）なのである」（2：28）という文章は非常に大胆な発言である。割礼を受け、文字に書かれたモーセの律法を持つユダヤ人が真のユダヤ人ではなく、割礼も律法も形式上は持たないが、律法の精神に従って歩む異邦人が「心に割礼を受けた」、真の意味でユダヤ人であると言うのである。「心に割礼を受ける」ということはかつて申命記や預言者エレミヤが主張したことである（申 10：16; 30：6; エレ 4：4; 9：25; さらに、『宗規要覧（1QS）』5.5; 使 7：51 を参照）。しかし、申命記やエレミヤは、体に割礼を受けていることを前提にして、ユダヤ人たちに律法の精神を内面化し、遵守することを求めており、異邦人が心に割礼を受けることは想定していない（エゼ 44：7, 9 も参照）[281]。パウロは、律法の要求が心に記されている良心的異邦人が（ロマ 2：15 を参照）本当の意味でのユダヤ人と言えると主張しているのであるから、ユダヤ人の概念が再定義されると共に、心の割礼概念の適用対象が民族的限界を超えて異邦人に及んでいる。しかし、このような評価は人間社会では与えられず、人の心の奥底にあるところを知る神から来るのみである（マタ 6：4, 6, 8 を参照）。「そのような人の名誉は人ではなく神に由来するのである」（ロマ 2：28c）[282]。

パウロはユダヤ人の特権意識への批判として、「霊による心の割礼を受けて」いる「隠れたユダヤ人」と呼びうる異邦人の存在の理論的可能性を持ち出しているのであるが、現実には、異邦人世界にも、心に割礼を受けて律法

281　Schreiner, 141‐142; Hultgren, 130‐131 を参照。
282　Käsemann, 77; Wilckens, Ⅰ 158 は終末時に与えられる神の評価を想定する。

の精神に則って生活している、「隠れたユダヤ人」と呼びうるような者は稀である[283]。そこで、パウロは直ぐ後で、「ユダヤ人もギリシア人もすべて罪の下にある」と断言することになる（3:9）。理論的可能性と現実のズレは、自然を通しての神の認識の可能性について述べるロマ 1:18-32 にも見られる現象である。パウロはここで異邦人が被造物である自然の観察を通して神を知るに到る可能性に言及する（1:20）。しかし、現実には自然を通しての神認識は、神を信じ、礼拝することには到らず、異邦世界は偶像礼拝に耽り、不道徳な生活を送る結果になっているのである（1:28-32）。

神の信実とユダヤ人の不信実（3:1-8）

1. 私訳

3[1] ではユダヤ人の優れていることは何だろうか？割礼の利点は何だろうか？[2] 色々な形で沢山ある。まず、神の言葉が託されたことである。[3] 何と言おうか？誰かが不信実であったとすると、その不信実が神の信実を損ないはしないだろうか？[4] 断じてそうではない。神は真実な方であり、人間はすべて偽り者とするべきであり、次のように書かれている通りである。

「御言葉においてあなたは義しく、裁きにおいてあなたは勝利するであろう。」

[5] もし、私たちの不義が神の義を示すとするならば、私たちは何と言おうか？怒りを下す神は不義なる方ではないのだろうか？私は人間的な言い方をしている。[6] 断じてそうではない。それでは、神がどのようにして世界を裁くのだろうか？[7] 神の真理が私の偽りによって、増し加わって栄光へと到るのだとするならば、私もまた罪人として裁かれるのだろうか？[8] ある者たちが言っているように、「善を来たらせるために、悪を行おうではないか」と私たちが

---

[283] 「隠れたユダヤ人」とはキリスト教に回心した異邦人信徒のことであると解釈する Schreiner, 139-142 には賛成できない。

言うならば、私たちは神を冒瀆することになる。そのような者たちへの裁きは正当なことである。

2. 注解

3:1-8は、救済史的な視点からユダヤ人の歴史を回顧し、神の言葉である律法を与えられたにも拘わらず、律法に忠実に歩まず、神の真実に答えることができなかったことを語る。3:9-20は、1:18から続く叙述部分（narratio）の締めくくりとして、ユダヤ人も異邦人もすべてが罪の支配下にあり、律法によって人は義とされることがなく、罪の自覚が与えられることを、ディアトリベーの文学形式に従って、短い問答を重ねることによって明らかにしている。

3:1-8の部分の構成は以下の通りである。

 3:1 導入句：ユダヤ人の優れた点は何か？（仮想の問い）
 3:2 神の言葉を託されていること（答え）
 3:3 人間の不実と神の信実（仮想の問い）
 3:4a 神は真実な方、人間は偽る者（反論）
 3:4b 神の義と勝利（旧約引用）
 3:5a 私たちの不義が神の義を示す。
 3:5b 神は不義な方なのか？（仮想の問い）
 3:6 どうして神が世界を裁くのか？（反問）
 3:7 神の真理が増し加わり、栄光へ到る。
 3:8 善を来たらすために悪を行うのか？（仮想の問い）
    神を冒瀆する者への裁き（反論）

1-2節 パウロは仮想の問いを立てて自ら答えることを繰り返している[284]。先行する2:17-29において割礼を受けてユダヤ民族に属しているかど

---

284 Wolter, I 210 も同意見。

うかではなく、律法を実践する者が真のユダヤ人であると述べたのを承けて、パウロはここでは翻ってユダヤ民族に属することの利点について考察する。「ユダヤ人の優れていることは何であろうか？」、「割礼の利点は何だろうか？」（1節）とは、旧来の定義によるユダヤ人であることのメリットは何かということであり、仮想の論争相手から予想される反問の内容である[285]。2節においてパウロはこの問いに救済史的に答えて、「色々な形で沢山ある。まず、神の言葉が託されたことである」と述べる。9:4ではイスラエルの民族の特権を「子たる身分、栄光、契約、律法付与、礼拝、約束」としているが、3:2では神の言葉に集中している。ここで言及されている「神の言葉（τὰ λόγια τοῦ θεοῦ）」とは、特に、旧約聖書に含まれる戒めの言葉を念頭に置いていると考えられる（申33:9; 詩12[11]:7; 119[118]:9, 16, 25, 28, 42, 49, 57他）[286]。律法の戒めの言葉は、聖なる神の意思が具体的な命令または禁止の形をとったものであるからである（詩12[11]:7）。

3節　「何と言おうか？　誰かが不信実であったとすると、その不信実が神の信実を損ないはしないだろうか？」とパウロは述べるが、1-2節と3節の内容の間には飛躍があり、その根底にはパウロが読者と共有していると想定している認識が隠れている。神がイスラエルに対して律法の言葉を託した（2節）前提として、神と民との契約が存在している（ロマ9:3）。この契約関係に拘束されて、神は民への約束を成就する責任があり、民は契約条項である律法の戒めの言葉を遵守する責任がある。これが神と民のπίστις（信実）の問題である[287]。ギリシア語名詞πίστιςは「信仰」とも「信実」とも訳せる言葉である[288]。七十人訳においてπίστιςは殆どの場合、「信実」を表

285　松木、133頁; Wilckens, I 161, 167; 川島、98-99頁も同意見。

286　Fitzmyer, 326; Wolter, I 213.

287　Käsemann, 73; 74; Dunn, I 131-132; 原口尚彰『パウロの宣教』教文館、1998年、188-216頁を参照。

288　Bauer-Aland, 1700-1701; R. Bultmann, "πιστεύω, πίστις κτλ.," *TWNT* VI 174-228; G. Barth, "πίστις, πιστεύω," *EWNT* II 216-231.

すאֱמֶתまたはאֱמוּנָהの訳語となっている(サム上21:3; 26:23; 詩33[32]:4他)。神は信実であり、契約を守るということは、旧約聖書の基本的認識であり(申7:9 32:4; イザ49:7; 詩89[88]:29, 38他)、パウロもそれを引き継いでいる(Ⅰコリ1:9; 10:13; Ⅱコリ1:18; Ⅰテサ5:24)[289]。イスラエルの歴史を回顧すると、民は契約に忠実に歩まず、律法の言葉を守らなかった(エレ31:32)。これが、パウロの言う民のἀπιστία(不信実)の問題である[290]。契約の一方当事者の民がἀπιστία(不信実)であったならば、契約相手であるの神のπίστις(信実)を損なうのであるか?というのが3節の問いの核心となっている[291]。しかし、この問いは多分に修辞的であり、パウロは否定的な回答を予期している。

4節「断じてそうではない(μὴ γένοιτο)」という強い調子の言葉で(6節も参照)、パウロは仮想の問いを否定する[292]。契約関係の破綻は人間の側の偽りの問題であり、神の信実がそれで揺らぐのではない。むしろ、神は真実な方であり、人間はすべて偽り者とするべきであるとパウロは論じる。パウロは、「神は真実な方(ἀληθής)」という前提から思考を進める。神の真実(ἀλήθεια)とは客観的な真理ではなく、主体的真実であり、信実(πίστις)とほぼ同義である。これに対して、「人間はすべて偽り者(ψεύστης)」(詩116:11[115:2]; エレ9:3-8を参照)であるという認識は、イスラエルの民がἀπιστία(不実)あった理由を、人間一般の問題に拡大して考察している。「人間はすべて偽り者(ψεύστης)」とは、特に人間の語る言葉が現実と相違することを指している。モーセの十戒が偽りの証言を禁じる理由も(出

---

289 原口尚彰『パウロの宣教』教文館、1998年、198-199頁を参照。

290 ロマ15:31を根拠に、ここで言われている「民のἀπιστία」をキリストへの不信仰とするWitherington III, 93の解釈には賛成できない。

291 Schreiner, 150-151; Jewett, 244; C. Cosgrove, "What if Some Have not Believed? The Occasion and Thrust of Romans 3:1-8," *ZNW* 78 (1978) 97-98が、この文脈における民のἀπιστίαをキリストへの不信仰と解釈しているのは適切ではない。

292 A. J. Malherbe, "Μὴ γένοιτο in the Diatribe of Paul," *HTR* 73 (1980) 231-240を参照。

20:16; 申 5:20)、人間が言葉において欺きやすい性格を持っているからである。偽り者である人間の常としてイスラエルは神との契約に忠実に歩まず、律法の戒めを破ってしまった。

　パウロは、旧約聖書を引用して主張を根拠付けようとする。「次のように書かれている通りである（καθὼς γέγραπται）」は旧約引用を導入する定式であるが（ロマ 1:17; 2:24; 3:4, 10; 4:17, 23; I コリ 1:31; 2:9 他）、ここでは引用句の後に置かれている（ロマ 2:24 を参照）。この箇所で旧約引用がなされる理由は、イスラエルの救済史の回顧を行うにあたって、イスラエルの行動を旧約聖書の言葉に即して吟味しようということであろう。「御言葉においてあなたは義しく、裁きによってあなたは勝利するであろう」という文章は、詩 51:4[50:6] の引用であり、その本文は最後の動詞が接続法から（νικήσῃς）未来形（νικήσεις）に変わっていることの他はほぼ七十人訳に一致する[293]。詩編 51 編は人間の罪と赦しを主題としており、51:4[50:6] は神に対する罪の事実と、それに対する神の裁きの言葉の正しさを述べている。この言葉をパウロは、神の真実と人間の虚偽を示す根拠としたのである。

5 節　「もし、私たちの不義が神の義を示すとするならば、私たちは何と言おうか？　怒りを下す神は不義なる方ではないのだろうか？」という問いが援用する論理は分かり難い。おそらく、人間の不義が対照的に神の義を際立たせる効果があるとすれば、神はそのことによって利益を得ているのであるから、人間の不義に対して怒り、裁きを下すのは不当ではないかという意味であろう。しかし、この問いも多分に修辞的な性格のものであり、小辞 μή の使用にも表れているように、パウロは否定的な答えを予期している[294]。こうした問題の立て方はパウロ自身が認めているように、「人間的な言い方」であり、人間の世界での論理を神と人間の関係に当てはめた技巧的議論である。パウロはここで、今まで行っていた民の ἀπιστία（不信実）と神の

293　Käsemann, 81; Jewett, 246-247 はこの時制の変化の中にパウロの終末論的な強調を読み取ろうとしている。

294　Dunn, I 134-135; Jewett, 248; Witherington III, 94.

πίστις（信実）についての議論を、人間の不義（ἀδικία）と神の義（δικαιοσύνη）の問題に移している。神の義の問題は、ローマ書全体を貫く重要主題である（ロマ 1 : 17; 3 : 5, 21, 22, 25, 26; 4 : 3, 5, 6, 9, 11, 13, 22; 5 : 17, 21; 10 : 3, 4 他）。特に、1 : 17 ではローマ書全体の主題として神の義が提示され、10 : 3 ではイスラエルの救済史との関連で出てきている。ロマ 3 : 21 – 26 では神の義の啓示を集中的に論じている（3 : 21, 22, 25, 26）。

6 節　パウロは「断じてそうではない。」と前節で出てきた疑義の正当性を強く否定した後に、「それでは、神がどのようにして世界を裁くのだろうか？」と反問する。神は義であり、その義に照らして人間世界を裁くのであるから（創 18 : 25; ヨブ 34 : 10 – 12; ロマ 3 : 26）、神が不義なら神の裁きの根拠がなくなるのである。

7 節　「神の真理が私の偽りによって、増し加わって栄光へと到るのだとするならば、私もまた罪人として裁かれるのだろうか？」という文章は、6 節と対になる仮想の問いである。人間の罪が神の義を明らかにし、人間の偽りが神の真理を際立たせ、神の栄光を増し加える結果になるのなら、引き立て役となった人間が罪人として裁かれることは不当ではないか？という意味であろう。パウロはここで仮想の論敵の論理を次々に展開していくが、自分自身がそうした論理に与しているのではなく、むしろそれを否定的媒介として真理を語ろうとしている。

8 節　「善を来たらせるために、悪を行おうではないか」とは、パウロらを中傷して実際に語られている言葉ではなく、仮想の論敵がパウロの主張の論理的帰結として、悪を行うことを推奨することになると非難しているという想定であろう（ロマ 6 : 1 を参照）[295]。パウロの真意は勿論そのようなこ

295　これに対して、Jewett, 251; Witherington III, 94; Wolter, I 221; Porter, 86 はパウロの宣教に対して実際に浴びせられている誹謗中傷であるとする。

とを主張することにはない。仮にそのようなことを吹聴しているとすれば、裁きを受けても当然だと述べて、中傷内容が自分の真意とは遠いことを強調する。パウロは仮想の論敵の問いを次々に展開してきたが、ここでは神への冒瀆は神の終末の裁きに値することを持ち出して、彼らの想定が間違っていることを示している。

人類の罪（3:9-20）

1．私訳

3⁹ では何か？私たちは優位にあるのだろうか？全くそういうことはない。先に指摘したように、ユダヤ人もギリシア人もすべて罪の下にあるからである。¹⁰ それは、次のように書かれている通りである。

「義人は一人もいない。¹¹ 悟る者はなく、

神を探し求める者はない。

¹² すべての者は離反し、迷ってしまった。

善を行う者はない。一人もない。

¹³ 彼らの喉は開いた墓であり、

彼らの舌で偽りを言う。

彼らの唇にはまむしの毒がある。　¹⁴ その口は呪いと苦さに満ちている。

¹⁵ 彼らの足は流血をもたらすのに速い。

¹⁶ その行く道には破壊と苦難がある。

¹⁷ 彼らは平和の道を知らず、

¹⁸ 彼らの目の前に神の畏れがない。」

¹⁹ 律法はすべて律法の下にある者に対して語り掛け、すべての口が押し黙り、全世界は神の裁きに服することになると、私たちは知っている。²⁰ 従って、律法の業によって、すべての肉は御前に義とされることはなく、律法を通して罪の認識が生じるからである。

2. 解釈

3:9-20 の部分の構成は以下の通りである。

 3:9 導入句：私たちに優れた点はない
 3:10-18 旧約引用（義人の不在）
   v.10a 導入句
   vv.10b-18 旧約箇所（詩編 14:1-3 他）の引用
 3:19 神の裁きに服する世界
 3:20 律法は罪の認識をもたらす

9節　パウロは「では何であろうか？私たちは優位にあるのだろうか？」と問いかけて、自ら直ちに、「全くそういうことはない」と断言する[296]。「私たちは」という一人称複数形は、ユダヤ人としての民族的連帯性を示す可能性と（ガラ 2:15 を参照）、人間として人類全体の連帯性を示す可能性があるが（ロマ 4:24-25 を参照）、この文脈では異邦人に対してユダヤ人の優位性があるのかどうかが問題になっているので、前者の用法に従ってユダヤ人としてのパウロの立場を反映していると考えられる[297]。パウロ自身が、「先に指摘したように、ユダヤ人もギリシア人もすべて罪の下にあるからである」と述べているように、人間の罪という点に関して、ユダヤ人は異邦人に対して決して優越してはいないのである。「先に指摘したように (προῃτιασάμεθα)」とは、「先に告発したように」とも訳せる句であり、先行する部分で、異邦人の罪（1:18-32）とユダヤ人の罪（2:17-3:8）を克明に叙述したことを指している。

「罪の下にある (ὑφ' ἁμαριτίαν)」という句においてパウロは ἁμαρτία（罪）という言葉を単数形で用いており、人間を支配する力として捉えている（ロ

---

[296] Προεχόμεθα（「私たちは優位にあるのだろうか」）という句において、動詞 προέχω は受動相ではなく中動相として使用されていると解する。Bauer-Aland, 1413-1414 を参照。

[297] Barrett, 68; 松木, 141 頁 ; Dunn, I 146 を参照。

マ 5 : 12, 13, 21 ; 6 : 1, 2 ; 7 : 8, 11 ; ガラ 3 : 22 他を参照)[298]。パウロの理解によれば、救済史において罪はアダムによって世界に入り、死の支配をもたらした（ロマ 5 : 12 - 14, 21）。この罪と死の支配は共にキリストの死による恵みと義の支配によって終焉する（5 : 15 - 21）。キリストの到来以前の世界においては、すべての人が不可避的に罪の下にあるのであり、人間は救いについて自らに何ら優れた資質を持つ訳ではない。

10-12 節　「それは、次のように書かれている通りである」という句は（3 : 10a）、旧約引用の定型句であり（ロマ 1 : 17 ; 2 : 24 ; 3 : 4, 10 ; 4 : 17 ; 8 : 36 ; 9 : 13, 33 ; 10 : 15 ; 11 : 8 他）、それに続くロマ 3 : 10b-18 は一つの旧約箇所の引用ではなく、複数の旧約箇所を組み合わせた連鎖的引用である[299]。ロマ 3 : 10b - 12 は詩 14[13]: 1 - 3 LXX（=54[53]: 2 - 4 LXX）を、ロマ 3 : 13ab は詩 5 : 10 LXX を、ロマ 3 : 13c は詩 140[139]: 4 LXX を、ロマ 3 : 14 は詩 10 : 7[9 : 28] LXX を、ロマ 3 : 15 - 16 はイザ 59 : 7 - 8 を、ロマ 3 : 18 は詩 35 : 2 LXX を引用している。引用は必ずしも逐語的ではなく、パラフレーズのような部分もある。旧約箇所の連鎖的引用は、ロマ 9 : 25 - 29 ; 10 : 18 - 21 ; 11 : 8 - 10 ; 11 : 26 - 27 ; 11 : 33 - 36 や、ヘブ 1 : 5 - 13 ; 2 : 12 - 13 ; 3 : 7 - 11 に見られる。このような連鎖的引用は、死海文書にも見られるので（4QFlor ; 4QCatena を参照）、初期ユダヤ教の聖書引用の一つの伝統を継承したものであると考えられる[300]。一連の引用句によって、パウロは人間が神から離反し、言葉と行

298　Käsemann, 80 ; Lohse, 122 ; Porter, 88 を参照。

299　R. B. Hays, *Echoes of Scriptures in the Letters of Paul* (New Haven and London: Yale University Press, 1989) 50 ; C. D. Stanley, *Paul and the Language of Scripture*: *Citation Technique in the Pauline Epistles and Contemporary Literature* (SNTSMS 69 ; Cambridge: Cambridge University Press, 1992) 90 - 95 ; S. Moyise, "The Catena of Romans 3 : 10 - 18," *ET* 106 (1995) 367 - 370 ; R. N. Longenecker, "Prolegomena to Paul's Use of Scripture in Romans," *BBR* 7 (1997) 160 - 161 ; M. C. Albl, *And Scripture cannot be Broken*: *The Form and Function of the Early Testimonia Collections* (NTSup 96 ; Leiden: Brill, 1999) 174 - 175 を参照。

300　Lohse, 123 ; D.-A. Koch, *Schrift als Zeuge des Evangeliums* (Tübingen: Mohr-Siebeck, 1986) 179 - 184 ; J. A. Fitzmyer, "4QTestimonia and the New Testament," in

いの両面において悪を行っていることを強い言葉を用いながら強調する。

ロマ3:10b-12は詩14[13]:1-3 LXX [=54[53]:2-4 LXX]をコヘ7:20と共に引用して、「義人は一人もいない。悟る者はなく、神を探し求める者はない。すべての者は離反し、迷ってしまった。善を行う者はない。一人もいない」と述べる。詩14[13]:1-3 LXXは神の存在を認めない者が、社会生活において腐敗し、善を行わないことを指摘している。パウロはこの言葉を神の存在を認めない一部の不信仰者だけでなく人間の一般的状況にあてはまる発言と解釈し、神を知り、探し求める者はなく、神から離反し、迷った結果、善を行う者がない世界の現状を確認する。パウロは引用文の初めのところにあった、「善を行う者はない。一人もいない」という句を後に回し、その代わりに「義人は一人もいない」という句を文頭に挿入した。義人という言葉は、ロマ書全体の義認という主題に（ロマ1:17; 3:21, 22を参照）この連鎖的引用を結びつける働きをしている。

13-14節 ロマ3:13-16は、人間の腐敗した状態を一連の旧約引用を重ねることによって描く。その出だしの部分を構成する3:13-14は人間が言葉によって害悪をなすことを、詩5:10 LXXと詩140[139]:4と詩10:7[9:28] LXXの言葉に依拠して、詩的な象徴的語法を用いて叙述する（「彼らの喉は開いた墓であり、彼らの舌で偽りを言う。彼らの唇にはまむしの毒がある。その口は呪いと苦さに満ちている」）。この引用文のトーンは極めて厳しく、人間が言葉によって害悪をなす存在であることを、言葉を発する器官である喉・舌・唇・口に焦点を当てながら否定的に描いている。

15-17節 ロマ3:15-17aは、堕落した人間が争いを起こし、流血と破壊をもたらすことを、イザ59:7-8（箴1:16も参照）を引用しながら描写する（彼らの足は流血をもたらすのに速い。その行く道には破壊と苦難があ

---

idem., *The Semitic Background of the New Testament* (Grand Rapids: Eerdmans, 1997) 59-89.

る。彼らは平和の道を知らず)。これらの言葉は、神に離反した人間の言葉と行動がもたらす否定的結果を、人間の足に焦点を当てつつ、詩的な誇張によって強調している。こうした不法な行動の蔓延は、ユダヤ人も異邦人も含んだ全人類が「罪の下にある」(ロマ3:9) ことの例証として挙げられている。

18節 「彼らの目の前に神の畏れがない」という詩 36[35]:2 の言葉によって、パウロは神との正しい関係にない世界に生きる人間の描写を締め括る。この言葉は、ロマ3:11-12a の「悟る者はなく、神を探し求める者はない。すべての者は離反し、迷ってしまった」という言葉と呼応して、この部分の議論を枠付けている。パウロの理解によれば、社会生活における悪しき言葉や行動は、「神の畏れがない」ことの帰結であるからである。神の認識の欠如から倫理的混乱が生じるという論理は、ヘレニズム・ユダヤ教の主張をパウロが継承したものである(知 13-14 章; ロマ 1:18-32 を参照)。

19節 パウロは一連の旧約引用を終えた後、「律法はすべて律法の下にある者に対して語り掛け、すべての口が押し黙り、全世界は神の裁きに服することになると、私たちは知っている」と述べる。この文章には律法 ($νόμος$) という単語が二度出てきているが、最初の用例は律法・預言者・諸書からなる旧約聖書のことを指し、第二の用例はユダヤ人に与えられた法規範のことを指している[301]。この 19 節前半は、旧約聖書の言葉が第一次的には、律法の下にある(ロマ 2:12)ユダヤ人たちに宛てられていることを認める。しかし、19 節の後半は、旧約聖書に書かれた言葉は第一次的名宛人であるユダヤ人の枠を越えて人間一般の状況に妥当することを前提にしている[302]。修辞学的に言えば、罪を犯すユダヤ人が罪深い人類の歴史的例証 ($παράδειγμα$, exemplum)として言及されている[303]。罪の下にある人類は悪を行い続けてい

---

301 Fitzmyer, *Romans*, 336 を参照。
302 Wolter, I 231-232 もこの点に注目する。
303 歴史的例証(アリストテレス『弁論術』1393a-1394a; クゥインティリアヌス『弁論家の教育』3.8.36, 66; 5.11.6-8)については、Lausberg, §412-416 を参照。

る。従って、ユダヤ人だけでなく、異邦人も含めた全人類が、神の前に沈黙して、被告人として裁きに服することになる[304]。

20節 ここでパウロは律法の機能の問題に話題を転換し、1:18–3:20の記述全体を締め括る。ロマ3:20aは、「従って、律法の業によって、すべての肉は御前に義とされることはなく」と述べるが、この文章はガラ2:16dにおいて述べた言葉の再録である。パウロはここで詩143[142]:2を七十人訳に従って引用しているが、「律法の業によって」という句を付け加え、「すべての生けるもの (πᾶς ζῶν)」を「すべての肉 (πᾶσα σάρξ)」に代えている（ガラ2:16dも同様）。「肉」と訳されているギリシア語サルクス (σάρξ) は、「肉」、「身体」等を表す名詞である[305]。この語は、七十人訳ではバーサール (בָּשָׂר) の訳語としてソーマ (σῶμα) と互換的に使用される（創2:21, 23, 24; 17:11, 13, 14, 24, 25; レビ12:3。さらに、ガラ4:13; Iコリ6:16を参照）。他方、この語は生物特に人間一般を指して使用されることがあり（創6:12, 17, 19, ガラ1:16; ヨハ1:14を参照）、ロマ3:20もこの用例に属する[306]。

「律法の業 (ἔργα νόμου)」という表現はヘブライ語では מעשי התורה となる。この句はラビ文献には出てこないが、死海文書の一部には見られる (4QMMT C27; さらには、『宗規要覧 (1QS)』V 21; VI 18も参照)[307]。そこではこの句が「義の業 (מעשי צדקה)」(『感謝の詩編 (1QH^a)』IX 26; XII 31)

---

[304] Barrett, 70.

[305] LSJ, 1585; Bauer-Aland, 1487–1489; E. Schweizer / F. Baumgärtel / R. Meyer, "σάρξ," *TWNT* VII 98–151; A. Sand, "σάρξ," *EWNT* III 549–558.

[306] Wolter, I 232を参照。

[307] Lohse, 126–127; Jewett, 266; Wolter, I 234; J. D. G. Dunn, *The Theology of Paul the Apostle* (Grand Rapids: Eerdmans, 1998) 357–358を参照。なお、J. Kampen, "4QMMT and New Testament Studies," in *Reading 4QMMT: New Perspectives on Qumran Law and History* (eds. J. Kampen and M. J. Bernstein; Atlanta: Scholars, 1996) 129–144; L. Doering, "4QMMT and the Letters of Paul: Selected Aspects of Mutual Illumination," *The Dead Sea Scrolls and Pauline Literature* (ed. J.-S. Rey; Leiden: Brill, 2014) 69–88は、パウロと死海文書に用語上の類似を認めながらも、直接の影響関係を認めることには慎重である。

とほぼ同義で使用され、神の前で義に達する手段として理解されていた。

　律法の業によって人は義とされないという立場は、戒めを遵守する律法の業によって義に達しようとする、ファリサイ派時代のパウロが熱心に追い求めていた（ガラ1:13-14; フィリ3:5-6）ユダヤ的な救済論と決定的に異なっている（レビ18:5; ロマ2:13; 9:31-32; 10:2-3を参照）。キリスト教入信後のパウロの理解によれば、律法の遵守によって人間は神の前に義とされることがないばかりか（ガラ2:16）、むしろ律法は人間に罪の認識をもたらす（ロマ3:20b; 5:13; 7:7）。律法は、「—しなさい」という命令や、「—してはならない」という禁止によって、人間の行動の規範を示す（ロマ2:18-22）。人間は律法に示された行為規範を基準にして、自分の行動が神の意思にかなっているのかどうか判断することができる（5:13; 7:7-12を参照）。律法は罪を判定する基準として機能することを通して、人間に罪の認識をもたらすのである[308]。

308　ここで言われている罪の認識主体が人間ではなく神であるとする、Wolter, I 238 の意見には賛成できない。

神の義のもとにある人間 (3:21-8:39)

神の義の啓示 (3:21-31)

1. 私訳

3^{21} 今や、律法なしに、しかし、律法と預言者とに証されて、神の義が顕された。^{22} それはイエス・キリストの信実による、信じる者すべてのための神の義である。そこには区別はないからである。^{23} すべての者は罪を犯し、神の栄光を欠いているが、^{24} 無償でその恵みにより、キリスト・イエスにおける贖いを通して義とされている。^{25} 神は信実によりキリストをその血による宥めの供物として立て、その義を示して、先に生じた罪を免除しようとした。^{26} 神は忍耐していたが、それは今のこの時にその義を示すためであった。神は義であり、イエスの信実による者たちを義とするのである。

^{27} では、どこに誇りがあるのだろうか？（誇りは）除外されている。何の法則によってだろうか？業の（法則によるのだろうか）？そうではなく、信仰の法則によってである。^{28} 人は律法の業によることなく、信仰によって義とされると私たちは考える。^{29} それとも、神はユダヤ人だけの神だろうか？否、異邦人の神でもないのだろうか？そう、異邦人の神でもある。^{30} 本当に、神は唯一であり、信仰による割礼の者も信仰による無割礼の者も義とするからである。^{31} 信仰によって私たちは律法を廃棄するのだろうか？断じてそうではない。そうではなくて、律法を確立するのである。

2. 注解

ロマ1:18-3:20の部分は、ユダヤ人も異邦人もすべてを含んだ世界の罪を叙述している (narratio)。続く3:21-8:39はキリストにおける神の義の啓示のテーゼを（ロマ1:16-17）論証しようとしている (probatio)。その導入部をなす3:21-26は、罪の下の人間を描写する部分から、神の義の下

神の義の啓示（3:21 – 31）

の人間を描く部分へと移行する転回点に位置している[309]。神の義ということは 3:21 – 26 の部分全体を貫く主題であるが、特に、神の義の啓示と人間の義認への言及が 21 節と 26 節になされており、全体を囲い込んでいる。21 – 22 節は、神の義の啓示とキリストの信実の主題を論じ、23 – 25 節は、神の義の啓示とキリストにおける贖いとの関係を論じ、最後に全体の総括として、26 節において神の義の啓示とキリストの信実による義認ということが論じられている。3:27 – 31 では、神の義の受領する手段に関連して信仰と業についての考察がディアトリベーの手法を援用した対話形式で展開される。なかでも、27 – 28 節では、義とされる道として律法の業が斥けられ、信仰が強調される。29 – 30 節では、唯一の神は世界の神であり、ユダヤ人も異邦人も等しく、信仰による者を義とすることが述べられる。

21 節　「今や（νυνί δέ）」という副詞句が文頭に置かれているが、この句は論理的対照と（ロマ 7:17）、時間的対照（15:23, 25）の両方の意味を含んでいる[310]。

ロマ 3:21 は神の義が「顕された（πεφανέρωται）」と述べる。「神の義」（3:21, 22）、または、「その義」（3:25, 26）という句はロマ 3:21 – 26 の中に合計 4 回出てきており、神の義がこの章節の中心的主題であることは明らかである。神の義という表現は 3:21, 22 の他では、1:17 にローマの信徒への手紙全体の主題として登場し、10:3 ではイスラエルの救済史との関連で出てくる。ここで用いられている動詞 φανερόω は、新約聖書や初期キリスト教文書において ἀποκαλύπτω と並び、神の啓示を表す術語として用いられている（マコ 4:22; ヨハ 1:31; 2:11; 3:21; 7:4; 9:3; 17:6; 21:1, 14; ロマ 1:19; 3:21; 16:26; Ⅱコリ 2:14; 3:3; 4:10, 11; 5:10, 11; Ⅱクレ 20:5; イグ・ロマ 8:2 他）[311]。しかも、ここでは「顕された（πεφανέρωται）」と現在完了形で述べられている。

309　Dunn, I 176 も同趣旨。
310　Kuss, 112; Käsemann, 85; Wilckens, I 184; Dunn, I 164; Wolter, I 246.
311　Bauer-Aland, 1700 – 1701; P.-G. Müller, "φανερόω," *EWNT* III 988 – 991; R. Bultmann / D. Lührmann, "φανερόω," *TWNT* IX 4 – 6; Käsemann, 86; Dunn, I 165.

このことはキリストの死と復活によって救いが成就した決定的時の到来を表現している。すると、パウロによれば人間の不信仰に対する神の終末的怒りが現在する一方で（ロマ 1 : 18）、人間に救いを与える神の義の啓示も現在している。今の時にあって人間は信じないで裁きに陥ることなく、信じて義とされるように招かれていることになる。

「律法なしに（χωρὶς νόμου）」という句は、名詞句「神の義（δικαιοσύνη θεοῦ）」ではなく、動詞句の「顕された（πεφανέρωται）」に係っている[312]。ここでは律法の遵守が、神の義の啓示を受領する手段とならないことを述べており、直前にある「すべての肉は、律法の業によってその（＝神の）前に義とされることはなく、律法を通して罪の認識が生じるだけであるからである」という発言を承けている（ロマ 3 : 28; ガラ 2 : 16 を参照）。「律法なしに（χωρὶς νόμου）」とは、「律法の業によることなしに（χωρὶς ἔργων νόμου）」（ロマ 3 : 28; ガラ 2 : 16; 3 : 5）と同義である。他方、このことは神の義を受けるためには、「イエス・キリストの信実による」ことが必要であるという主張（3 : 22）と表裏一体の事柄となっている。

「律法と預言者とに証されて（μαρτυρουμένη ὑπὸ τοῦ νόμου καὶ τῶν προφητῶν）」ということは、具体的には「律法の書と預言書によって証されて」という意味である。ギリシア語名詞ノモス（νόμος）は、22 節において初めはモーセを通して与えられた「律法」の意味で、次には、「律法の書」の意味で用いられている[313]。「律法の書と預言書によって」とは（マタ 5 : 17; 7 : 12; 11 : 13; 22 : 40; ルカ 16 : 16; ヨハ 1 : 45; 使 13 : 15; 24 : 14; 28 : 23; II マカ 15 : 9; IV マカ 18 : 10）、「（旧約）聖書によって」ということに等しい[314]。すると、神の義の啓示が言及されている旧約聖書の箇所はどこかという問題が出てくる。パウロが神の義の啓示に関して明示的に引用しているのは、ハバ 2 : 4（＝ロマ 1 : 17）と創 15 : 6（＝ロマ 4 : 3）と詩 32[31]:1-2（＝ロマ 4 : 7-8）である。

312　Wolter, I 246 の見解に賛成。

313　Bauer-Aland, 1098–1099; H. Kleinknecht / W. Gutbrod, "νόμος," *TWNT* IV 1016–1084; H. Hübner, "νόμος," *EWNT* II 1157–1172; Fitzmyer, 344.

314　Barrett, 73; Schlier, 105; Wilckens, I 186; Schreiner, 180; Porter, 93.

22節 前置詞句 διὰ πίστεως Ἰησοῦ Χριστοῦ に使用されている πίστις（ピスティス）は「信仰」とも「信実」とも訳せる言葉である[315]。七十人訳において πίστις は殆どの場合、「信実」を表す אֱמֶת または אֱמוּנָה の訳語となっている（サム上 21：3; 26：23; 詩 33[32]：4; シラ 15：15; 22：23；40：12; 41：16 他多数）。新約聖書においてこの言葉は、旧約的な「信実」の意味で用いられることもあるが（ロマ 3：3; ヘブ 6：12; 黙 2：13, 19; 13：10; 14：2）、「信仰」という意味で用いられることも多い。後者の場合、信仰の対象は神（マコ 11：22; Ⅰテサ 1：8）、或いは、キリスト（使 20：21; フィレ 5; コロ 1：4; Ⅰテモ 3：13; ヤコ 2：1）である。どの訳語を採用するかは、語学的解釈のみならず神学的解釈とも関係している（この事情は、3：25 の διὰ πίστεως についても同様である）。さらに、Ἰησοῦ Χριστοῦ という句に用いられている属格は、主格的属格とも目的格的属格とも解しうる。最近は主格的属格説を唱える研究者が増える傾向にある[316]。しかし、目的格的属格説を採る解釈者も依

---

315 Bauer-Aland, 1 332–1336; R. Bultmann, "πιστεύω, πίστις κτλ.," *TWNT* VI 174–228; G. Barth, "πίστις, πιστεύω," *EWNT* III 216–231.

316 D. A. Campbell, *The Rhetoric of Righteousness in Romans* 3.21–26 (JSNTSup 65; Sheffield: JSOT, 1992) 58–69; idem., "Romans 1：1–17 – A Crux Interpretum for the πίστις Ἰησοῦ Χριστοῦ Debate," *JBL* 113 (1994) 265–285; idem., "The Faithfulness of Jesus Christ in Romans 3：22," in *The Faith of Jesus Christ: Exegetical, Biblical, and Theological Studies* (eds. M. F. Bird – P. M. Sprinkle; Peabody: Hendrickson, 2009) 57–72; I. G. Wallis, *The Faith of Jesus Christ in Early Christian Traditions* (SNTSMS 84; Cambridge: Cambridge University Press, 1995) 65–102; R. B. Hays, "ΠΙΣΤΙΣ ΧΡΙΣΤΟΥ and Pauline Christology: What is at Stake?" in *Pauline Theology* (Vol.4; eds. E. E. Johnson and D. M. Hay; Atlanta: Scholars, 1997) 35–60; idem., *The Faith of Jesus Christ* (2nd ed.; Grand Rapids: Eerdmans, 2002) 170–177; 木下順治「ローマ人への手紙三章二二の『キリストのピスティス（真実）』の理解について」『新解・ローマ人への手紙』聖文舎、1983 年、169–182 頁、太田修司「πίστις Ἰησοῦ Χριστοῦ—言語使用の観察に基づく論考」『パウロを読み直す』キリスト図書出版、2007 年、32–59 頁、同「『キリストのピスティス』の意味を決めるのは文法か？」『聖書学論集 46 聖書的宗教とその周辺』リトン、2014 年、481–500 頁; 田川建三『新約聖書 訳と注 4』作品社、2009 年、141–142 頁、佐藤研『旅のパウロ』岩波書店、2012 年、221–231 頁を参照。

然として多く、論争は決着していない[317]。この問題に関して文法的議論だけで一義的な結論を出すことができないので、問題となる句が出てくる文脈の釈義によってこの句の意味が確定されると考えた方が良い[318]。前置詞句 διὰ πίστεως Ἰησοῦ Χριστοῦ の訳語に関して、1.「イエス・キリストの信仰によって」、2.「イエス・キリストの信実によって」、3.「イエス・キリストへの信仰によって」、4.「イエス・キリストへの信実によって」の4つの可能性がある。

ロマ 3：22 の場合は、前置詞句 διὰ πίστεως Ἰησοῦ Χριστοῦ は、文章の主語である δικαιοσύνη δὲ θεοῦ（神の義）を形容しており、神の義の啓示の手段を表しているので、想定されている πίστις の動作主は信徒ではなくキリストである可能性が強い。従って、この前置詞句については、2番目の「イエス・キリストの信実によって」という訳が適当であると考えられる[319]。こ

---

[317] A. J. Hultgren, "The Formulation πίστις Χριστοῦ in Paul," *NovTest* 22 (1980) 248–263; J. D. G. Dunn, *Romans* (WBC 38AB; 2 vols; Dallas: Word, 1988) I 166, 177–178; idem., "Once More, ΠΙΣΤΙΣ ΧΡΙΣΤΟΥ," in *Pauline Theology* (Vol.4; eds. E. E. Johnson and D. M. Hay; Atlanta: Scholars, 1997) 61–81; D. Linsay, *Josephus & Faith*: πίστις & πιστεύω *as Faith Terminology in the Writings of Flavius Josephus & in the New Testament* (Leiden: Brill, 1993) 75–111 ; J. A. Fitzmyer, *Romans* (AB33; New York: Doubleday, 1993) 345–346; E. Lohse, *Der Brief an die Römer* (Göttingen: Vandenhoeck & Ruprecht, 2003)130–131; K. F. Ulrichs, *Christusglaube* (WUNT II 2.27; Tübingen: Mohr-Siebeck, 2007); R. Jewett, *Romans* (Hermeneia; Minneapolis: Fortress, 2009) 277–278; B. A. Matlock, "Detheologizing the *PISTIS CRISTOU* Debate: Cautionary Remarks from a Lexical Semantic Perspective," *NovTest* 42 (2000) 1–23; idem., "The Rhetoric of πίστις in Paul: Galatians 2.16, 3.22, Romans 3.22, and Philippians 3.9," *JSNT* 30 (2007) 173–203; idem., "Saving Faith: The Rhetoric and Semantics of πίστις in Paul," in *The Faith of Jesus Christ: Exegetical, Biblical, and Theological Studies* (eds. M. F. Bird – P. M. Sprinkle; Peabody: Hendrickson, 2009) 73–90 は目的格の属格説を採る。

[318] この点について、Schreiner, 181–186; 吉田忍「ΠΙΣΤΙΣ ΧΡΙΣΤΟΥ：文法的観点から属格の用法を決定できるか？」『福音と社会』第29号（2014年）83–101頁 ; 太田修司「『キリストのピスティス』の意味を決めるのは文法か？」『聖書学論集 46 聖書的宗教とその周辺』リトン、2014年、481–500頁を参照。

[319] 詳しくは、原口尚彰「パウロにおけるイエス・キリストのピスティスの意義」『人文学と神学』第8号（2015年）17–33頁を参照。これに対して、Cranfield,

う解釈すると、この句は、神の義が実現する手段として、「律法の業」と「キリストの信実」を対照させ、前者を否定し、後者を肯定していることとなる。

なお、この句を主格的属格と理解する見解に対しては、パウロはローマ書においてことさらにキリストの信実に注意を促すことをしていないという反論がなされている[320]。確かに、解釈が分かれているロマ 3:22, 26 の他には、ローマ書の中にキリストの πίστις に明示的に言及している箇所はない。しかし、キリストの義なる行為や (5:18)、神への従順に言及した箇所はあるので (5:19)、キリストの死を神への信実や忠誠を表す行為と理解することは可能である (フィリ 2:8 も参照)。

ロマ 3:22 においては、直ぐ後に続く前置詞句「すべての信じる者たちのための」において、「信じる者たち (πιστεύοντας)」という分詞句が、神の義を受ける人間の側の信じる行為に言及している。特に、この句においては、「信じる者たち」の前に「すべての (πάντας)」という形容詞が置かれ、信じることを通して神の義を受領するという点において、ユダヤ人も異邦人区別がないことを示している。

23 節　「すべての者は罪を犯し、神の栄光を欠いている」という発言の前半部分は、先行する 9 節が表明する、「ユダヤ人であるか異邦人であるかを問わず、すべての者は罪の下にある」という認識を少し違った言葉で述べている。同様な罪の普遍性の認識は、後に展開されるアダム／キリスト予型論も共有しており (5:21)、パウロの基本的人間認識の一部をなしている。

「神の栄光 (δόξα τοῦ θεοῦ)」という句に用いられているギリシア語名詞 δόξα は、古典ギリシア語では、「意見」、「評判」、「名誉」という意味である

I 203; Käsemann, 87; Kuss, 113; Wilckens, I 187–188; Schlier, 105; Dunn, I 166, 177–178; Fitzmyer, 345–346; Lohse, 130–131; Wolter, I 249–250; Porter, 94; B. A. Matlock, "The Rhetoric of πίστις in Paul," *JSNT* 30 (2007) 184–187; T. H. Tobin, "The Use of Christological Traditions in Paul: The Case of Rom 3:21–26," in *Portraits of Jesus: Studies in Christology* (S. E. Myers ed.; WUNT II 321; Tübingen: Mohr-Siebeck, 2012) 232–235 は、この句を「イエス・キリストへの信仰によって」と理解している。

320　Dunn, I 166.

が、七十人訳聖書においてヘブライ語名詞 כָּבוֹד の訳語となった関係で、神の自己啓示である「栄光」を意味するようになった（創31:16; 45:13; 出16:7, 10; 24:16, 17; イザ6:1; 8:7）[321]。パウロもこの用法を継承して、δόξα を神の栄光（ロマ1:23; 3:7; 4:20; 5:2; 6:4; 9:23; 11:36; 15:7; I コリ10:31; ガラ1:5; フィリ1:11; 2:11 他多数）、または、キリストの栄光（I コリ2:8; 15:43; II コリ3:18; 8:23）を指して使用している[322]。

23節後半の「神の栄光を欠いている」という発言は、罪ある人間は神の栄光に与るのに相応しくないという意味であろう（モーセ黙20:2を参照）[323]。ユダヤ教黙示文学の一部は、アダムの罪により人類は神の栄光を失ったと述べている（モーセ黙21:6; ギリ・バル黙4:16を参照）[324]。パウロは罪に支配された現在の世界において人間は神の栄光から遠く離れているが、終末時には究極的恵みとして神の栄光に与ることが許されると考えている（ロマ2:7, 8; 5:2; 8:18, 21; I コリ2:7; I テサ2:12; フィリ3:21）。そのことが可能となるためには、罪人がキリストにおける贖いを通して赦され、神の前で義とされることが必要である（ロマ3:24-25を参照）。

24節 この部分は、「義とされている（δικαιούμενοι）」という分詞句で始まるが（ロマ5:1; ガラ2:16, 17を参照）、その意味上の主語は「すべての者（πάντες）」（23節）である。七十人訳において δικαιόω は、「義とする」ことを意味する צָדֵק の訳語となっており、法廷において権利主張を認めること（＝無罪判決を下すこと）が基本的意味である（出23:7; 申25:1; ミカ6:11; 7:9; イザ5:23; 50:8; 53:11; エゼ16:51, 52 他）[325]。旧約聖書において、

---

[321] LSJ, 444; Bauer-Aland, 409-411.

[322] G. Kittel / G. v. Rad, "δοκέω κτλ.," *TWNT* II 235-258; H. Hegermann, "δόξα," *EWNT* I 833-841.

[323] Fitzmyer, 347 を参照。

[324] Dunn, I 168; Schreiner, 187; Wolter, I 252 を参照。

[325] J. A. Ziesler, *The Meanings of Righteousness in Paul* (SNTSMS 20; Cambridge: Cambridge University Press, 1972) 7-22, 52-58.

神の義の啓示（3:21 – 31）

神は義であり（申 32:4; サム上 2:2; ネヘ 9:8, 33; 詩 7:11; 11[10]:5; 51[50]:5; 112[111]:6; 145[144]:17; トビ 3:2; Ⅰマカ 1:24; Ⅱマカ 1:25）、義もって裁く審判者である（詩 7:12; 9:9; 33[32]:5; 37[36]:6; 119[118]:75; イザ 10:22; 46:13）。従って、人を義とする主体は神である（創 15:6; 王下 10:9; 代下 6:23）。パウロも旧約的な理解の上に立って、神が人を義とすると述べている（ロマ 3:26; 4:5）。

パウロはさらに「無償で、その恵みにより、キリスト・イエスにおける贖いを通して」という句を付け加えている。この句において、「無償で（δωρεάν）」ということは、受ける者が何の対価も払う必要がないということだが、この文脈では、神によって義とされることは律法の業への対価として与えられるのでないという意味である。それは、言葉を換えれば、「その恵みにより（τη αὐτοῦ χάριτι）」ということに他ならない。αὐτοῦ はこの文脈では「神の（τοῦ θεοῦ）」ということである（23 節）。神の義はキリストの故に罪人が値なくして与えられる神の恵みなのである（ロマ 5:15, 17, 18）。

ここでパウロは、「キリスト・イエスにおける贖いを通して（διὰ τῆς ἀπολυτρώσεως ἐν Χριστῷ Ἰησοῦ）」という句を付け加え、神の恵みの具体的内容を明らかにしている。罪人を神が義とするためには、障害となる罪責が取り除かれる必要がある。ここでパウロは贖い（ἀπολύτρωσις）の表象を用いて、キリストの死の意味を説明している。古代イスラエルには、代価を支払って奴隷の身分にある者を請け出す奴隷の贖いの制度があった（出 21:8; レビ 25:48–51）。特に、イスラエル人が困窮し、寄留者や滞在者のもとに身売りして奴隷となった場合は、本人はもとより兄弟等の近親者は代価を払って奴隷の身分から贖う（גאל; λυτρόω）買い戻しの権利が認められていた（レビ 25:48–51）。贖い行為は法的効果を持ち、贖われた者は隷属状態から解放され、自由の身となった。この表象は、イスラエルの民をエジプトの隷属状態から救出した、神の救いの業に転用されて、神はイスラエルの民を贖ったと述べられている（出 15:13; 詩 77[76]:16; 106[105]:10; 107[106]:2; イザ 63:9）。主は「贖う者（גאל; ὁ λυτρούμενος）」であり（イザ 41:14; 43:14; 44:24; 54:5, 8）、イスラエルは主に贖われた者たちである（詩 107[106]:2）。

かつてイスラエルを出エジプトの業によって贖った主は、現在と未来の苦難から民を贖うのである（イザ 43：1; 44：22‐24; エレ 31[38]：11）。この表象は新約聖書に影響し、キリストによる救いが ἀπολύτρωσις（贖い）や（ルカ 21：28; ロマ 3：24; 8：23; Ⅰコリ 1：30; エフェ 1：7, 14; 4：30; コロ 1：14; ヘブ 9：15; 11：35）、λύτρωσις と表現される（ルカ 1：68; 2：38; ヘブ 9：12）[326]。また、キリストの死を、多くの人々のための身請け金（λύτρον ἀντὶ πολλῶν）として自分の命を捧げることに喩える例もある（マタ 20：28; マコ 10：45）[327]。パウロはロマ 3：24 において贖いの表象を援用しながら、キリストの死が罪人の罪の贖いのための代理の死であったことを強調している（ロマ 5：8; 8：3; ガラ 1：4; Ⅱコリ 5：21 も同様）[328]。キリストの代理の死は、罪人を罪責から解放し、その義認をもたらしたのであった（ロマ 4：25; Ⅱコリ 5：21 も参照）。

25 節 この節に出てくる ἱλαστήριον は文法的に言えば、形容詞 ἱλαστήριος の単数対格形である可能性と、中性名詞 ἱλαστήριον の単数対格形である可能性がある。形容詞 ἱλαστήριος は、「宥めの」、或いは、「贖いの」という意味である（Ⅳマカ 17：22; ヨセフス『ユダヤ古代誌』16.182 を参照）。しかし、形容詞だとするとロマ 3：25 では、文頭の関係代名詞 ὅν を修飾していることになる。こうした用法も不可能ではないが、語法上稀であり、蓋然性は低い。もし、ἱλαστήριον が名詞として使用されているとすると、その意味が問題になる。七十人訳聖書においてこの名詞は、「贖いの座（蓋）」を意味している（出 25：17, 18, 19, 20, 21; 31：7; 35：12; レビ 16：13‐21）。旧約聖

---

[326] F. Büchsel, "λύτρον κτλ.," *TWNT* IV 354‐359; K. Kertelge, "ἀπολύτρωσις," *EWNT* I 331‐336; B. J. Ribbens, "Forensic-Ritributive Justification in Romans 3：21‐26: Paul's Doctrine of Justification in Dialogue with Hebrews," *CBQ* 74 (2012) 556‐558 を参照。

[327] J. Roloff, "Anfänge der soteriologischen Deutung des Todes Jesu (Mk.X.45 und Lk. XXII.27)," *NTS* 19 (1972) 38‐64; Ribbens, "Forensic-Ritributive Justification," 558 を参照。

[328] G. Friedrich, *Die Verkündigung des Todes Jesu im Neuen Testament* (BTS 6; Neukirchen-Vluyn: Neukirchener, 1982) 73‐74; R. H. Bell, "Sacrifice and Christology in Paul," *JTS* 53 (2002) 1‐27.

神の義の啓示（3:21 − 31）

書においては、人が犯した罪に対して代償（כֹּפֶר; λύτρον）を払って償いをすることが認められている（出 21:30; 30:12; 民 35:31 − 32）。罪の代償の観念が祭儀と結び付くと、会衆が犯した罪の代価として動物を屠って捧げる祭儀的贖罪の儀式となる（レビ 4:13 − 21; 5:5 − 6, 16 − 19; 9:1 − 21）。特に、主要な祝祭日の一つである大贖罪日（יוֹם הַכִּפֻּרִים）には、毎年大祭司が内陣に入って契約の箱の上に置かれた蓋（כַּפֹּרֶת）のところで、イスラエル人が一年間に犯した罪を贖う儀式を執り行った（レビ 16:11 − 19, 29 − 34; 23:27 − 32）。さらに、契約の箱の上に置かれていた金の蓋を指して使用されているヘブライ語名詞 כַּפֹּרֶת を、七十人訳聖書が ἱλαστήριον と訳した関係で、後者は聖書的ギリシア語では「贖いの座（蓋）」の意味を帯びるようになった（出 25:17, 18, 19, 20, 21; 31:7; 35:12; レビ 16:13 − 21; フィロン『ケルビム』25;『モーセの生涯』II 25, 95 以下）[329]。新約聖書ではヘブ 9:5 において、ἱλαστήριον が契約の箱の蓋を指して使用されている。注解者の中には、ロマ 3:25 に出てくる ἱλαστήριον も同様に、「贖いの座（蓋）」を意味すると考える者もいる[330]。

しかし、ロマ 3:25 において、名詞 ἱλαστήριον は先行詞のイエス・キリストを承ける単数対格形の関係代名詞 ὅν と同格の関係に置かれているので、場所的な意味で使用されていると考えることは困難である。名詞 ἱλαστήριον は同根の動詞 ἱλάσκομαι（「宥める」、「和解する」、「贖う」）に由来するので、名詞 ἱλασμός と同様に「宥めの供え物」、或いは、「贖いの供え物」を意味すると解釈するのが妥当であろう（コス碑文 81.347; P. Fayum 313）[331]。

329　LSJ, 828; F. Büchsel, "ἱλάσκομαι," *TWNT* III 300 − 324; Bauer-Aland, 762 − 763; J. Roloff, "ἱλαστήριον," *EWNT* II 455 − 457.

330　T. W. Manson, "ἹΛΑΣΤΗΡΙΟΝ," *JTS* 46 (1945) 1 − 10; Barrett, 77 − 78; Schlier, 110 − 111; Roloff, 456 − 457; Wilckens, I 190 − 192; Fitzmyer, 349 − 350; Schreiner, 193 − 194; Jewett, 284 − 288; Ribbens, "Forensic-Ritributive Justification," 563 − 565; Wolter, I 258 − 259.

331　この点に就き、LSJ, 828; F. Büchsel, "ἱλάσκομαι," *TWNT* III 300 − 324; A. Deissmann, "ἱλαστήριος und ἱλαστήριον," *ZNW* 4 (1903) 193 − 212; L. L. Morris, "The Meaning of ἹΛΑΣΤΗΡΙΟΝ in Romans III,25," *NTS* 2 (1955/56) 33 − 43; Kuss, 157; Cranfield, I 214

前置詞句 διὰ πίστεως における πίστις の意味上の主語は、語法的には25節全体の主語である神、または、ἐν τῷ αὐτοῦ αἵματι という句においてαὐτοῦ（彼の）と呼ばれているキリストであると考えられる[332]。3:22 の διὰ πίστεως Ἰησοῦ Χριστοῦ「イエス・キリストの信実」の用例との並行関係から、キリストが意味上の主語である可能性が強い。従って、この句は「信実により」と訳すことができる。

「先に生じた罪を免除しようと（διὰ τὴν πάρεσιν τῶν προγεγονότων ἁμαρτημάτων）」は、神がキリストの死の故に既に犯された人間の罪責の責任を問わないで免除をすることを語る[333]。「先に生じた罪（τῶν προγεγονότων ἁμαρτημάτων）」という句では、罪（ἁμάρτημα）が複数形で用いられ、犯された個々の罪の集積を表現している。パウロは通常、罪を表す名詞（ἁμαρτία または ἁμάρτημα）を単数形で用い、人間を支配し、悪に向かわせる力としている（ロマ 3:9, 20; 5:12, 13, 20, 21; 6:22; 7:14; Ⅰコリ 6:18; ガラ 2:17; 3:22 他）[334]。ここで罪を表す名詞が複数形で使用されていることは、パウロが伝承句を引用していることのしるしである（ガラ 1:4; Ⅰコリ 15:3 を参照）。パウロはロマ 3:24-25 において、自分の独創にかかる義認論を補強するために、キリストの死を祭儀的贖罪のイメージで捉える伝承句を援用している[335]。その結果、ここでは信仰義認論と贖罪論が融合することとなった。

26 節　「神は忍耐していたが、それは今の時にその義を示すためであった」という句は、3:21 冒頭の「今や（νυνί）」と呼応しながら、神の義が啓示された現在の時の終末的性格を強調している。神がその終末時の行動である裁

-218; Käsemann, 90; Schlier, 110-111; Dunn, I 171; Lohse 134-135 を参照。

332　それに対して、A. G. Hebert, "Faithfulness and Faith," *Theology* 58 (1955) 378; A. Pluta, *Gottes Bundestreue ein Schlüsselbegriff in Röm* 3, 25a (Stuttgart: Katholisches Bibelwerk, 1969) 105-107 は、「神」が意味上の主語であるとしている。

333　名詞 πάρεσις の意味については、LSJ, 1337; Bauer-Aland, 1265;"πάρεσις," *EWNT* III 92 を参照。

334　Bauer-Aland, 84-85; P. Fiedler, "ἁμαρτία, ἁμαρτάνω κτλ.," *EWNT* I 157-165.

335　Tobin, "The Use of Christological Traditions in Paul," 238-241 を参照。

きを今まで控えてきたのは、「今の時に（ἐν τῷ νῦν καιρῷ）」キリストによる義を示すためであり、神のこれまでの忍耐は人類に悔い改めて、義とされ救われる機会を与えるためであった（ロマ 2:4 を参照）。

パウロにとって神の義とは、旧約・ユダヤ教と同様に法廷的概念である（創 15:6; 王下 10:9; 代下 6:23 詩 7:12; 9:9; 33[32]:5; 37[36]:6; 119[118]:75; イザ 10:22; 46:13）。ロマ 3:26 において彼は、神の義（δικαιοσύνη θεοῦ）とは、義なる方である神が、イエスの信実による者を義とすることと総括する。神は人間をキリストの故に義と見なし、放免するからである。3:26 の末尾の部分に出てくる τὸν ἐκ πίστεως Ἰησοῦ という句に用いられている πίστις は、3:22 の διὰ πίστεως Ἰησοῦ Χριστοῦ と同様にイエスの信実を指していると考えられる。従って、ロマ 3:26 の後半部全体は、「神は義であり、イエスの信実による者たちを義とする」という意味である。

27 節 本節において議論の焦点は、キリストを通しての神の義の啓示の問題から、義とされる人間の側の問題に移る。話題の転換に伴い、パウロは論説的な客観的論法から、対話的なディアトリベーの文体に戻り、畳みかけるような短い問いと答えを繰り返す。この問答は多分に修辞的な性格を持っており、パウロが述べる結論を引き立てる役割を果たしている。「では、どこに誇りがあるのだろうか？」という際の「誇り（καύχησις）」とは無論、自分の功績を誇る人間の行為のことであるが、そのような誇りは、「除外されている」とパウロは言い切る[336]。人間は律法の業によらず、恵みによって無償で義とされるからである（ロマ 3:21, 24 を参照）。

「何の法則によってだろうか？」という修辞的疑問文において、ギリシア語名詞ノモス（νόμος）が一般的な法則という意味で用いられているが（ロマ 7:23; 8:2 を参照）、この言葉は前後の文脈ではユダヤの「律法」という意味で用いられている（ロマ 3:21, 28, 31）。3:25－31 においてパウロは同

336　パウロは人間的誇りに対しては否定的であるが、キリストを通して神を誇ることはむしろ推奨している（ロマ 5:11; 15:17; I コリ 1:31; II コリ 10:17）。

じ単語の複数の意味を意図的に使い分けながら、修辞的な効果を上げようとしている[337]。同様な例は、パウロが διαθήκη に遺言と契約の二重の意味を掛けて用いて論証に用いているガラ 3：15-18 に見られる[338]。

パウロは、自ら立てた問いに対して、即座に、「業の（法則によるのだろうか）？そうではなく、信仰の法則によってである」と答える。「業の（法則）」という句は、「（律法の）業」とも訳しうる表現であり、28 節の「律法の業によらず」という句の伏線となっている。この問答の結論を表す διὰ νόμου πίστεως において、この句は「信実の律法による」や「信仰の律法による」ではなく、「信仰の法則による」という意味であると考えられる[339]。この文脈で使用されている名詞 πίστις は、後続の 28 節や 30 節の場合と同様に人間が抱く「信仰」を表している。

28 節　「人は律法の業によることなく、信仰によって義とされる」という文章は、前節の結論の根拠となる原理的見解を表明している。この文章において、不定詞句 δικαιοῦσθαι と同様に、名詞句 πίστει（πίστις の与格形）の動作主は人（ἄνθρωπον）であるので、πίστει は「信実によって」ではなく「信仰によって」という意味であろう[340]。

なお、「私たちは考える（λογιζόμεθα）」という句に使用されている動詞 λογίζομαι は、「算定する」（ロマ 4：4, 6, 8；I コリ 13：5；II コリ 5：19）、「見なす」（ロマ 8：36；9：8；I コリ 4：1；II コリ 10：2）、「考える」（ロマ 2：3；6：11；8：18；14：14；I コリ 11：5；フィリ 3：13）等推論を行うことを指す言葉である[341]。ここで用いられている一人称複数形には、書き手のパウロと読み手のローマ教会の信徒たちだけでなく、キリストを信じる者すべてを含んでいる（ガラ

337　Kuss, 175-176; Schlier, 116; Lohse, 137.
338　原口尚彰『ガラテヤ人への手紙』新教出版社、2004 年、150-158 頁を参照。
339　Fitzmyer, 363; Porter, 99-100.
340　Kuss, 174-175; Käsemann, 96; Fitzmyer, 363; Jewett, 298; Wolter, I 271; Porter, 101.
341　Bauer-Aland, 966-967; H. W. Heidland, "λογίζομαι, λογισμός," *TWNT* IV 287-295; H.-W. Bartsch, "λογίζομαι," *EWNT* II 874-876..

神の義の啓示（3：21 − 31）

2：16 を参照）[342]。先行する 20 節や 21−25 節では客観的な真理として三人称単数形を用いて語られていた事柄が、ここでは主体的な信仰告白の事柄として語られているのである。

29−30 節 ここで議論は急展開し、義とされる手段をめぐる主題から、神が誰にとっての神であるかという、神の公平性についての議論へと移行する。「それとも、神はユダヤ人だけの神だろうか？」（29 節 a）という修辞的疑問文は、神がユダヤ人の神であることを前提にして、さらに、他の民族に属する人々の神でもあるかどうかを問うている。この問いに対してパウロは即座に答えて、「否、異邦人の神でもないのだろうか？ そう、異邦人の神でもある」（29 節 bc）と述べている。「神がユダヤ人の神である」とは、神がイスラエルの先祖を選び、契約を結んだ結果として、イスラエルが神との特別な関係に立っていることを指している（創 12：1−9; 15：6; ロマ 3：3; 9：4−5; 12：28−29）。イスラエルの不信実によって神の契約は無効とならず、神は信実であり、依然として契約の言葉を守る（ロマ 3：3）。神が「異邦人の神でもある」とは、神が創造主であることを出発点としている。神は天地万物を創り、創造の冠として人間を神のかたちに創った（特に、創 1：26−28 を参照）。創造主はユダヤ人であるか、異邦人であるかを問わず、すべての人の神である（詩 47[46]：9; 66[65]：8; 99[98]：2−3; 113[112]：4）。この神は民族的帰属を問わず、神の名を呼ぶ者すべてに救われる機会を与えている（ロマ 10：12 を参照）。キリストの福音はユダヤ人であるかギリシア人であるかを問わず、「信じる者すべてに救いを得させる神の力」であるからである（ロマ 1：16 を参照）。

複数の神々が存在するのではなく、神は唯一であるということは（3：30a）、ユダヤ教から継承したキリスト教の基本的宗教観である（申 6：4; イザ 43：10; 45：14 を参照）。パウロも異邦人に対する宣教において、初期キリスト教の異邦人宣教の慣例に従って（使 14：15; 17：22−31）、キリストの

342　Cranfield, I 220−221.

救いを語る前提として神の唯一性を強調していた（Ｉコリ 8:6; Ｉテサ 1:9-10 を参照）。パウロによれば、唯一の神は公平であり、「信仰による割礼の者も信仰による無割礼の者も義とする」（ロマ 3:30b）。「割礼の者」はユダヤ人を指し、「無割礼の者」とは異邦人を指している（ロマ 2:26-27; ガラ 2:7-9 を参照）[343]。従って、この文章は民族の帰属に無関係に、「信仰による者」すべてを神は義とすることを強調している。ギリシア語本文では、「信仰による割礼の者も」という句と、「信仰による無割礼の者」という句では、ἐκ πίστεως（信仰から）と διὰ τῆς πίστεως（信仰を通して）という句が使用されているが、ほぼ同義で使用されていると考えて良い（ガラ 2:16 における使用例も同様）[344]。

31 節　「信仰によって私たちは律法を廃棄するのだろうか？」（31 節 a）という問いは、律法から自由な福音を説き（ロマ 3:21-22, 27-28; 10:4）、律法を守ることの救済論的意義を否定するパウロの福音理解に対して、ユダヤ人キリスト教の立場から突きつけられた批判を反映している。この問いに対してパウロは、「断じてそうではない（μὴ γένοιτο）」（31 節 b）と強く否定した後に、「そうではなくて、律法を確立するのである」と述べる（31 節 c; さらに、マタ 5:17 を参照）。ここで、パウロは律法から自由な福音がどのようにして「律法を確立する」ことになるのか、具体的に述べてはいないので、念頭にある論理については他のところに出てくるパウロの発言より推測するより他はない。パウロによれば、律法は神の意思の具体的表現として、聖なるものである（ロマ 7:12）。しかし、倫理規範としての律法の要求を充たすことは人を神の前で義とすることはなく、罪の自覚をもたらすのみである（3:20）。人は律法の業によらず、信仰によって義とされる（ロマ 3:21-

---

[343] J. Marcus, "The Circumcision and the Uncircumcision in Rome," *NTS* 35(1989) 67-81; J. M. G. Barclay, "Neither Jew nor Greek: Multiculturalism and the New Perspective on Paul," in *Ethnicity and the Bible* (ed. M. G. Brett; Leiden: Brill, 1996) 197-214; Jewett, 301; Wolter, I 272 Anm.41 を参照。

[344] Barrett, 84; Käsemann, 97; Schlier, 118; Fitzmyer, 365-366; Wolter, I 272.

22, 27-28)。キリストの到来以来、人は律法の支配から解放され、自由とされている（ロマ 7:6; 10:4; ガラ 4:4-5）。

　他方、律法の諸要求は、「あなたの隣人をあなたと同じように愛しなさい」（レビ 19:18）という隣人愛の戒めに総括される（ロマ 13:9; ガラ 5:14）。「他人を愛する者は律法を成就する」のである（13:8, 10）。この隣人愛は、キリストの死を通して示された神の愛（5:5-8; 8:31-39）への応答としてなされる。愛の本質は自由にあり、愛することは自発的な行為である（ガラ 5:13 を参照）。律法の確立は、個々の戒めを厳格に守ろうとする努力によるのではなく、キリストの死を通して示された神の愛を受けた者が、恵みに感謝しつつ自分自身と同じように他者を愛することの結果として達成されるのである。

信仰の人アブラハム（4:1-25）

1.　私訳

　4^1 では肉による私たちの父祖アブラハムは何を見出したと言えばよいのであろうか？ ^{2} もし、アブラハムが業によって義とされたのであれば、誇りをもつかもしれない。しかし、それは神に対してではない。^{3} 聖書は何と言っているだろうか？「アブラハムは神を信じて、義とみなされた。」^{4} 働く者に対して、報酬は恵みによってではなく、義務に従って算定される。^{5} 働きはないが、不敬虔な者を義とする方を信じる者に対して、その信仰が義とみなされる。^{6} 業がないのに神が義と認めた人の幸いについて、ダビデが語る通りである。

　^{7}「幸いである、その不法が赦され、
　　その罪が覆われた者たちは。
　^{8} 幸いである、その罪を神が認めない者は。」

　^{9} この幸いは割礼についてであろうか、それとも、無割礼についてであろうか？アブラハムに対してその信仰が義と見なされたと、私たちは言おう。^{10} それでは、どのようにして（義）と見なされたのだろうか。割礼においてで

あろうか、それとも、無割礼においてだろうか？割礼においてではなく、無割礼においてである。[11] そして、彼は割礼のしるしを、無割礼において信仰の義の証印として受けた。無割礼において信じ、義と見なされる者たちすべての父となるためである。[12] 割礼の者たちに対して割礼の父祖となるだけでなく、私たちの父祖アブラハムの無割礼における信仰の足跡に従う者たちに対しても（父祖）である。

[13] 律法を通してではなく、信仰の義を通して、アブラハムやその子孫に対して、世界を継がせるという約束が（なされている）。[14] もし、律法による者たちが相続人であるならば、信仰は空しくなり、約束は損なわれてしまうであろう。[15] 律法は怒りを招く。それというのも律法のないところには、違反もないからである。

[16] そういう訳だから、信仰により、恵みに従い、約束が、律法による者だけでなく、アブラハムの信仰による者を含めた、すべての子孫に対して確証されている。[17]「多くの民の父としてあなたを定めた」と書かれている通りである。御前で彼は死者を生き返らせ、存在しないものを存在するように呼び出す神を信じた。

[18] 彼は希望に反しつつ、希望に基づいて、「あなたの子孫はこのようになる」と言われている通りに、自分が多くの民の父祖となると信じた。[19] 彼は信仰において弱ることなく、100歳である自分の体が既に死んだも同然であり、サラの胎も死んだも同然であったのを眺めた。[20] 彼は神の約束に対して不信の内に疑うことをせず、信仰において強められ、神に栄光を帰し、[21]（神は）約束されたことを行う力があると堅く信じていたのであった。[22] だから、彼に対して義と認められたのである。

[23]「彼に対して義と認められた」と書かれているのは彼についてであるばかりでなく、[24] 私たちについてでもある。私たちはやがて（そのように）認められることになっている者であり、主イエスを死者の中から甦らせた方を信じる者である。[25]（主は）私たちの罪過のために渡され、私たちの義のために甦ったのである。

2. 注解

ローマ4章はキリストを信じる者に与えられる神の義の啓示を論じる3:21-31に示された信仰義認のテーゼを旧約聖書に出てくる父祖アブラハムの例を通して証明する働きをしている。ロマ4:1-12は、父祖アブラハムが創15:6を基礎に信仰による義人であると論じて、信仰者たちの父祖として提示する。それに続く4:13-25はアブラハムの信仰を無から有を生じさせる神への信仰と捉え、キリストを死者の中から甦らせた神を信じる信仰と同質なものと解釈し、信仰者たちの父祖であるという議論をさらに展開している。

4:1-25の果たす修辞学的機能は、例証（παράδειγμα, exemplum）による論証（πίστις, probatio）である（アリストテレス『弁論術』1393a-1394a; キケロ『発想論』1.30.49; クウィンティリアヌス『弁論家の教育』5.11.1-44）[345]。例証による論証には、歴史的例証と比喩の二種がある（アリストテレス『弁論術』1393a-1394a; クウィンティリアヌス『弁論家の教育』3.8.36, 66; 5.11.6-8）[346]。ここでパウロは、神を信じて義と認められたイスラエルの父祖アブラハム（創15:6; ロマ4:3）を例にとっているのであるから、明らかに歴史的論証を行っている（クウィンティリアヌス『弁論家の教育』3.8.36, 66）[347]。修辞学的に言えば、歴史的論証も聴衆の論理的思考に訴えて説得することを試みるロゴスの一種である（アリストテレス『弁論術』1377b-1378a; 1395a-1396a）。

文体の点から言うと、この部分は3:27-31に採用されているディアトリベーのスタイルを継承し、対話的な形式で書かれている[348]。仮想の対話者は、初期ユダヤ教におけるアブラハム像を堅持しているユダヤ人キリスト教徒であり、パウロは彼らが抱いている伝統的理解を前提にしながら、それを乗り

345　Stowers, *Diatribe*, 155-174; D. A. Anderson Jr., *Ancient Rhetorical Theory and Paul* (Kampen: Kok Pharos, 1996) 197-199; Jewett, 306; Porter, 101.

346　Lausberg, §412-416.

347　Lausberg, 98 (§228); Witherington III, 116; Porter, 101.

348　Käsemann, 98; Schlier, 126; Lohse, 146; Witherington III, 116-121; Jewett, 305.

越える新しい視点を問い掛けの形で提示し（4:1, 3, 9a）、自らそれに答える形で議論を進めている（4:2, 4-8, 9b, 10b-12, 13-25）[349]。

ローマ4章は次のような構成を持っている。

4:1-2　問題の提示：父祖アブラハムの例
4:3-5　聖書の証言とその解釈（1）
　　v.3　旧約引用（創 15:6）：信じて義と見なされる
　　vv.4-5　解釈：業がなくして義と見なされる
4:6-8　聖書の証言とその解釈（2）
　　v.6　導入句
　　vv.7-8　旧約引用（詩 32[31]:1-2）罪を赦される者の幸い
4:9-12　割礼・無割礼の問題
　　vv.9-10　無割礼における義認
　　vv.11-12　信仰の義の証印としての割礼
4:13-15　父祖アブラハムと子孫への約束に与かる方法は何か？
　　v.13　律法によってか、信仰の義によってか？
　　v.14　律法によるなら、信仰は空しくなり、約束は損なわれる
　　v.15　律法は怒りを招く
4:16-17　約束と信仰
　　v.16　約束の確証とアブラハムの信仰に従う者
　　v.17　旧約引用（創 17:5）と死者を甦らせ、
　　　　　無から有を創り出す神への信仰
4:18-22　希望に反して神の約束を信じたアブラハムの信仰
　　v.18　希望に反して信じて、多くの民の父祖となる
　　vv.19-21　高齢のアブラハム夫妻の状態と神の力への信頼
　　v.22　義と認められた（創 15:6）

349　A. J. Guerra, "Romans 4 as Apologetic Theology," *HTR* 81 (1988) 258-65; Kruse, 201-202 はこの部分の弁証的な契機を重視している。

4:23−25　約束がキリストを甦らせた方を信じる者へ及ぶこと
　　v.23　旧約引用の射程
　　v.24　約束がキリストを甦らせた方を信じる私たちへ及ぶ
　　v.25　私たちの罪過のために渡され、私たちの義のために甦った

1 節　ここでパウロは信仰義認の原理的議論から、父祖アブラハムをどう理解するかの問題の吟味へと移行する。「では、肉による私たちの父祖アブラハムは何を見出したと言えばよいのであろうか？（Τί οὖν ἐροῦμεν εὑρηκέναι Ἀβραὰμ τὸν προπάτερα ἡμῶν）」という文には本文批評上の問題が存在している。B は εὑρηκέναι（見出す）を省略している。K L P 33. 104. 630. 1175. 1241. 1505. 1881. 2464 𝔐 は、εὑρηκέναι（見出す）を Ἀβραὰμ τὸν προπάτερα ἡμῶν（私たちの父祖アブラハム）の後ろに置いている。さらに、א¹ C³ D F G 629. 1379 latt は、προπάτερα（父祖）ではなく、πατέρα（父）と読んでいる。しかし、本文の読みを א* A C* 81. 365. 1506 sa bo 等が支持しており、外的証拠からネストレ／アラント 28 版の本文が本来的であると判断する。

　この文章には語法上の問題も存在する。パウロの用語法の通例では、Τί οὖν ἐροῦμεν（では、私たちは何と言おうか？）という文は一つの完結した疑問文となり、Τί は ἐροῦμεν の目的語となる（ロマ 6:1; 7:7; 8:31; 9:14, 30 を参照）[350]。しかし、ロマ 4:1 ではこの句の直ぐ後に εὑρηκέναι Ἀβραὰμ τὸν προπάτερα ἡμῶν のような不定詞句が続いている。そこで、語法上は、Τί は ἐροῦμεν の目的語である可能性と、εὑρηκέναι の目的語である可能性の両方がある。ここでは、語法上は後者の可能性が高いと見て、「では、肉による私たちの父祖アブラハムは何を見出したと言えばよいのであろうか？」と訳した。この修辞的疑問文に対する直接の回答をパウロは与えていないが、後続の文章の内容からして、「彼は報いではなく恵みを見出したと言おう」という答えが暗黙のうちに示されているのではないだろうか（特に、4:4 を参

---

[350]　Lohse, 146; Jewett, 307 がこのことを指摘している。

照)。「恵みを見いだす」という言い回しは、七十人訳に由来する聖書的表現で（創 18:3; 33:10; 申 24:1; Ⅰ マカ 10:60; 11:24 他)、新約文書にもしばしば出てくる（ルカ 1:30; 使 7:46; ヘブ 4:16）[351]。

アブラハムは「肉によれば」（ロマ 1:3; 9:3, 5 を参照)、イスラエル民族の父祖であり（マタ 1:2; 3:9; ルカ 1:73; 3:8; 16:24, 30; ヨハ 8:39, 53; 使 7:2, 32; ロマ 4:1, 12)、ユダヤ人たちはその子孫である（詩 105[104]:6; イザ 41:8; 代 20:7; Ⅲ マカ 6:3; Ⅳ マカ 18:1; ソロ詩 9:9; 18:3; ルカ 1:55; 13:16; 19:9; ヨハ 8:33; ロマ 4:12; 9:7; 11:1; Ⅱ コリ 11:22; ヘブ 2:16; 7:1; ヤコ 2:21)。この父祖アブラハムはユダヤ教の伝統において、神に対して信実である義人として尊敬されていた（Ⅰ マカ 2:52; ヨベ 23:10; 24:11;『ミシュナ』「キッドゥーシュ」4.14）[352]。しかし、パウロはローマ書 4 章において、アブラハムをユダヤ民族の始祖としてだけではなく、彼の信仰の足跡に従う信仰者（＝キリスト教徒）の父祖としても提示しようとしている（ロマ 4:11, 13; ガラ 3:7, 29 を参照)。

2節　パウロの関心はここでは義認論の問題に集中している。「もし、アブラハムが業によって義とされたのであれば、誇りをもつかもしれない。しかし、それは神に対してではない」という文章は、先行する部分で、律法の業によらず、キリストのピスティス（信、信実）によって義とされると論じた議論の主題に共鳴している（ロマ 3:21-22, 26)。信じる者は、「無償で、その恵みにより義とされている」（3:24)、「どこに誇りがあるのだろうか？除外されている」（3:27) とパウロが述べたので、では、義人アブラハムの場合はどうなのかという問題が出てきたのである。いったい、アブラハムは業によって義とされたのだろうか？　それとも、業によらず信仰によって義とされたのであろうか？　ユダヤ教的理解からは、厳しい試練にあっても神の命令に忠実なアブラハムの歩みは、義とされる根拠となる功績とさ

351　Dunn I 198 ; Lohse, 147.
352　Str.-Bill. III 186-187.

信仰の人アブラハム（4:1 – 25）

れる余地がある（Ⅰマカ 2:52; シラ 44:19-21; ヨベ 17:15-18; 18:16; 19:8; 23:10; ヤコ 2:22-23 を参照）[353]。さらに、業によって義とされたとするならば、それはアブラハムの功績として人間的誇りの対象にもなりうる[354]。但し、パウロによれば、それは人間相互間の誇りであり、神に対する誇りや自己主張ではない。人は誰でも神の前に誇ることはできないのである（Ⅰコリ 1:29 を参照）。パウロは奢りにつながる人間的誇りについては否定的であるが（Ⅰコリ 3:21; 5:6; 9:16; Ⅱコリ 5:12; 10:8; ガラ 6:13）、神やキリストを誇ることや（ロマ 2:17; 5:2, 11; Ⅰコリ 1:31; Ⅱコリ 10:17; フィリ 1:26）、主の十字架を誇ることについては肯定的である（ガラ 6:14）[355]。

3節 自ら提起した問いに対して、パウロは旧約聖書の証言を求める。「聖書は何と言っているだろうか？」という文章に使用されている「聖書（γραφή）が言う」という擬人表現は、主としてローマ書とガラテヤ書に使用される旧約引用定式である（ロマ 4:3; 9:17; 11:2; ガラ 4:30）。他では、ヤコブ書に類例が見られる（ヤコ 4:13）。

パウロはここで、七十人訳の本文に従って、創 15:6 の文章を引用する（ἐπίστευσεν δὲ Ἀβραὰμ τῷ θεῷ καὶ ἐλογίσθη αὐτῷ εἰς δικαιοσύνην．「アブラハムは神を信じて、義と見なされた」）。並行箇所であるガラ 3:6 もこの旧約箇所を引用しており、パウロにとり、創 15:6 は、ハバ 2:4 と並んで（ロマ 1:17; ガラ 3:11）、信仰義認を根拠付ける最も基本的な聖書箇所となっている。初期ユダヤ教文書や一部のキリスト教文書が、創世記 22 章のイサク奉献の記事に基づいて創 15:6 を解釈して、試練を通して実証されたアブラハムの信実が義と認められたとするのに対して（Ⅰマカ 2:52; シラ 44:19-23; ヘブ 11:17; ヤコ 2:21-24 を参照）、パウロは創 15:6 だけを引用してアブラハムが神の約束の言葉を信じたという側面を強調する（ロマ 4:3, 16-

---

353　Wolter, I 281; Porter, 103.
354　Jewett, 309; Porter, 103-104.
355　καυχάομαι の語学的分析は、Bauer-Aland, 865-866; R. Bultmann, "καυχάομαι κτλ.," *TWNT* III 646-654; J. Zmijewski, "καυχάομαι κτλ.," *EWNT* II 680-690 を参照。

21)。ロマ 4:4-6 と 4:18-25 において、パウロは創 15:6 の意味をさらに掘り下げて論じており、ロマ書 4 章全体が一種のミドラーシュのような性格を持っている。

4 節　「働く者に対して、報酬は恵みではなく、義務に従って算定される」という発言は、賃金労働の喩えである。旧約聖書は、働きに対する報酬や（民 18:31）、使用者が労働者に賃金を支払わなければならないことを定める（レビ 19:13; 申 24:15）。パウロは賃金労働とその対価の関係を、律法の業による義認に当て嵌めている。「義務に従って算定される」という句に出てくる λογίζομαι は、「算定する」、「評価する」、「見なす」、「考える」等の意味を持つ動詞であり、七十人訳聖書では חָשַׁב の訳語として使用されている（創 15:6; 31:15; レビ 17:4; 25:31; 申 2:11 他多数）[356]。ロマ書 4 章においてこのギリシア語動詞は、義認を表す基本表現として繰り返し用いられている（ロマ 4:3, 4, 5, 6, 9, 10, 11 を参照）。この動詞の動作主は明示されていないが、当然神である（ロマ 4:6 を参照）。もし、義認が律法の業への対価であれば、恵みの性格はなく、義認を与える神の側の義務的行為の性格を持つことになる。勿論、パウロはここで理論的可能性の問題を論じているのであり、現実の義認は、業の対価ではなく、恵みとして与えられたのであると考えている（ロマ 3:24 を参照）。

5 節　「働きはないが、不敬虔な者を義とする方を信じる者に対して、その信仰が義と見なされる（τῷ δὲ μὴ ἐργαζομέῳ πιστεύοντι δὲ ἐπὶ τὸν δικαιοῦντα τὸν ἀσεβῆ λογίζεται ἡ πίστις αὐτοῦ εἰς διακιοσύνην.)」という文章は、現在形で書かれており、普遍妥当的真理として提示されている。パウロが引証箇所として引用する創 15:6 は、高齢になっても子がないアブラハムに対して、神が夜空の星を示して、彼の子孫が数え切れない程多くな

---

[356]　λογίζομαι の語学的分析については、Bauer-Aland, 965-967; H. W. Heidland, "λογίζομαι κτλ.," *TWNT* IV 287-295; H. -W. Bartsch, "λογίζομαι κτλ.," *EWNT* II 874-876 を参照。

ると語り、彼がその言葉を信じて、義と認められたことが語られている（創15：5－6）。アブラハムの側に敬虔な行いが先行していたのではないのに、神の約束の言葉が与えられ、彼の信仰が義と認められたことを捉え、パウロはアブラハムを、「働きはないが、不敬虔な者を義とする方を信じる者」と解釈する。

　旧約・ユダヤ教的理解によれば、律法に示された神の意思に従って歩む者が義人である（詩1：1, 5, 6; 125[124]:3）。神は義人を愛し（詩146[145]:8）、義人を義とする（王下10：9; 代下6：23）。これに対して、悪しき者や罪人は裁きの対象である（詩1：4－5; 9：5－6; 35[34]:4－8; 37[36]:28－40他）。初期ユダヤ教では神に忠実であった（πιστός）ノアや（シラ44：17）、アブラハム（Ⅰマカ2：52;『シフレ・申命記』38;『出エジプト記ラッバー』35）等の族長たちを模範的義人として称揚する傾向が強い。さらに、律法を守る義人には、永遠の命が約束される（知5：15; Ⅳエズ7：88－99）。神が父祖たちに与えた契約関係の存在を前提にして、契約に定められた道に忠実な（πιστός）歩みをすることの具体的表現が、律法を遵守することであった（Ⅰマカ2：20－21, 24, 27, 50; Ⅱマカ1：2－4; 7：30, 36; シラ17：11－12; 42：2; 45：5; Ⅳエズ7：82－98;『宗規要覧』1：7－8, 15－17; 5：8－9）。初期ユダヤ教にとってピスティス（πίστις）とは信仰であると同時に信実・真実ということであり、信仰は信実な行為となって現れるのである。

　これに対して、パウロは神が「不敬虔な者を義とする方」であると主張する。指し示す地へ行けという神の言葉に従ってアブラハムは故郷を旅立ち、カナンの地にやって来て、そこが約束の地であることを告げられている（創12：1－9）。彼は約束の地で、祭壇を築き、主の名を呼んで礼拝した（12：6－8）。しかし、アブラハムはモーセの律法が与えられる以前の時代に生きていたので、律法に定められた戒めに従った敬虔な業は行っていない。それにも拘わらず、彼は神を信じて義と認められたのである。信実な義人という初期ユダヤ教のアブラハム像に対して、パウロは専ら「信仰の人」アブラハムという側面を強調し（4：3, 9, 11, 13）、信徒たちの父祖としている（4：12）。アブラムの子孫（ユダヤ人）がアブラハムの子らなのでなく、アブラハムの信

仰の足跡に従う者たちこそが、彼に与えられた祝福に与る「アブラハムの子ら」なのである (4:13-17)。

6-8節 パウロはここで議論の傍証として、詩 32:1-2 の言葉を七十人訳の本文に従って引用する。当時は詩編についてダビデの著作性が信じられていたので詩編の本文の前に、「業がないのに神が義と認めた人の幸いについて、ダビデが語る通りである」(4:6) という導入句が置かれている (ロマ 11:9; マコ 12:36; 使 2:25 を参照)。パウロが引用する詩 32:1-2 の本文は、「幸いである、その不法が赦され、その罪が覆われた者たちは。幸いである、その罪を神が認めない者は」となっており、1 節と 2 節の文頭に幸いであるという言葉が出てきている。幸いの宣言 (אַשְׁרֵי 定式) は、文頭に אַשְׁרֵי という言葉が置かれ、その後に幸いとされる人を描写する句が続く表現形式であり、申 33:29; 王上 10:8; 代下 9:7; 詩 1:1-2; 2:12; 32:1-2; 33:12; 34:9; 40:5; 41:2; 65:5; 84:5-6; 94:12; 106:3; 112:1; 119:1-2; 箴 3:13; 8:32-34; 16:20; 20:7; 28:14; ヨブ 5:17; コヘ 10:17; イザ 30:18; 32:20; 56:2; ダニ 12:12 等広汎な文書に見られる[357]。初期キリスト教は初期ユダヤ教を経由してこの文学形式を継受した (トビ 13:15-16; シラ 14:1-2, 20; 25:8-9; 48:11; ソロ詩 6:1; 10:1; 17:44; 18:6; エチ・エノ 58:2; 81:4; 82:4; スラ・エノ 42:6-14; 52:1-15; モーセ昇 10:8; 4Q185; 4Q525)[358]。新約聖書中の幸

357　DCH 1.437-438; H. Cazelles, "אַשְׁרֵי," TWAT 1.481-485; F. Hauck / G. Bertram, "μακάριος," TWNT 4.365-373; W. Janzen, "Ašrê in the Old Testament," HTR 58 (1965) 215-22; W. Käser, "Beobachtungen zum alttestamentlichen Makarismus," ZAW 82 (1970) 225-250.

358　詳しくは、E. Puech, "4Q525 et les péricopes des Béatitudes en Ben Sira et Matthieu," RB 98 (1991) 80-106; G. J. Brooke, "The Wisdom of Matthew's Beatitudes (4QBeat and Mt.5:3-12)," Scripture Bulletin 19 (1989) 35-41; J. A. Fitzmyer, "A Palesitinian Jewish Collection of Beatitudes," idem., The Dead Sea Scrolls and Christian Origins (Grand Rapids: Eerdmans, 1992) 111-118; J. H. Charlesworth, "The Qumran Beatitudes (4Q525) and the New Testament (Mt 5:3-11, Lk 6:20-26)," RHPR 80 (2000) 13-35; H. J. Fabry, "Die Seligpreisungen in der Bibel und in Qumran," in The Wisdom Texts from Qumran and the Development of Sapiential Thought (eds. C. Hempel / A. Large / H. Lichtenberger; Leuven : University Press, 2002) 189-200; 原口尚彰『幸いなるかな

信仰の人アブラハム（4：1 – 25）

いの宣言は、文頭に μακάριος / μακάριοι という言葉を置き、その後に幸いとされる根拠またはその状態の描写が続く形式となっており、ヘブライ語の אַשְׁרֵי を μακάριος / μακάριοι と訳した七十人訳の用語法に倣っている。幸いの宣言は、福音書や使徒言行録等の物語文学にも（マタ 5：3 – 12；11：6；13：16；16：17；24：46；ルカ 1：45；6：20 – 23；7：23；10：23；11：27, 28；12：37, 38；14：14, 15；23：29；ヨハ 13：17；20：29；使 20：35）、書簡文学にも（ロマ 4：7, 8；14：22；Ⅰコリ 7：40；ヤコ 1：12, 25；Ⅰペト 3：14；4：14）、黙示文学にも見られる（黙 1：3；14：13；16：15；19：9；20：6；22：7, 14）[359]。

但し、パウロは幸いの宣言という文学形式よりも、幸い（μακαρισμός）という概念内容に関心を持っている。この詩編箇所は、罪赦された者の幸いを語っており、義認を直接には語っていないが、パウロは、罪が赦され、その罪責を追求されない者の幸いと信仰によって義とされた者の幸いを同質のものと考え、引用したのであった[360]。

この部分はパウロの幸福論を与えている。旧約聖書の知恵文学が示す幸福理解には長寿や名誉や繁栄といった現世的要素が伴うのに対して（箴 3：16；詩 1：3）、パウロの幸福理解にはそのような功利的要素はなく、専ら、神によって罪を赦され、義とされることを中核とする宗教的幸福論が展開される。他方、パウロの幸福理解には、ユダヤ教文書の一部や（ダニ 12：1 – 3；エチ・エノ 58：2；81：4；82：4）、新約文書の一部が示す（黙 1：3；14：13；16：15；19：9；20：6；22：7, 14）、終末的・来世的要素は見られない[361]。

9節 パウロはさらに問い掛け、「この幸いは割礼についてであろうか、それとも、無割礼についてであろうか？」と述べる。「この幸い」とは直接

初期キリスト教のマカリズム（幸いの宣言）』新教出版社、2011 年、49 – 152 頁を参照。

359　使 26：2；Ⅰテモ 1：11；6：15；テト 2：13 にも形容詞 μακάριος は使用されているが、幸いの宣言という文学形式を採っていない。

360　Dunn Ⅰ 207；原口『幸いなるかな』107 – 110 頁を参照。

361　Käsemann, 106 に反対。

には、「業がないのに神が義と認めた人の幸い」を指すが（ロマ 4:6 を参照）、パウロはそれを 7-8 節に引用されている詩 32:1-2 が宣言する罪赦され、罪の責任を問われない者の幸いと同視している。

　この文脈では、「割礼（περιτομή）」とは「割礼を受けた者たち」、即ち、ユダヤ人を指しており、「無割礼（ἀκροβυστία）」とは「無割礼の者たち」、即ち、異邦人を指している。同様な用例は、ロマ 3:30 やガラ 2:7-8 にも見られる。しかし、9 節前半の問いに対して、「アブラハムに対してその信仰が義と認められたと、私たちは言おう」という同節後半の言葉は直接に答えていないように見える。9 節前半の問いへの答えは、むしろ、アブラハムが無割礼の時に義と認められたことを述べる 10 節に与えられる。9 節後半は 3 節に言及されている創 15:6 を再度引用しており、無割礼における信仰の義を語る 12 節と主題的に近い。すると、この部分の議論は類似の主題を繰り返しながら進行する、螺旋的構造を持っていることになる。

10 節　パウロは、「それでは、どのようにして義と認められたのだろうか。割礼においてであろうか、それとも、無割礼においてだろうか？」という修辞的疑問文を立て、直ぐに自ら、「割礼においてではなく、無割礼においてである」と答える。この答えは、創世記に記されているアブラハム物語を念頭に置いている。アブラハムが神の言葉を信じて義と認められたのは創 15:6 においてであった。他方、割礼が永遠の契約のしるしとしてアブラハムとその子孫たちに対して命じられるのは、後の 17 章のことであるから、アブラハムはまだ無割礼の時に信じて義とされたという結論になるのである（創 17:9-14 を参照）[362]。

11-12 節　「そして、彼は割礼のしるしを、無割礼において信仰の義の証印として受けた」（11 節）という発言は、旧約聖書の大胆な新解釈を提示している。基礎となっている創 17:11, 13 では、ヤハウェと民との契約のしる

---

[362] Dodd, 68-69; Schlier, 127; Dunn I 208-209; Porter, 106.

信仰の人アブラハム（4:1 − 25）

しとして割礼の定めがなされている。ユダヤ人男子は生まれて 8 日目に割礼を受けることにより、アブラハムの子らとしてアブラハムに与えられた約束に与る者となる（創 17:12 − 14）。「しるし（σημεῖον）」とは、不可視的な内容を指し示す可視的手段である[363]。ユダヤ人の体に付けられた割礼の傷跡が、取り消すことのできない神と民の契約を可視的なものにするのである（創 17:11, 13; ヨベ 15:26 − 28 を参照）。ところが、パウロはこの神と民の契約のしるしを、「信仰の義の証印（σφραγὶς τῆς δικαιοσύνης τῆς πίστεως）」と理解する。パウロは、創 15:6 に書かれている信仰義認の原理に照らして 17:11 の言葉を再解釈したと言える。パウロの旧約聖書解釈に際しては、解釈原理としての信仰義認論が働いている。

パウロはさらに、アブラハムが「諸国民の父となる」という創 17:4−6 の記事を基礎に、彼が「無割礼において信じ、義と見なされる者たちすべての父となるためである。割礼の者たちに対して割礼の父祖となるだけでなく、私たちの父祖アブラハムの無割礼における信仰の足跡に従う者たちに対しても（父祖）である」（ロマ 4:11b-12）とする。なお、「足跡に従う」という表現は、先人の模範に倣った生き方をすることを示す言い回しとして初期キリスト教文献に好んで用いられる（I ペト 2:21 を参照）。

13 節　ロマ 4:13 − 15 は、アブラハムとその子孫に対してなされた約束に与る方法について論じる。それは父祖アブラハムに与えられた約束（ἐπαγγελία）が、キリストの福音（εὐαγγέλιον）の予表であり、約束を信じる信仰は、福音を信じる信仰の先取りであると考えられているからである（ガラ 3:7-9）[364]。旧約聖書の記述では、アブラハムとその子孫に諸々の民の祝福の基となり（創 12:3; 22:18）、カナンの地を与えることが約束されている（12:7; 17:8）。ガラテヤ書において、パウロは祝福の主題に関心を集中しているのに対して（ガラ 3:7-9 を参照）、ローマ書では土地の相続の主題に

363　名詞 σημεῖον の語学的分析は、Bauer-Aland, 1495 − 1498; K. H. Rengstorf, "σημεῖον," *TWNT* VII 199 − 268; O. Betz, "σημεῖον," *EWNT* III 569 − 576 を参照。

364　Käsemann, 111.

焦点を当てている（ロマ4:13-15）。しかも、創世記の記述では約束の対象はカナンの地に限定されているのに対して、ロマ4:13では世界を相続させる約束となり、相続対象が著しく拡大されている（シラ44:21; ヨベ19:21; 22:14; 32:19; フィロン『モーセの生涯』I 155;『夢』I 175を参照）。パウロの視野は終末論的であり、イスラエル民族の運命を越えて全世界の救いと裁きということを念頭に置いている（ロマ11:11-36を参照）。

「律法を通してではなく、信仰の義を通して、アブラハムやその子孫に対して、世界を継がせるという約束が（なされている）」という文章は、世界を相続する神の約束に与るための方法を二者択一の形で提示している（ロマ3:27-28を参照）。「律法を通してではなく、信仰の義を通して」という句は非常に簡略な表現であり、その意味の正確な理解のために言葉を補わなければならない。「律法を通して」とは、「律法の業を行うことによって得る義を通して」という意味である（ロマ9:31-32を参照）[365]。「信仰の義を通して」とは、「信仰により義とされることを通して」ということである（3:22, 27-28; 9:30を参照）。初期ユダヤ教では、律法を行う義人が究極的救いに与ることができるとされていた（シリ・バル14:12-13; 51:3; 59:2; IVエズ7:17他）。パウロの議論は、こうした伝統的理解に真っ向から対立している。

創世記によれば、神の約束は、「アブラハムとその子孫に対して」与えられている（創12:7; 13:15-16; 17:7; 22:17-18）。七十人訳はヘブライ語 זֶרַע（種）を一貫してσπέρμα（種、子孫）と訳しており（申1:9; 3:3; 4:17; 詩105[104]:6; 106[105]:27他も参照）、「子孫」を表す基本語彙としている。パウロも他の新約文書同様にこの用語法を踏襲し、この単語を「子孫」の意味で用いている（ロマ1:3; 4:13; 9:7-8, 29; 11:1; ガラ3:16, 29; さらに、マコ12:20, 21, 22; ルカ1:55; ヨハ8:33, 37; 使7:5, 6; ヘブ2:16; 11:18を参照）。この単語は「子孫」の意味で用いられるときは、ヘブライ語の זֶרַע と同様に集合名詞として使用されており、名詞の形は単数形でも意味は複数である（ルカ1:55; 使7:5, 6; ロマ4:13; 9:7-8; 11:1; IIコリ11:22; ガラ3:

365　Cranfield, I 240.

29; ヘブ 2:16; 11:18 を参照)[366]。

14節 パウロは、「もし、律法による者たちが相続人であるならば、信仰は空しくなり、約束は損なわれてしまうであろう」と述べるが、これは仮想の想定であり、現実はそうではないと考えている。もし、律法の業によって義を得ようとする人々が、アブラハムに与えられた約束の相続人であれば、義は自分の功績による報酬として与えられるのであるから、それは一方的に与えられる賜物の付与ではなく、信仰を無用なものとし、神の約束を損なう結果になる。ちなみに、初期ユダヤ教において、律法の業と神への信仰は相互に対立するものとはされていない。信仰は同時に信実であり、神を信じる者は神との契約に忠実に歩み、神の御心の具体化である律法の規程を誠心誠意実践すると考えられた（Ⅰマカ 2:20-21, 24, 27, 50; Ⅱマカ 1:2-4; 7:30, 36; シラ 17:11-12; 42:2; 45:5; Ⅳエズ 7:82-98;『宗規要覧』1:7-8, 15-17; 5:8-9）。律法を行うことと信仰を相互に相容れないものとすることは、パウロ独自の立場であった。パウロによれば、律法の業は自己の義を立てようとする自己主張の試みであり、それは一方的に恵みとして与えられる神の義を信仰において受ける受動性とは両立しないものであった（ロマ 9:30-10:4 を参照）。

15節 パウロは、「律法は怒りを招く。それというのも律法のないところには、違反もないからである」と述べて、律法の否定的作用に言及する。律法は行為規範であり、命令または禁止の形で神の意思を明示する。律法は遵守するために与えられているが、人は律法の要求を充たすことができず、律法の違反（παράβασις）を生む（ロマ 2:25; 5:20; 7:7-13）[367]。律法は、人間

366　Bauer-Aland, 1521-1522; G. Quell / S. Schulz, "σπέρμα," *TWNT* VII 537-547; U. Kellermann, "σπέρμα," *EWNT* III 631-632 を参照。なお、ロマ 4:13 は、ガラ 3:16 とは異なり、σπέρμα が単数形であることを根拠に、キリストへの言及であると解釈することをしていない。

367　J. Schneider, "παραβαίνω κτλ.," *TWNT* V 733-41; M. Wolter, "παράβασις," *EWNT*

の側に罪の認識をもたらすと同時に（3:20）、神の怒りと裁きを招く結果になる（2:5-6を参照）。

16節　「そういう訳だから、信仰により、恵みに従い、約束が、律法による者だけでなく、アブラハムの信仰による者を含めた、すべての子孫に対して確証されている」とパウロは述べる。ここでは、アブラハムへ与えられた約束が、その民族的子孫であるユダヤ人だけでなく（ロマ4:18; 9:7-8, 29; 11:1）、アブラハムの信仰の足跡に従う信徒一般に妥当するものとされている（ロマ4:13; 9:7-8, 29; ガラ3:29）。即ち、約束が確証されているのは、ユダヤ人信徒と異邦人信徒の両方を含むキリスト教徒すべてに対してである。アブラハムは、イスラエルの先祖であると共に（ロマ4:1）、すべての信仰者の父祖と理解されるからである（4:16）。

17節　「書かれている通りである」という句は、旧約引用の導入句であり、「旧約聖書に書いてある通り」という意味である（マコ1:2; 9:13; 14:21; ルカ2:23; ヨハ6:31; 12:14; ロマ1:17; 2:24; 3:4, 10 他多数）。引用されている「多くの民の父としてあなたを定めた」という句は、七十人訳による創17:5の本文であり、創世記の文脈ではアブラハム（「諸国民の父」）という名の起源の説明となっている。パウロはこの箇所を、アブラハムがユダヤ人の父祖であると共に、異邦人も含めた信徒たちの父祖であることを示すと理解している（ロマ4:9-12を参照）。

「御前で彼は死者を生き返らせ、存在しないものを存在するように呼び出す神を信じた」という文章において、パウロはアブラハムの信仰に新しい解釈を与えている。「死者を生き返らせる神」という観念は、初期ユダヤ教文献に既に見られる（知16:13; トビ13:2; ヨセフとアセナテ8:10; 20:7を参照）[368]。しかし、この観念をアブラハムの信仰と結び付けることはパウロの独

III 32-35 を参照。
368　Dunn, I 218; Jewett, 334.

創である。アブラハムの信仰を、彼はイエスの死からの復活を信じるキリスト教信仰の先取りと考えるので、アブラハムについて旧約聖書に書いてあることは、キリスト教徒にも当てはまるという結論が出てくる（ロマ 4:23-24 を参照）。

「存在しないものを存在するように呼び出す神」という表現は、無からの創造（creatio ex nihilo）の思想を言い表している。「存在しないものを存在するように（τὰ μὴ ὄντα ὡς ὄντα）」とは、存在しないものに存在するような外観を与えるということではなくて、存在しなかったものを存在へと呼び出す結果を与えるということである[369]。創造主への信仰は、旧約聖書に遡るが（創 1:1-2:4a; 2:4a-25; 詩 8:1-10; 19:2-5; 24:1-2 他）、旧約聖書にはまだ無からの創造という思想はない。この思想はⅡマカ 7:1 以下；フィロン『世界の創造』81;『律法各論』Ⅳ 187; シリ・バル 21:4; 48:8 に見られるので、マカベア時代を経て初期ユダヤ教において形成されたと考えられる。新約聖書においてこの思想はロマ 4:17 にしか出てこないが、二世紀以降にローマで書かれたと推定される初期キリスト教文書は創造主なる神についての発言の中でしばしば言及している（ヘルマス『幻』1.1.6;『戒め』1.1; Ⅱクレ 1:8）。

18 節　18-22 節は、アブラハムの信仰を無からの創造の神を信じる信仰と解釈する根拠を与えるミドラーシュである。「希望に反しつつ、希望に基づいて（παρ' ἐπίδα ἐπ' ἐλπίδι）」とは、緊張をはらんだ表現である。この句は人間的には希望を持てない状況においても、神の言葉によって希望が与えられるという事態を表現している。パウロによれば、アブラハムは高齢のために子孫を設ける可能性がなく、人間的には希望を持てないような状況下で、「あなたの子孫はこのようになる」という神の言葉に基づいて希望を持ち（創 15:5）、自分が「多くの民の父祖となると信じた。」のだった（創 17:5 を参照）。

19-21 節　ここでパウロは、アブラハムの心境について深く考察してい

369　Cranfield, I 244; Wilckens, I 273 n.891; Dunn, I 218; Lohse, 156; Wolter, I 305.

る。常識では不可能な状況下で神の約束の言葉を信じたのは、約束を与えた全能の神は無から万物を創造し、不可能を可能とすることができる方を信じたからである（ロマ4：17）。アブラハム夫妻は非常に高齢になっていたので、常識的には子を設けることができる筈はない。創世記の記述によると、サラの懐胎の告知を受けたときに、アブラハムは、高齢を理由に知らせを真に受けず、笑ったとされている（創17：16-17）。しかし、パウロはアブラハムの態度をより肯定的に受け取り、「彼は信仰において弱ることなく、100歳である自分の体が既に死んだも同然であり、サラの胎も死んだも同然であったのを眺めた」と述べている（ロマ4：19）。

パウロの理解によると、アブラハムは、「神の約束に対して不信の内に疑うことをせず、信仰において強められ、神に栄光を帰した」（4：20）。ここで用いられているギリシア語動詞 διακρίνω は、「分離する」、「区別する」、「判断する」等の意味を持つ単語であるが、中動相や受動相では、「争う」、「憂慮する」、「疑う」等の意味になる[370]。この文脈では他の多くの新約箇所におけると同様に、心の中で自問しながら疑うことを指して使用されている（マタ21：21; マコ11：23; 使10：20; ロマ14：23; ヤコ1：6 を参照）。また、この文章では、「不信のうちに（τῇ ἀπιστίᾳ）」という句と、「信仰において（τῇ πίστει）」という句が対照され、アブラハムの信仰が際立つ結果となっている。

さらに、パウロは、「（アブラハムが）神に栄光を帰した（δοὺς δόξαν τῷ θεῷ）」（ロマ4：20b）という創世記の記事にはない分詞句を付け加えている。「神に栄光を帰する」という言い回しは、典礼的背景を持つ表現であり、旧約聖書にも新約聖書に出てくる（ヨシュ7：19; サム上6：5; 代上16：28, 29; イザ42：12; エレ13：16; ルカ17：18; ヨハ9：24; 黙4：20; 11：13; 14：7; 16：9; 19：7）。福音書物語では、イエスによって奇跡的な癒しを受けた者が、そのことを感謝し、神に栄光を帰している（ルカ17：18; ヨハ9：24）。これに対して、パウロは約束が与えられた段階で、それが成就することを確信して、アブラ

---

[370] Bauer-Aland, 370-371; F. Büchsel, "διακρίνω, διακρίσις," *TWNT* III 948-951; G. Dautzenberg, "διακρίνω," *EWNT* I 732-738 を参照。

ハムが神に栄光を帰したのであると解釈している。神の約束を信じる信仰の究極は、約束を成就する神を賛美し、神に栄光を帰することとパウロは考えた。信仰は見ることではなく、言葉を聞くことに由来するからである（ロマ10：17を参照）。

パウロは文章の末尾に、「(神は)約束されたことを行う力があると堅く信じていた（πληροφορηθεὶς ὅτι ὃ ἐπήγγελται δυνατός ἐστιν καὶ ποιῆσαι）」という分詞句を付け加えている（ロマ4：21）。Πληροφορέω は「充たす」、「成就する」ことを意味するギリシア語動詞である（ルカ1：1；Ⅱテモ4：5を参照）。この動詞は、受動相では、「確信する」という意味になる（ロマ4：21；14：5；コロ4：12）[371]。アブラハムが不信に陥ることなく、信仰おいて強められたのは、人間の目には不可能なことであっても、死者を甦らせ、無から有を生じせしめる創造主にはできないことはないと信じたのだと、パウロは考えたのである（ロマ4：17を参照）。

22節 このような、神への絶対的信頼の姿勢が評価されて、「彼に対して義と認められたのである」（ロマ4：22；創15：6）。この文章は、4：18-22の議論を締め括ると共に、4：3, 9における創15：6の引用句と呼応して囲い込み構造を形成し、ローマ書4章全体の論述に一貫性を与えている。また、内容的に言えば、先行する3：21-28の部分に出てくる義認論の主題と強く共鳴している。

23-24節 パウロは旧約聖書の記事の言葉は遠い過去の時代について語るだけでなく、同時代の教会の信徒たちについて直接語り掛けていると考え、「『彼に対して義と認められた』と書かれているのは彼についてであるばかりでなく、私たちについてでもある」と述べる（4：23-24a）。こうして、創15：6はキリストを信じる者が信仰によって義とされることの証言とされる。パウロはさらに言葉を続けて、「私たちはやがて（そのように）認めら

---

371 Bauer-Aland, 1347.

れることになっている者であり、主イエスを死者の中から甦らせた方を信じる者である」(4:24b) と述べる。この文章において、「主イエスを死者の中から甦らせた方を信じる」キリスト教徒の信仰は（ロマ 10:9; Ⅰコリ 15:14, 17 を参照）、高齢で体は死んだも同然であったのに（4:19）、「死者を生き返らせ、存在しないものを存在するように呼び出す神を信じた」アブラハムの信仰と同質のものとされている（4:17 を参照）。

25節 「(主は) 私たちの罪過のために渡され (ὃς παρεδόθη διὰ τὰ παραπτώματα ἡμῶν)」という句に用いられているギリシア語動詞 παραδίδωμι（引き渡す）は、元々は官憲に身柄を引き渡すことを表す行政用語である（マタ 26:15, 25, 46, 48; マコ 9:31; 13:9, 11, 12; 14:10, 11, 18, 21; 15:1, 10; ルカ 22:4, 6; Ⅰコリ 11:23b 他）[372]。イエスの死に贖罪論的意義を見出す教会の伝承においてこの言葉は、神の子キリストが世の罪の贖いのために死に渡されたことを指して使用されている（ロマ 5:9-10; 6:2; 8:32; Ⅰコリ 15:3-5; ガラ 1:4; エフェ 5:2, 25）。こうしたイエスの死の贖罪論的解釈は、苦難の僕の死の意義を説くイザヤ 53:8-12 に基づくものであろう[373]。パウロは無から有を創り出す神を信じて、不可能な状況の中で子孫繁栄の約束を信じたアブラハムの信仰と、イエスの死からの復活を信じるキリスト教信仰とを同質なものと考えているのである。

ロマ 4:25b の「私たちの義のために甦ったのである (καὶ ἠγέρθη διὰ τὴν δικαίωσιν ἡμῶν)」という句は、キリストの復活の義認論的解釈を与えており、ロマ 5:18; 10:9-10; Ⅰコリ 15:17 は、本節に述べられている思想を前提にしている。パウロは他の箇所においては初代教会の伝承に従って、キリストは「初穂 (ἀπαρχή)」として甦ったのであり（Ⅰコリ 15:20）、キリストの復活は信じる者が終わりの時にあって復活することの保証であることを強調し

---

[372] Bauer-Aland, 1242-1244; F. Büchsel, "παραδίδωμι," *TWNT* II 171-174; W. Popkes, "παραδίδωμι," *EWNT* III 42-48 を参照。

[373] Wilckens, I 279-280; Dunn, I 241; Schreiner, 243; Lohse, 162; Witherington III, 129; Jewett, 342; Wolter, I 311-312.

ている（ロマ 6:3-5; 8:11; I コリ 15:12-28; II コリ 4:14; I テサ 4:13-18 を参照）。

「私たちの義のために甦ったのである(καὶ ἠγέρθη διὰ τὴν δικαίωσιν ἡμῶν)」とは（ロマ 4:25b）、具体的には、キリストの死によって罪の赦しがもたらされた結果、信じる者が罪の責任を問われず、神の前に義とされ、キリストの復活によって与えられた新しい命に生きるという事情を言い表している（ロマ 5:18; 6:3-5 を参照）。贖罪論はパウロ以前の教会が形成した思想であり、多くの初期キリスト教文書に見られるが（マタ 20:28; マコ 10:45; ルカ 21:28; 22:19-20; I コリ 11:24; 15:3; ヘブ 9:12; 10:12; I ペト 2:21; 3:18 他）、キリストの復活の義認論的解釈は、パウロ書簡以外には見られないパウロ独自の思想である。

神との平和、神との和解（5:1-11）

1. 私訳

5 ^{1} 信仰によって義とされたのだから、私たちは私たちの主イエス・キリストを通して神との平和を得ることにしよう。^{2} 主を通して私たちは（信仰において）この恵みに入り、その中に立ち、神の栄光の希望を誇る。^{3} それだけではなく、私たちは艱難をも誇る。それというのも、私たちは知っているのである、艱難は忍耐を、^{4} 忍耐は練達を、練達は希望を生み出すことを。^{5} 希望は恥かしめることはない。神の愛が私たちに付与されている聖霊によって私たちの心に注がれているからである。

^{6} それというのも、私たちがまだ弱いときに、時に従い、キリストが不敬虔な者たちのために死んだのである。^{7} 義人のためにさえ死ぬ者はほとんどない。善人のためなら、進んで死のうとする者が多分あるかも知れない。^{8} 私たちがまだ罪人であった時に、キリストが私たちのために死ぬことによって、神は私たちに対する自らの愛を示しているのである。

^{9} それどころか、今やその血により義とされているのだから、尚更のこと、

私たちはキリストを通して怒りから救われるであろう。¹⁰ もし、敵であったときに御子の死を通して神と和解したのならば、尚更のこと、和解している者としてキリストのいのちによって救われるであろう。¹¹ それだけではなく、私たちの主イエス・キリストを通して神を誇ろう。私たちはキリストを通して今、和解を得ているのである。

2. 注解

ロマ5章全体は、キリストを信じる者に与えられる神の義の啓示を論じる3:21-28と、信仰義認のテーゼを旧約聖書に出てくる父祖アブラハムの例を通して証明する聖書証明の部分の後に続いており（4:1-25）、修辞学的には論証（πίστις, probatio）の一環をなしている。

ローマ書5章前半（ロマ5:1-11）は、特に、先行する3:21-28が述べている信仰による義という事実を前提にしながら、神との和解や、終末時に与えられる救いへの希望を語る点で8章の記述を準備している（特に、8:12-39を参照）。

文体の点から言うと、この部分には4章で用いられた対話的なディアトリベーの形式は用いられておらず、平叙文を積み重ねることによって、パウロ自身の思想が端的に表明されている。この部分は一人称複数形の文体で書かれているが、ここで使用されている「私たち」とは、ユダヤ人信徒と異邦人信徒からなる信仰者全体を表現している。この部分は、和解や究極的救いの主題を、参与する者が告白する主体的真実として提示している³⁷⁴。

5:1-11の部分は次のような内容構成を持っている。

 5:1-5 苦難と忍耐と練達と希望
  v.1 義とされることと神との和解
  v.2 神の栄光を誇る
  vv.3-4 苦難を誇る。苦難と忍耐と練達と希望

---

374 Wilckens, I 288 を参照。

v.5　希望の根拠：聖霊を通して注がれる神の愛
　5：6-8　キリストの死と神の愛
　　　v.6　不敬虔な者たちのためのキリストの死
　　　vv.7-8　キリストの死において示された神の愛
　5：9-11　キリストの死による義と和解と神への誇り
　　　v.9　キリストの血により義とされること
　　　v.10　キリストの死による和解と救い
　　　v.11　主イエス・キリストを通して神を誇ること

1節　「信仰によって義とされた」という言い方はガラテヤ書にはしばしば使われるが（ガラ 2：16; 3：24 を参照）、ローマ書には比較的稀である（ロマ 3：28）。「義とされた」という受動表現の動作主は神であり、ローマ書では神を主語にした「義とする」という能動表現が使用されることが多い（ロマ 3：26, 30; 4：5; 8：33）。この書簡では義認の主体が神であるということが他の書簡よりも前面に出ており、「神の義」ということが他の書簡に増して強調されている（ロマ 1：17; 3：5, 21, 22, 25, 26; 10：3; さらに、IIコリ 5：21; フィリ 3：9 も参照）。しかし、ロマ 5：1 では、信仰義認の結果、信徒が神とどういう関係にあるのかを問題にしているので、敢えて人間を主語にした受け身の表現を用いているのであろう。「信仰によって義とされた」とは、神の前に無罪判決を下され、神との正しい関係が回復されているということである。

　「神との平和を得ることにしよう」という句に用いられている主動詞には、写本上の問題がある。$\aleph^1$ B^2 F G P ψ 他は ἔχομεν という直説法現在形の読みを伝えており、ネストレ／アラント 28 版がそれを本文に採用しているが、$\aleph^*$ A B^* C D K L 他は ἔχωμεν という接続法の読みを伝えている。ギリシア文字の ο と ω は発音の上では短母音と長母音の違いがあるだけなので、写字生が音読を聞いた時に混同が起こったのであろう。外的証拠からは明らかに

ἔχωμεν という読みの方が強力なので、こちらの方を本文として採用する[375]。

真正パウロ書簡全体で名詞 εἰρήνη（平和）は 26 回使用例があり、その内の 10 回はローマ書に集中している（ロマ 1：7; 2：10; 3：17; 5：1; 8：6; 14：17, 19; 15：13, 33; 16：20; Ⅰコリ 1：3; 7：15; 14：33; 16：11; Ⅱコリ 1：2; 13：11; ガラ 1：3; 5：22; 6：16; フィリ 1：2; 4：7, 9; Ⅰテサ 1：1; 5：3, 23; フィレ 3）[376]。この書簡において平和ということは重要な主題の一つとなっている。パウロは冒頭の祝祷句において神から与えられる「恵み（χάρις）と平和（εἰρήνη）」を（ロマ 1：7）、結びの部分では平和の神（ὁ δὲ θεὸς τῆς εἰρήνης）の臨在を（15：33）、受信人たちのために祈り求めている[377]。パウロにおいて平和とは第一義的には神が与える救いの状態に他ならない。神が与える平和という主題の強調は、ローマ在住の信徒たちの耳には、政治権力者である皇帝が唱えるローマの平和（pax Romana）のイデオロギーとは対照をなすものとして響いたことであろう。

名詞 εἰρήνη は七十人訳聖書においてヘブライ語名詞 שָׁלוֹם の訳語として用いられている（創 26：29; 出 18：23; 民 6：26; 申 20：10; 士 4：17; 6：23; サム上 1：17; 20：42; 王 2：13 他）。ヘブライ語名詞 שָׁלוֹם は、平和、充足、安全、繁栄、健康、解放、救済等を表す包括的単語である[378]。旧約聖書の預言において、平和は、特に、メシアの治世に実現する終末的理想として正義や救済と共に言及され（イザ 9：5-6; 26：12; 32：7; 48：18; 52：7; 53：5; 60：17; 66：12 他）、新約聖書における εἰρήνη の用法の背景をなしている[379]。

ロマ 5：1 における「私たちは主イエス・キリストを通して神との平和を得ている」という発言はパウロ固有であり、信仰によって義とされる前は、

375　Jewett, 346; Hultgren, 200, 676-680 も同様。

376　詳しい語学的分析については、Bauer-Aland, 457-459; W. Foerster, "εἰρήνη κτλ.," *TWNT* II 398-420; V. Hasler, "εἰρήνη," *EWNT* I 957-964 を参照。

377　拙稿「真正パウロ書簡導入部の修辞学的分析」『東北学院大学キリスト教文化研究所紀要』第 18 号（2000 年）29-30 頁。

378　Koehler-Baumgartner, I 1506-1510; *DCH* VIII 365-370.

379　Fitzmyer, 395; Lohse, 166.

神との平和、神との和解（5:1 – 11）

罪により神と人間の関係が損なわれ、両者の間に敵対関係が存在したことを前提としている（ロマ 5:10; 8:7 を参照）。人間の罪は神の怒りと裁きの対象になる（ロマ 1:18; 2:5, 8; 3:5; 9:22; I テサ 1:10, 16 他）。この敵対関係を解消するために、神自らがイニシアティブを取り、キリストを通して世界を自分と和解させた結果、神と人間の間に平和が訪れたのである（ロマ 5:10; II コリ 5:18-21）。この事情をパウロは直ぐ後のロマ 5:10-11 において再論することになる。

2 節　パウロが「恵み（χάρις）」と言うとき、救いを得ている事実を指す場合と（ロマ 3:24; 4:4, 16; 7:25; I コリ 15:10; ガラ 1:15）、使徒職を指す場合とがある（ロマ 1:5; I コリ 15:10; ガラ 1:15）[380]。この文脈では、前者の意味でこの語が使用されている。人間の救いは功績に対する対価ではなく、神からの一方的な贈与（δωρέα）として与えられるので、恵みと呼ばれる（ロマ 3:24; 4:4, 16; 7:25; 11:5-6）。恵みは信仰によって受け取られるので、功績を生む律法の業の反対概念となる。

パウロは奢りにつながる人間的誇りについては警告を与える（I コリ 3:21; 5:6; 9:16; II コリ 5:12; 10:8; ガラ 6:13）[381]。しかし、神やキリストを誇ることや（ロマ 2:17; 5:2, 11; I コリ 1:31; II コリ 10:17; フィリ 1:26）、主の十字架を誇ることはむしろ推奨している（ガラ 6:14）[382]。ロマ 5:1-11 において、パウロは「私たちは誇る」という表現を三回繰り返して用いており（ロマ 5:2, 3, 11）、正しい誇りを持つことがこの部分を貫く重要テーマで

---

[380]　佐竹明「パウロにおける使徒職と恩恵」『新約聖書の諸問題』新教出版社、1977 年、139-179 頁（特に、144-157 頁）を参照。

[381]　ギリシア・ローマ世界における誇りの文化的伝統については、C. Forbes, "Comparison, Self-Praise and Irony: Paul's Boasting and Conventions of Hellenistic Rhetoric," *NTS* 32 (1986) 2-10 を参照。

[382]　動詞 καυχάομαι の語学的分析は、Bauer-Aland, 865-866; R. Bultmann, "καυχάομαι κτλ.," *TWNT* III 646-654; J. Zmijewski, "καυχάομαι κτλ.," *EWNT* II 680-690 を参照。

あることを示している[383]。5:2においてパウロは、「神の栄光の希望を誇る」という表現を、終末の救いを待ち望む希望に関して用いている。「栄光(δόξα)」は七十人訳においてヘブライ語名詞 כָּבוֹד の訳語として用いられ、神の自己啓示を表す（創45:13; 出16:7, 10; イザ6:3; エゼ3:12他）。「神の栄光の希望」とは、終末の時に究極的な形で顕される神の栄光に与る希望のことであり（ロマ8:16）、「神の栄光の希望を誇る」とは、究極的な救いへの確信を持つこと意味する[384]。こうした未来への誇りを持つ根拠は、恵みの内に入れられているという現在の事実である。

なお、「信仰において（τῇ πίστει）」という句については有力写本の証言が分かれており、原初的かどうかはっきりしない。ℵ* C K L P ψ 他が本文の読みを支持しているのに対して、ℵ A vg^{mss} は前置詞を伴った ἐν τῇ πίστει という異読を示し、B D F G 他はこの句を削除した読みを伝えている。

3-4節 パウロがここで、「艱難をも誇る」と主張する理由は、「艱難は忍耐を、忍耐は練達を、練達は希望を生み出す」ことを知っているからである（ロマ5:3b-4）。艱難（θλίψις）とは、ここでは信仰者が経験する摩擦や迫害のような外的な困難のことである（マタ13:21; マコ4:17; ヨハ16:21, 33; 使7:10, 11; 11:19; ロマ8:35; IIコリ1:4, 8他）[385]。艱難（θλίψις）は、類義語の窮迫（ἀνάγκη）と対で使用されることも多い（IIコリ6:4; Iテサ3:7; フィロン『神のものの相続人』41; ヨセフス『ユダヤ古代誌』16.253）[386]。パウロが関わった教会の中では、特にテサロニケ教会について、信徒たちがキリスト教への回心以来、厳しい艱難に晒されながら信仰生活と宣教活動を続けていたと述べられているが（Iテサ1:6; 3:3, 7）、キリスト者が社会の少数派であった時代においては、ローマの信徒たちを含むほとんどすべての

383　Dunn, I 264; Schreiner, 255.

384　Dodd, 103; Fitzmyer, 396.

385　Bauer-Aland, 735 − 736; H. Schlier, "θλίβω κτλ.," *TWNT* III 139 − 148; J. Kremer, "θλῖψις κτλ.," *EWNT* II 375 − 379 を参照。

386　Bauer-Aland, 102 − 103.

信仰者が同様な状況に置かれていたと推定される。

「忍耐（ὑπομονή）」とは、ここでは特に、艱難の中でも信仰を捨てず、神に忠実に歩むことを意味している（IV マカ 1:11; 7:9; 9:8, 30; ソロ詩 2:36; ロマ 2:7; 8:25; II ペト 1:6; 黙 1:9; 2:2, 3, 19; 13:10 を参照）[387]。逆に言えば、艱難の中で信仰を貫く時、忍耐することは不可避となる（II コリ 6:4）。忍耐することは慰めや（ロマ 15:4-5; II コリ 1:6）、究極的救いへの希望と表裏一体であると、パウロは他の箇所で語っている（ロマ 8:25; I テサ 1:3）。彼はここでは、「忍耐が練達を、練達は希望を生み出す」と述べ、知恵文学的な語り方をしている[388]。そこには、苦難の中に積極的な意義を見出し、苦難が信仰を試し、鍛える試練であると捉える考え方が存在している。このような考え方は旧約聖書にもギリシア・ローマ世界にも存在する。例えば、申命記は荒野の 40 年の体験を訓練として解釈する（申 8:2-10）。さらに、ユダヤ教文献の IV マカバイ記も試練の教育的意義を強調する（10:10-27; 17:12-18）。ヘブル書やヤコブ書は旧約・ユダヤ教の考えを継承し、試練を主が与えた訓練と解釈する（ヘブ 3:8-9; ヤコ 1:12）。さらに、ストア派の哲学者セネカにも、苦難が人格を鍛錬し、徳を得るために神が与える試練であるという考えがあった（『神慮について』2.5-6）。忍耐が練達を生むとするパウロの考え方は、ローマの信徒たちにとって理解するのが難しいものではなかったと考えられる（ロマ 5:4）。パウロによって初めて使用されるようになった名詞 δοκιμή（練達）は試練によって質が証明された状態のことである[389]。ここでは特に試練によって鍛えられ確証された信仰のことを指している（II コリ 2:9; 8:2; 9:13; 13:3; フィリ 2:22 を参照）[390]。「練達は希望を生み出す」という時、希望が向けられる対象が問題である。希望（ἐλπίς）は

---

[387] Bauer-Aland, 1686-87; F. Hauck, "ὑπομενέω κτλ.," *TWNT* IV 585-593; W. Radl, "ὑπομονή," *EWNT* III 375-379 を参照。

[388] Michel, 133.

[389] Bauer-Aland, 407.

[390] Lietzmann, 59; Michel, 132; Kuss, 205; Cranfield, I 261; Schlier, 148; Dunn, I 251; Schreiner, 256; Lohse, 168; Jewett, 354-355.

艱難からの救済にも向けられるが（Ⅰコリ10：13）、究極的には終末時に与えられる救いに向けられている（ロマ5：9-10；8：18-25）[391]。

5節　「希望は恥かしめることはない（ἡ δὲ ἐλπὶς οὐ καταισχύνει）」とは、詩22[21]：6；25[24]：3；119[118]：116 LXX に用いられている表現を踏まえており、希望が失望に終わることなく、必ず実現するということを意味している（イザ28：16も参照）[392]。希望が実現する根拠は、パウロによれば、「神の愛が私たちに与えられている聖霊によって私たちの心に注がれている」ことである。「神の愛（ἡ ἀγάπη τοῦ θεοῦ）」という句に用いられている属格表現は、文法的には主格的に「神が愛する愛」である可能性も、目的格的に「神を愛する愛」である可能性もあるが、8節に「神は私たちに対する自らの愛を示している」という文章が出てくるので、前者であると考えられる（ロマ8：39；Ⅰコリ13：13も参照）。即ち、神の愛（ἡ ἀγάπη τοῦ θεοῦ）」という句に用いられている属格表現は主格的である[393]。

「神の愛が……私たちの心に注がれている」という表現は、神の恵みや祝福の付与を惜しみなく水を注ぐことに喩える旧約聖書やユダヤ教の伝統に従ったものである（イザ44：3；マラ3：10；詩45：2[44：3 LXX]；シラ18：11）。神の愛は聖霊を通して信徒の心に注がれるのであるが、神が霊を注ぐことによって多くの男女が預言するようになるという終末の出来事は、ヨエ2：26-27に預言されている（ヨエ2：26-27 [3：1-2 LXX]；さらに、使2：17-18, 33；10：45を参照）。信徒は洗礼を受ける時に聖霊を受けるということは、初代教会に広まっていた見解であり（ロマ8：15；ガラ4：6を参照）、パウロは受信人であるローマ教会の人々が入信の際に経た体験的事実に一致すると考

391　Bauer-Aland, 510-511; R. Bultmann, "ἐλπίς κτλ.," *TWNT* Ⅱ 515-520, 525-531; B. Mayer, "ἐλπίς κτλ.," *EWNT* Ⅰ 1066-1075 を参照。．

392　Dodd, 104.

393　Dodd, 105; 松木、198-199頁；Käsemann, 125-126; Cranfield, I 262; Wilckens, I 293; Fitzmyer, 398; Schreiner, 257; Dunn, I 252; Lohse, 169; Witherington Ⅲ, 136; 原口尚彰『新約聖書神学概説』教文館、2009年、62頁；田川建三『新約聖書　訳と註4』作品社、2009年、175頁を参照。

神との平和、神との和解（5:1 − 11）

えている。

6節　ここでパウロの議論は、信仰者の側の艱難における忍耐や練達や希望の問題から、希望を成り立たしめる神の愛の業についての考察へと向かう。信徒が救いの希望を持つことができるのは、「キリストが不敬虔な者たちのために死んだ」からである（ロマ 5:6; さらに、ロマ 14:15; I コリ 15:3; II コリ 5:15; ガラ 1:4; I テサ 5:10 を参照）。ここでパウロは、「私たちがまだ弱いときに」と述べるが、それは「私たちまだ罪の支配下にあるときに」ということに等しい（ロマ 3:9−20; 8:3 を参照）。「時に従い」とは救済史を支配する神が定めた時にということを意味する。すべての事柄には時があるということが聖書的時間観であるが（コヘ 3:1−8）、パウロは、「時が充ちて神は御子を遣わした」と考える（ガラ 4:4）。御子の派遣の目的は、御子の肉体において罪を滅ぼし、罪の下にある者を救い出すためである（ロマ 8:2−4）。さらには、御子の死そのものも神が定めた「時に従い」起こった出来事なのである。「不敬虔な者（ἀσεβής）」という言葉はロマ 4:5 にも使用されており、神を敬わず、その意思に従わない者という意味である[394]。ここでは、「罪人（ἁμαρτωλοί）」とほぼ同義で使用されている（ロマ 5:8; I ペト 2:5, 6; ユダ 4, 15 を参照）。「キリストが不敬虔な者たちのために死んだ」という事実は、神の救いの意思と業が人間の信仰に先立つものであることを示している。

7節　「義人のためにさえ死ぬ者は稀である。善人のためなら、進んで死のうとする者が多分あるかも知れない」という議論は、一般的な人間の心情や行動に照らした推測である。この文章において δικαίου と ἀγαθοῦ とは属格で用いられており、文法的には男性名詞であることも中性名詞であることも可能である。ここでは、他者のために死ぬことができるかどうかというこ

---

[394]　Bauer-Aland, 229−230.

とが問題になっているので、事柄ではなく人が念頭にあると考えられる[395]。従って、両者とも男性名詞と考え、「義人」並びに「善人」と訳した。「義人」とはここでは一般的に宗教的規範や社会規範に則って行動する人間のことであろう。ユダヤ教的理解によれば、律法に示された神の意思に忠実に歩む者である。「善人」とは自発的に善を行う思いを持ち、実践する者のことで、ガラテヤ書5章に列挙されているような徳目（ガラ5:22−23）を備えた人物であろう。一般社会の通念では、義人のために死ぬ者は稀でも、愛すべき善人のために進んで死のうとする者はあるかも知れない。ギリシア・ローマ世界には、無私の愛の極致として祖国や愛する者や友のために命を捨てることを称揚する伝統があった。プラトンは対話篇の中で、他の者たちが救われるために自らの死を引き受けることは賞賛に値する徳行であると語る（『メネクセノス』237ab）。また、彼はギリシア悲劇に描かれている夫の身代わりとして命を捨てたアルケスティスの例を挙げて（エウリピデス『アルケスティス』290以下；630以下）、人のために命を捨てる者は愛する者以外にはないとしている（プラトン『饗宴』vii.179b-180a）。アリストテレスは、善き人は友や祖国のために命を捨てることも辞さないとしている（『ニコマコス倫理学』IX 8,9 1169a）。他方、ディオゲネス・ラエルティオスによれば、哲学者のエピクロスも、賢者は時として友のために死ぬことがあると述べている（『哲学者列伝』X.1.121b）。また、ストア派の賢者も理性にかなった仕方であれば、祖国や友のために自分の命を捨てると主張していたとされていた（『哲学者列伝』VII.1.130）。実際に、ストア派哲学者のエピクテトスは、友のために苦しみ、死ぬ覚悟を持つことを勧めている（『語録』2.7.3）。また、セネカは、友情の真価を友のために喜んで自己の命を捨てることに見ている（『書簡』I 9.10）。

8節　しかし、「不敬虔な者たちのために死んだ」（ロマ5:6）キリストの自己犠牲的行為は、人間の常識を越えた一方的愛の行為である。通常は、「不

---

[395] Schreiner, 261; Lohse, 170に賛成。

敬虔な者」は愛の対象ではなく、神の怒りの対象となるべき存在であるからである。人間の救いの根拠は人間のうちにはなく、罪人を救おうとする神の愛のうちにある。神の愛は、御子キリストが罪人のために死ぬことという一回的行動を通して示されている。

9節 パウロは1節において提示された義認の主題に再度立ち戻り、「今やその血により義とされているのだから」と述べる。血は十字架上で流されたイエスの血のことを指している（使5:28; ロマ3:25; ヘブ9:12, 13, 14, 20; 10:19, 29; エフェ1:7; Iペト1:2, 19; 黙1:5）[396]。イエスの血が多くの者の罪の赦しのために流されたという理解は、聖餐伝承の中に見られる（マタ26:28; マコ14:24; ルカ22:20; Iコリ10:16; 11:25, 27）。背後にあるイメージは、シナイ契約締結時に流された契約の血の表象と（出24:6-8）、旧約聖書の贖罪の儀式において注がれる動物の血の表象である（レビ4:15-18, 30）。

キリストが十字架上で流した血によって人間の罪が赦され、信じる者は神の前に義とされたことにより（ロマ3:21-26; 5:1, 10）、「尚更のこと、私たちはキリストを通して怒りから救われる」こととなる。ここでは特に、パウロは「尚更のこと（πολλῷ μᾶλλον）」という相関句を用いて、与えられた義認の事実に基づいて救われる確信を持つことができることを強調している（5:10も参照）。このパウロが好んで用いる語法は（ロマ5:9, 10, 15, 17; Iコリ12:22; IIコリ3:9, 11; フィリ1:23）、多くの注解者たちが指摘するように、ラビ文献が用いる推論法であるコル・ワ・ホーメル（קל וחומר）であると考えられる（『ミシュナ』「アボート」1.5）[397]。他方、ギリシア・ローマ世界の修辞法の一種である比較法（comparatio）の一つに小から大への推論（a minore ad maius）がある（クウィンティリアヌス『弁論家の教育』5.10.87

---

396 Bauer-Aland, 42-43.
397 Str.-Bill. III 223-26; Michel, 135; Kuss, 207, 210; Käsemann, 128; Cranfield, I 265; Wilckens, I 298; Schlier, 154; Stuhlmacher, 73-74, 76; Dunn, I 257; Hultgren, 212; Lohse, 170-171.

−88; 8.4.9−14)[398]。ラビ的なコル・ワ・ホーメルの論法は、ギリシア・ローマ世界の修辞法が用いるこの小から大への推論（a minore ad maius）に一致する[399]。従って、この論法は、ユダヤ人信徒に対してだけでなく、異邦人信徒にも違和感なく理解できるものであり、修辞的効果が期待できるものであったと考えられる。

この文脈での、「怒り」とは終末時になされる神の審判のことを指している（ロマ2:5, 8; 3:5; 9:22; Iテサ1:10; 5:9）。神が既に信じる者を義としているのであるから、終末の時に信じる者を神は怒りの対象から除外し、むしろ救いの対象とするのである。

10−11節　「もし、敵であったときに御子の死を通して神と和解したのならば、尚更のこと、和解している者としてキリストのいのちによって救われるであろう」という10節の言葉は、1−2節に述べられている神との平和と救いの希望の主題を少し異なった表現で採り上げている。10−11節の和解（καταλλαγή）の主題は1節の平和（εἰρήνη）の主題と呼応して、1−11節全体を囲い込んでいる。和解に関してパウロが用いている動詞καταλλάσσωと名詞καταλλαγή は、交換することや和解することを表すギリシア語であるが、七十人訳の正典部分には稀で、動詞形がエレ31:39 LXXに、名詞形がイザ9:5に見られるだけである。しかし、外典部分のIIマカバイ記には動詞形も（1:5; 7:33; 8:29）名詞形も（5:20）使用されている[400]。特に、IIマカ1:5では動詞形が、また、5:20では名詞形が、義人の死による神と人との和解に関連して使用されていることが注目される。

パウロはかつてIIコリント書において、宣教者が託されている和解の務

398　Lausberg, §397, §404.

399　Jewett, 362.

400　動詞καταλλάσσωと名詞καταλλαγήの詳しい語学的分析については、LSJ 899; Bauer-Aland, 841; F. Büchsel, "καταλλάσσω κτλ.," *TWNT* I 252−260, 525−531; H. Merkel, "καταλλάσσω κτλ.," *EWNT* II 644−650; M. Wolter, *Rechtfertigung und zukünftigen Heil. Untersuchungen zu Röm 5,1−11* (Berlin: de Gruyter, 1978) 35−89 を参照。

めに関連して、神がキリストを通して世界と和解したという事実を強調した（IIコリ5:18-21）。それに対して、ローマ書では宣教論の文脈ではなく、義とされた者に与えられている終末的救いの希望に関連して神と人間との和解の主題が展開されている。パウロの理解によれば、人間の罪のために神と人間との間に敵対状態が生じたが、罪人のためのキリストの死によって両者の間に和解が成立している。信じる者は神と和解した者として、終末の時にキリストのいのちによって救われる希望を与えられるのである（ロマ10:9, 13; 11:26; Iコリ3:15; 5:5も参照）。

ロマ5:1-11全体を締めくくる11節において、「それだけではなく、私たちの主イエス・キリストを通して神を誇ろう。私たちはキリストを通して今、和解を得ているのである」とパウロは語る。「私たちの主イエス・キリストを通して神を誇る」とは、神によって救いを与えられる確信ということである。このことは、「神の栄光の希望を誇る」（5:2）ことが終末の救いを待ち望む希望への確信であることと呼応している。

第二のアダム（5:12-21）

1. 私訳

5^{12} それだから、一人の人を通して罪が世界に入り、罪を通して死が世界に入ったのと同じ様に死がすべての者に入り込み、すべての者が罪を犯したからである。^{13} 律法に到る以前にも罪は世にあったのだが、罪は律法がないので罪と認識されず、^{14} 死はアダムからモーセに到るまで、来るべき方の型であるアダムと同じ様な罪を犯さなかった者を支配した。^{15} しかし、罪過と賜物は同様ではない。もし、一人の罪過によって多くの人々が死んだのであれば、まして神の恵みと一人の人イエス・キリストにおける恵みによる賜物は、多くの人々に対して溢れたのだった。^{16} 賜物は一人の罪を犯す者を通して来たのとは異なる。というのも、裁きは一人を通して断罪へと到らせるが、恵みの賜物は多くの者の罪過から義の判決へと到らせるからである。^{17} 一人の罪

過において、死が一人を通して支配したのであれば、まして溢れる恵みと義の賜物を受けた者は、いのちにあって一人の人イエス・キリストを通して支配するであろう。[18]私たちがまだ罪人であった時に、一人の罪過を通してすべての人を断罪へと到らせたように、一人の義の行いを通してすべての人をいのちの義に到らせる。[19]一人の人の不従順を通して、多くの人が罪人と定められたように、一人の人の従順を通して、多くの人が義人と定められるであろう。[20]律法が入り込んで来たので、罪過が増し加わることとなった。しかし、罪が増し加わったところに、恵みも増し加わったのである。[21]罪が死において支配したように、恵みはイエス・キリストにより、義を通して支配し、いのちへと到らせるであろう。

2. 注解

5:12‐21は罪と死の支配下の世界から、義の支配下の世界への転換を、パウロは人類の始祖アダムと第二のアダムであるキリストの物語として三人称単数形（但し、一部は複数形）の文体で語っている。この部分は世界と人間が置かれた根本状況を物語として提示することによって6‐8章の論述を準備しており、論証（probatio）の機能を果たす3:21‐8:39の中に含まれた叙述的部分として構成されている[401]。また、叙述内容をさらに詳しく検討すると、この部分は黙示文学的な視点から世界の歩みを考察し、アダム／キリスト予型論を援用しながら、人類の始祖アダムの不従順により世界に罪と死が支配するようになったことと（5:13‐17a）、キリストの義なる行為によって世界にいのちと義がもたらされ、罪と死の支配を圧倒して恵みが支配するようになったことを対照させながら語る（5:17b-21）。こうした語り方はギリシア・ローマ世界の修辞法の中で用いられる比較法（comparatio）の一つである小から大への推論（a minore ad maius）に該当する（クウィンティリ

---

[401] Barrett, 104はこの部分が持つ物語性を強調している。

アヌス『弁論家の教育』5.10.87-88; 8.4.9-10)[402]。さらに、これらの内容と前後の論証との関係を考えてみると、先行する1:18-5:11全体の内容を要約しながら（recapulatio）、後続の6:1-8:39で詳述することになる内容を先取り的に述べる（anticipatio）、二重の機能を果たしていると言える[403]。

この文節は以下のような構成を持っている。

5:12-14　アダムの罪と死の支配
　　v.12　一人の人の罪と死の到来
　　v.13　罪の存在と律法による認識
　　v.14　死の支配
5:15-17　一人の罪過と一人の義なる行為
　　v.15　アダムの罪過による死の支配に対する、
　　　　　キリストにおける神の恵みと賜物の凌駕
　　v.16　罪による断罪に対する、恵みの賜物による義の判決
　　v.17　一人を通しての死の支配に対する、
　　　　　キリストによる溢れる恵みと義の賜物の支配
5:18-21　罪過による断罪と死の支配に対する、
　　　　　一人の従順による恵みと義の支配
　　v.18　罪過による断罪と義なる行為によるいのちの義
　　v.19　一人の不従順による、人類の罪人たる認定に対する、
　　　　　一人の人の従順による、人類の義人としての認定
　　vv.20-21　律法の到来と罪の増加に対する、
　　　　　キリストによる義と恵みの支配

12節　冒頭の Διὰ τοῦτο（それだから）という句は論理的帰結を表す相関語句であるが、12節の内容自体は直前の1-11節に言われていることよりも、

402　Witherington III, 142.
403　要約（recapulatio）の修辞的機能については、Lausberg §434-435を、先取り（anticipatio）の修辞的機能については、Lausberg §855を参照

3:9においてなされた、「ユダヤ人もギリシア人もすべて罪の下にあるからである」という発言や、3:23においてなされた、「すべての人は罪を犯した」という発言を承けている。読者はここで3章に述べられていることの全体を再度想起しながら、パウロの言葉を追うように促されている[404]。

「一人の人」とは、創世記2-3章に登場する人類の始祖アダムのことである（創2:7, 8, 15, 19, 20, 21, 22, 23）。イスラエル民族の父祖アブラハムの信仰とその継承者を問題にしたローマ書4章と異なり、ローマ5:12-21においてパウロは、イスラエルの救済史よりも人類全体の運命を問題にする黙示的思考を示す[405]。「一人の人を通して罪が世界に入り」とは（ロマ5:17; Iコリ15:21-23）、アダムが神の言いつけに背いて禁断の木の実を食べた行為を通して、世界に罪が初めて生じたことを指しているが（創3:1-6）、ロマ5:12では罪（ἁμαρτία）という概念が人格化されて、過ぎ去るべき古い世界において人類を支配する力として捉えられている。ここでは個々の罪が問題になっているのではなく、罪の存在そのものが問題になっているので、ἁμαρτίαは単数形で用いられている（シラ21:2; 27:10を参照）[406]。罪と死を人格化して表現することは、ローマ書6章にも（ロマ6:1-2, 7, 12, 14を参照）、Iコリント書15章にも見られる（Iコリ15:26, 54-56を参照）。抽象概念を人格化して表現することは旧約聖書や旧約外典の知恵文学に遡り、知恵を擬人化して語る箴言8章やソロモンの知恵8章の例があるので、当時の読者にとって奇異なものではなかった。さらに、抽象概念を人格化することは修辞学的には、事物を人格化して表現する擬人法（fictio personae）に該当し、表

---

404 これに対して、O. Hofius, "Die Adam-Christus-Antithese und das Gesetz. Erwägungen zu Röm 5,12-21," in *Paul and the Mosaic Law* (ed. J. D. G. Dunn; WUNT 89; Tübingen: Mohr-Siebeck, 1996) 176-179 は、5:12-21に書かれている内容に注目して、διὰ τοῦτο という句が論理的帰結よりも、むしろ5:1-11の根拠付けを示すと主張する。

405 Käsemann, 132.

406 詳しい語学的分析については、Bauer-Aland, 84-85; G. Quell / G. Bertram / G. Stählin / W. Grundmann, "ἁμαρτάνω κτλ.," *TWNT* I 267-320; P. Fiedler, "ἁμαρτία κτλ.," *EWNT* I 156-166 を参照。

第二のアダム（5:12 - 21）

現を生き生きとさせる効果があるとされていた（クゥインティリアヌス『弁論家の教育』9.3.31-34）[407]。

アダムの不従順を世界の罪の起源とし、後代の人類は不可避的に罪を犯すとする解釈はユダヤ教黙示文学に広まっていたが（バル黙17:2-3; 23:4; 54:15; IVエズラ3:7. 21; 7:68-69, 118）、そのことをキリストの義なる行為の結果である義といのちの支配と対照させているところにパウロの独自性がある[408]。

名詞κόσμοςは、古典ギリシア語では「秩序」、「支配」、「飾り」、「宇宙」を指す[409]。新約聖書では、自然世界を含む「被造世界」（マタ24:21; 25:34; ルカ11:50; ロマ1:20; 11:15; Iコリ8:4; ヨハ17:5; 黙17:24他）、または、「人間世界」、「世」を意味する（マタ4:8; 5:14; 13:38; 18:7; 26:13; マコ14:9; ヨハ1:9, 10; 8:23; 9:39; 11:9; ロマ1:8; 3:6, 19; 11:12; Iコリ1:20, 21, 27, 28; 3:19; 6:2; ヘブ4:3; 9:26; Iヨハ4:17他）[410]。5:12ではこの単語は罪との関連で用いられているので、「人間世界」を指すと考えられる[411]。「死がすべての者に入り込み」とは、アダムの不従順に対して、神が労働の苦労と死の運命を与えたことを指している。土の塵から取られた人間は、死ねば土に帰るのである（創3:19）。罪の結果として死に到るという考えは、初期ユダヤ教に定着した思想であり（シラ25:24; 知1:13; 2:23-24; IVエズ3:7;『バビロニア・タルムード』「シャバト」55a）[412]、罪と死についてのパウロの発言の前提をなしている（ロマ5:12; 6:23）。

---

407 Lausberg §826-829; T. H. Tobin, "The Incompatibility of this Grace and Sin," in idem., *Paul's Rhetoric in its Context: The Arguments in Romans* (Peabody, MA: Hendrickson, 2004) 178-179 を参照。

408 アダムの行為が後代の人類に及ぼした結果に対して、初期ユダヤ教が加えた解釈については、Wilckens, I 311-314; Tobin, 171-177 を参照。

409 LSJ, 985.

410 詳しい語学的分析については、Bauer-Aland, 905-908; H. Sasse, "κοσμέω κτλ.," *TWNT* III 867-898; H. Balz, "κόσμος," *EWNT* II 765-773 を参照。

411 Wolter, I 342 も同趣旨。

412 Str.-Bill. III 227-229 を参照。

「すべての者が罪を犯したからである」という文は（ロマ 3:23 も参照）、集合人格的な考え方の下に、始祖アダムの罪において後の全人類が罪を犯したと解釈している（バル黙 54:15, 19 を参照）。罪と死は以後の人間に対して宿命的力として不可避的に及ぶのであるが、後代の人間が罪を犯し、また、死去することを通してアダムの罪の結果が繰り返し現実化することになる[413]。このことは、罪を犯す後代の人間もまた、アダムと同様に罪に対する責任から免れないことを意味する[414]。

13-14 節 「律法に到る以前にも罪は世にあったのだが、罪は律法がないので罪と認識されず」という発言は、罪の認識根拠としての律法の機能を前提にしている（ロマ 3:20; 4:5; 7:13）。律法は行為規範であり、具体的には「——しなさい」という命令、または、「——してはならない」という禁止の形をとる（ロマ 7:7）。他方、律法は事後的に人間の行為の是非を判断する尺度として機能し、罪は律法の違反として認識される（ロマ 2:12; 3:20; 4:15; ガラ 3:19）[415]。「律法に到る以前」とは具体的には、シナイ山においてモーセを介して十戒や契約の書が付与された出来事のことを指している（出 20:1-24:18; ヨハ 1:17; ロマ 5:14）。

「死はアダムからモーセに到るまで、来るべき方の型であるアダムと同じ様な罪を犯さなかった者を支配した」という文章は、アダム／キリスト予型論を前提して、アダムを「来るべき方」の型（τύπος）としている。I コリント書では、キリストが「最後のアダム」（I コリ 15:45）、或いは、「第二の人間」と呼ばれている（I コリ 15:47）。アダムとキリストの共通性は、両者の行為が全人類の運命を左右していることである。しかし、両者の行為がもた

---

[413] R. H. Bell, "The Myth of Adam and the Myth of Christ," in *Paul, Luke and the Graeco-Roman World* (eds. A. Christophersen et al.; JSNTSup 217; Sheffield; Sheffield Academic Press, 2002) 25-26, 28, 30 は、このことを "identical repetition" と呼ぶ。

[414] R. Bultmann, "Adam und Christus nach Römer 5," in idem., *Exegetica* (Tübingen: Mohr-Siebeck, 1967) 433 はこの点を強調する。

[415] Hofius, 192-197.

らす結果は対照的であり、アダムの行為が世界に罪と死をもたらしたのに対して、キリストの行為は世界に義といのちと恵みをもたらした（ロマ5：15-17；Ⅰコリ15：22）[416]。この対位的予型論においてアダムとキリストは型と対型として鋭く対立している[417]。アダム以後の人類に死の運命は不可避的につきまとうのであり、死は律法の付与がなされず、罪が認識されなかった時代にあっても宿命として人間を支配したのであった（創3：19を参照）。宿命の不可避的支配の観念は、ローマ帝国の支配がすべての者に否応なしに不可避的に及んでいた地中海世界においては、理解しやすいものであったと思われる[418]。

　Ⅰコリント書においてアダム／キリスト予型論は、死者の復活についての議論に援用されている（Ⅰコリ15：20-23, 45-49）。Ⅰコリ15：20-23では、アダムの行為によって死が世界に入ったことと、キリストの初穂としての復活によって世界に復活のいのちが与えられたことが対照されている。さらに、Ⅰコリ15：45-49では、土からとられたアダムの自然の体と、キリストの復活によって与えられた霊の体とが対照されている。パウロはヘレニズム教会に伝えられたアダム／キリスト予型論を継承し、再解釈を施した上で、その都度の議論の必要に応じて強調点を変えながら援用するのである。

15節　「しかし、罪過と賜物は同様ではない。もし、一人の罪過によって多くの人々が死んだのであれば、まして神の恵みと一人の人イエス・キリストにおける恵みによる賜物は、多くの人々に対して溢れたのだった。」[419] この文章において、「一人の罪過（παράπτωμα）」とはアダムの不従順のことを念

416　Fitzmyer, 418.

417　A. Nygren, *Commentary on Romans* (tr. C. C. Rasmussen; Philadelphia: Muhlenberg, 1949) 210-224 は、アダムが古い世を、キリストが新しい世を代表しており、5：12-21 は古い世から新しい世への転換を表現しているとする。

418　Jewett, 377.

419　なお、Jewett, 369, 378 はロマ5：15a を修辞的疑問文と解し、"But [is] not the grace-gift just like the trespass?" と訳している。

頭に置いている[420]。「多くの人々」とはこの文脈では（イザ53：11）、「すべての人」（イザ53：6; ロマ5：12）、つまり、全人類と言うに等しい[421]。アダムの罪過とキリストの行為の結果は全人類に及ぶのである。

「一人の人イエス・キリストにおける恵みによる賜物」とは、御子キリストの罪人のための死のことである。キリストの自己犠牲的死が、「恵みによる賜物（ἡ δωρεὰ ἐν χάριτι）」と呼ばれるのは、それは人間の側が神に対する権利として要求できる事柄ではなく、神の好意による恩恵として与えられる事柄であるからである。

動詞 περισσεύω は、有り余る程に増加することを指して使用される言葉であるが（ロマ3：7; 15：13; Ⅱコリ1：5; 3：9; 4：15; フィリ1：9, 26; Ⅰテサ3：12他）、ここではアダムの罪過がもたらした結果を、キリストの死による恵みの賜物が圧倒し、凌駕することを意味している[422]。

16節 パウロは、「賜物は一人の罪を犯す者を通して来たのとは異なる。というのも、裁きは一人を通して断罪へと到るが、恵みの賜物は多くの者の罪過から義の判決へと到らせるからである」と述べて、3：21-26以来の義認論の主題に立ち戻り、罪への裁きと義の判決とを対照させる。アダムの罪によって人類は罪を犯し、罪人として裁きの対象となっている。しかし、キリストの死による「恵みの賜物（χάρισμα）」は、罪人の罪過を赦し、無罪判決をもたらす。

17節 「一人の罪過において、死が一人を通して支配したのであれば、ま

---

420 名詞 παράπτωμα の語学的分析については、Bauer-Aland,1256; W. Michaelis, "παραπίπτω, παράπτωμα," *TWNT* Ⅵ 170-173; M. Wolter, "παράπτωμα," *EWNT* Ⅲ 77-79 を参照。

421 Barrett, 107; Bultmann, 435; Cranfield, 284-285; Käsemann, 144; Schlier, 169; Wilckens, I 322; Dunn, I 279, 293; Fitzmyer, 419; Jewett, 380; Hultgren, 229.

422 動詞 περισσεύω の語学的分析については、Bauer-Aland,1312; F. Hauck, "περισσεύω κτλ.," *TWNT* Ⅵ 58-63; G. Schneider, "περισσεύω," *EWNT* Ⅲ 180-183 を参照。

して溢れる恵みと義の賜物を受けた者は、いのちにあって一人の人イエス・キリストを通して支配するであろう」という文章において、アダムの罪過がもたらした死の支配の状態と、キリストの死による「恵みと義の賜物」を受けた後の、いのちによる支配とが対照されている。「まして（πολλῷ μᾶλλον）」というパウロが好んで用いる相関表現は、後者が前者を凌駕することを際立たせている（ロマ 5 : 9, 10, 15, 17 ; I コリ 12 : 22 ; II コリ 3 : 9, 11 ; フィリ 1 : 23）。キリストの死と復活を通して罪と死に支配された古い世界が、義といのちに支配された新しい世界へ転換する出来事が生起したからである。

　ロマ 5 : 17 の前半において死が人格化されて世界を支配する力として捉えられているのであれば、後半においてキリストの義なる行為を通していのちの支配が語られることが予想されるが（5 : 21 を参照）、パウロは、「溢れる恵みと義の賜物を受けた者」が支配すると語っており、表現上の均衡が崩れている。アダムの罪過の結果、人類が罪と死の支配下に置かれていたが、キリストの義なる行為によってそれが打ち破られた結果、人間が罪と死の支配から解放されて、自由にあってキリストの復活によるいのちの支配に参与する可能性が与えられていることを強調するために、パウロは敢えて表現上のバランスを犠牲にしたのであろう。なお、終末時のキリストの支配についてⅠ コリ 15 : 25 に言及がなされる一方で、終末時に義人たちがキリストと共に支配するという観念が黙 20 : 6 に見られ、初期キリスト教の終末期待の一部を形成している。

18 節　16 節とほぼ同様な内容を 18 節は、言葉を変えて繰り返す。「私たちがまだ罪人であった時」とは、アダムの罪の結果、全人類が罪を犯し、罪人となった状態のことであり、少し前に、「まだ弱かった時」（ロマ 5 : 6）と言われていることと同じである。「一人の罪過を通してすべての人を断罪へと到らせたように、一人の義の行いを通してすべての人をいのちの義に到らせる」という文章において、アダムの行為は「罪過（παράπτωμα）」であるのに対して、キリストの死は「義の行い（δικαίωμα）」と捉えられている。前者は人類に対して断罪をもたらすが、後者は人を「いのちの義」へと

到らせる可能性を与える。「いのちの義（δικαίωσις ζωῆς）」という句は、他には見られない珍しい言い回しである。この句においては、救われた状態が「いのち（ζωή）」と呼ばれて、「義（δικαίωσις）」が目指す目的となっている[423]。ここで言う「いのち（ζωή）」とは、人間の自然的死の反対概念ではなく、罪の結果、神から離反している状態が取り除かれ、神の下に回帰し、神との正常な関係が回復している状態のことであろう（ロマ6:4を参照）[424]。

19節 ここでパウロは従順・不従順の主題を導入して、「一人の人の不従順を通して、多くの人が罪人と定められたように、一人の人の従順を通して、多くの人が義人と定められるであろう」と述べる。アダムの行為は、エデンの園の中央にある知恵の木から取って食べてはならないという禁止に対する違反行為である（創2:17; 3:6, 12）。この行為は神の命令に対する不従順（παρακοή）と評価される。人類の始祖であるアダムの不従順のために子孫である人類全体が罪人とされる結果となった。

これに対して、キリストの自己犠牲的死は、神が定めた運命を引き受ける従順（ὑπακοή）であると評価される（ヘブ5:8も参照）[425]。同様な視点は、フィリピ書2章のキリスト讃歌にも見られる。キリストは、「死、すなわち、十字架の死に到るまで従順であった」のである（フィリ2:8）。キリストの従順は、アダムの不従順の結果を乗り越えて、人類全体に義人とされる可能性をもたらした。ここでは、「多くの人々」とは15節の場合と同様に、「すべての人」（ロマ5:12, 18）と同義である。

他方、キリストに倣って、キリストを信じる信徒も神に対して従順である

---

423 「いのちの義（δικαίωσις ζωῆς）」という句に使用されている属格表現は、目的を表すと考えられる。BDR §166; Wolter, I 356を参照

424 名詞 ζωή の詳しい語学的分析については、Bauer-Aland, 688–690; G. Bertram / R. Bultmann / G. von Rad, "ζάω κτλ.," *TWNT* II 170–173; L. Schottroff, "ζῶ, ζωή," *EWNT* II 261–271 を参照。

425 Käsemann, 147; Schreiner, 287; Jewett, 386; Kruse, 251; なお、名詞 ὑπακοή の語学的分析については、Bauer-Aland, 1668; G. Kittel, "ἀκούω κτλ.," *TWNT* I 224–225; G. Schneider, "ὑπακοή κτλ.," *EWNT* III 942–945.

第二のアダム（5:12 - 21）

ことを、パウロは期待している（ロマ 6:16; 10:16）。信仰とは自分の意思を貫くことではなく、神の意思に服従することであり、神への従順と言い換えることができる。このような理解から、パウロは使徒としての使命を、「異邦人の間で御名のために信仰の従順に到らせる（εἰς ὑπακοὴν πίστεως）恵みと使徒職」と述べている（ロマ 1:5; さらに、6:16; 16:19 も参照）。

20 節 ここでパウロは、13 節で述べた罪を認識させる機能とは別の律法の働きに言及する。モーセを通して与えられた律法は、神の意思の具体化であり、本来、聖なるものである（ロマ 7:12）。聖なる律法の目的は、それを守る者をいのちに導くことである（7:10）。ところが、パウロの理解によれば、人間の中に巣くう罪のために、律法は現実には人間をいのちに導くどころか、却って罪を誘発し、律法違反としての罪過を増し加え、死に導く結果となっている（7:8 - 11 を参照）。「律法が入り込んで来たので、罪過が増し加わることとなった」という言葉は、律法が現実にもたらした結果に注目している。「しかし、罪が増し加わったところに、恵みも増し加わったのである」とは、モーセの律法がもたらした罪の増加に対して、キリストの死を通して恵みも増し加わり、罪の力を克服する希望が与えられていることを述べている。

21 節 「罪が死において支配したように、恵みはイエス・キリストにより、義を通して支配し、いのちへと到らせるであろう。」ここでは、罪と恵みという対照的な内容を持つ抽象概念が、実体化されて人間世界を支配する力として捉えられている。両者の支配のもたらすものは対照的である。アダムの罪は死を世界にもたらし、すべての人は死の運命を免れることはできない。パウロはこの事態を、「罪が死において支配した」と述べる。それに対して、恵みはイエス・キリストを通して与えられ、信じる者を義とする（ロマ 5:16 - 17; ガラ 2:16）。恵みの支配は、信じる者を義とすることを通して、神との正しい関係を回復し、いのちを与える。恵みの支配とは、世界を支配する罪と死の力をキリストにあって打ち破り、義といのちへ到らせる力が凌

駕した状態のことであり、終末時に完成することになる。

キリストと共に死に、キリストと共に生きる（6:1-23）

洗礼によってキリストの死の姿に結ばれる（6:1-11）

1. 私訳

6^1 では、私たちは何と言おうか？恵みが増えるようにと、私たちは罪に留まるべきだろうか？^{2} 断じてそうではない。罪に死んだ者が、どうしてまだ罪の内に生きるようなことがあろうか？^{3} それとも、キリスト・イエスへと浸された私たちは、その死へと浸されたのだということをあなた方は知らないのだろうか？^{4} 私たちが洗礼を通してキリストと共に死へと葬られたのは、キリストが父の栄光を通して死者の内から起こされたように、私たちもいのち新しさの内に歩むためである。^{5} もし、私たちがキリストの死の姿と結ばれたとすれば、その復活の姿とも結ばれることになるであろう。^{6} 私たちの古い人が共に十字架に架けられたのは、私たちの罪のからだが滅ぼされ、私たちが罪に隷属することがないためであることを知っている。^{7} 死んだ者は罪から離れて義とされているからである。^{8} 私たちがキリストと共に死んだのなら、キリストと共に生きることになると私たちは信じている。^{9} キリストが死者の中から起こされたのなら、最早死ぬことはなく、死がキリストを支配することはないことを知っているからである。^{10} キリストが死んだのは、罪に対して一回限り死んだのであり、生きているのは、神のために生きているのである。^{11} 同様にあなた方も自分たちが罪に対して死に、キリスト・イエスにあって神のために生きていると考えなさい。

2. 注解

ロマ 5:12-21 が、罪と死の支配下の世界から義の支配下の世界への転換を、アダム／キリスト予型論を用いながら、救済史的展望の下に語っている

洗礼によってキリストの死の姿に結ばれる（6:1－11）

のに対して、6:1－23 は信仰者の実存における罪の支配から、いのちの支配への転換を語る[426]。6:1－11 は、信仰者がキリストの死と復活の力に与って、罪に対して死んで新しいいのちに生きることを語り、6:12－23 は罪に隷属するのではなく、神の恵みの内に永遠のいのちに到るような生き方をするように勧める。

この部分は下記のように、問いと反問からなる提題（6:1－2）、洗礼によってキリストの死と復活に与っていることを述べる論証 1（6:3－5）、受洗者はキリストと共に十字架に架けられていることを述べる論証 2（6:6－7）、罪に死に神のために生きることを勧める勧奨（6:8－11）から構成されている。

```
6:1-2   信仰者の生と罪にある生                       （提題）
  v.1   恵みが増加するために罪に留まるべきか？      （問い）
  v.2   罪に対する死と罪の中に生きる不可能性        （反問）
6:3-5   洗礼によってキリストの死と復活に与る        （論証 1）
  v.3   キリストの死への洗礼
  v.4   キリストの復活と信徒の新しい生
  v.5   キリストの死と復活の様に等しくなる
6:6-7   古い人がキリストと共に十字架に架けられる    （論証 2）
  v.6   古い人が十字架に架けられ、罪が滅ぼされる
  v.7   義認と死からの解放
6:8-11  キリストの死と復活に与って生きる            （勧奨）
  v.8   キリストと共に死に、キリストと共に生きると信じる
  vv.9-10 キリストの復活と死の支配の打破
```

---

426 ロマ 6 章と先行する 5:20－21 との論理的関係については、D. Hellholm, "Enthumemic Argumentation in Paul: The Case on Romans 6," in *Paul in his Hellenistic Context* (ed. T. Engberg-Pedersen; Minneapolis: Augsburg Fortress, 1995) 139－141; T. H. Tobin, *Paul's Rhetoric in its Contexts: The Argument of Romans* (Peabody, MA: Hendrickson, 2004) 192; M. J. Debanné, *Enthumemes in the Letters of Paul* (LNTS 303; London: T & T Clark International, 2006) 181－182 を参照。

v.11　罪に死に神のために生きる勧め

　パウロは 6：1－11 において主として一人称複数形を用いて、信仰者全般を代表した告白的な語り方をしているが（6：1－2, 4－10）、時折、二人称複数形を用いて、読者に直接語り掛け、叙述にアクセントを付けている（6：3, 11）。特に、6：1－2 においては、仮想の問いに対して否定的に答えた後に、修辞的疑問文によって反論しており、対話的なディアトリベーの文体を採用している[427]。

　1－2節　1節冒頭の Τί οὖν ἐροῦμεν（では、私たちは何と言おうか？）という文章は、読者の注意を喚起するためにパウロが好んで用いる定型表現であり（ロマ 7：7; 8：31; 9：14, 30 を参照）、その後に極端な主張を含む修辞的疑問文とそれに対する否定的答え（μὴ γένοιτο）が続くことが多い（6：1－2; 7：7; 9：14 を参照）。「恵みが増えるようにと、私たちは罪に留まるべきだろうか？」という疑問文は、先行する 5：15－21 の部分が罪の支配を凌駕する恵みの支配を強調しているのに対して出された修辞的問いであり（特に、5：20を参照）、続く2節の冒頭で強く否定される[428]。同様な内容の修辞的な問いと否定的答えは、表現を変えて15節でも繰り返される。アダムの不従順により罪と死が世に入り、罪と死が支配したのに対して（5：12－14）、キリストの死によりそれに勝る恵みといのちの支配が始まっているとすれば（5：15－21）、現在は、古い世を支配した罪と死の力と、新しい世を支配する義といのちの力とがせめぎ合っていることになる。しかし、恵みが満ち溢れるために信仰者が進んで罪の支配の下に留まろうとすることは、パウロは現実にはあり得ない想定であると考えている。信仰者は謂わば、罪に対して死んだ存在であるので、罪の束縛から解放されており、罪の中に生きようとすることは考えられないからである（6：2）[429]。「罪に対して死ぬ」ということは、

427　Dunn, I 305.
428　Hellholm, 147－148.
429　Ibid., 149; Wolter, I 369.

死の観念の二次的展開であり、罪との関係が断絶し、罪から解放されているということの象徴的表現である（ロマ7：4; ガラ2：19を参照）。

3節 ここでパウロは一人称複数形から、二人称複数形に文体を転換し、読者に対して、「それとも、キリスト・イエスへと浸された私たちは、その死へと浸されたのだということをあなた方は知らないのだろうか？」と語り掛ける。「あなた方は知らないのだろうか？」という問い掛けは、十分に注意が払われていなかった事柄を再度想起し、新しい理解を与える効果を持つ（7：1を参照）[430]。

「キリスト・イエスへと浸された」という表現はガラ3：27にも見られ、パウロが初代教会の定型句を引用したのであると考えられる[431]。しかし、「その（＝キリストの）死へと浸されたのだ」という理解は、ロマ6：3-5の他には見られず、パウロ独自の洗礼解釈を示している[432]。「キリスト・イエスへと浸された」という文章に使用されているβαπτίζωは、「（水に）浸す」が原意であるが、初期キリスト教では「洗礼を授ける」ことを表す術語となっている（マタ28：16; マコ1：8; 使2：41; 8：12, 36, 38; 10：47; 19：5; ロマ6：3; Ιコリ12：13; ガラ3：27 他）[433]。このような用例が派生したのは、最初期の教会

430　Dunn, I 308; Wolter, I 371.

431　H. D. Betz, "Transferring a Ritual: Paul's Interpretation of Baptism in Romans 6," in *Paul in his Hellenistic Context* (ed. T. Engberg-Pedersen; Minneapolis: Augsberg Fortress, 1995) 106; Hellholm, 151-152 を参照。なお、「イエスの名によって洗礼を受ける」という定式が用いられている例は（使8：16; 19：3, 5; ディダケー9：5; さらに、Ιコリ1：13, 15を参照）、別系統の洗礼定式伝承を表現していると思われる。

432　Wilckens, II 11-12, 50; Betz, 111-112; T. H. Tobin, *Paul's Rhetoric in its Contexts: The Argument of Romans* (Peabody, MA: Hendrickson, 2004) 192-193, 198 も同意見。これに対して、Hellholm, 154 は、6：3後半の内容もよく知られた伝承に由来するとしているが、それを支持する典拠は存在しない。

433　詳しい語学的分析については、LSJ, 305-306; Bauer-Aland, 265-266; W. Oepke, "βάπτω, βαπτίζω κτλ.," *TWNT* I 529-546; W. Bieder, "βαπτίζω κτλ.," *EWNT* I 459-469 を参照。

の洗礼が、受洗者を水の中に完全に浸す浸礼であったことに由来する。3節は洗礼において受洗者が水に浸されるイメージが生きているので、私訳では ἐβαπτίσθημεν を「(私たちは)浸された」と訳した。水に完全に浸された者が、再び水の上に姿を現す所作は、古い人が死に、新しい人として生きることを表す祭儀的象徴行為となっている。しかも、ここでは洗礼による信仰者の実存の死と再生が、死んで復活したキリストの運命に結びつけられることによって生起する神秘的出来事と考えられている。

なお、入信者の死と再生ということは当時の密儀宗教の入信の儀式の中に存在する観念であることが指摘されている[434]。例えば、イシス礼拝の祭儀を反映しているとされるアプレイウス『変身』には、入信者の死と再生の記述がある(『変身』11)。洗礼を通してキリストの死と復活に与ることと、密儀宗教における祭儀的死と再生の間には主題的な類似性があることは事実であるが、子細に見ると両者の間には相違も大きく、直接の影響関係を認めることはできない[435]。

4節 本節は3節に述べたことを前提にしながら、信徒が洗礼(浸礼)において死んで再生するイメージに、キリストが死んで葬られた後に死者の内から起こされ、甦るイメージを重ねている(Iコリ15:3-4; コロ2:12を参照)。洗礼の水の中に信徒の古い人はキリストと共に葬られ、キリストの復活のいのちに与って新しい人として歩む可能性を与えられている。動詞 ἐγείρω は、「起こす」、「(眠りから)覚ます」が原意であるが(マタ3:9; 8:25; マコ1:31; 5:41; 10:49; ルカ3:8; 5:23; 6:8 他)、ここでは死者の中から復活させる行為を指している(マタ10:8; 11:5; 14:2; 16:21; 28:6; マコ6:18; 12:26;

---

[434] Lietzmann, 67-68; Barrett, 114; Käsemann, 152-153; Zeller, 125.

[435] Cranfield, I 301-302; Dunn, I 309-311; Fitzmyer, 431; Schreiner, 306; G. Wagner, *Das religionsgeschichtliche Problem von Römer 6,1 – 11* (Zürich: Zwingli, 1962); A. J. M. Wedderburn, "Hellenistic Christian Traditions in Romans 6," *NTS* 29 (1983) 337-355; idem., "The Soteriology of the Mysteries and Pauline Baptismal Theology," *NovTest* 29 (1987) 53-72; idem., *Baptism and Resurrection: Studies in Pauline Theology against its Greco-Roman Background* (WUNT 44; Tübingen: Mohr-Siebeck, 1987) を参照。.

洗礼によってキリストの死の姿に結ばれる（6:1 – 11）

14:28; 16:6; ルカ7:22; 9:7, 22; 20:27; 24:6, 34; 使3:15; 4:10; 5:30; 13:37; ロマ4:24, 25; 6:4, 9; 8:11, 34; 10:9; Ⅰコリ6:14; 15:4, 12, 13, 14, 15 他を参照）[436]。動詞 ἐγείρω は七十人訳において הֵקִים（קוּם のヒッフィル形）の訳語として用いられ（創 49:9; イザ 14:9; エレ 28:12 他）、復活させることを指して用いられている箇所もあり（イザ 26:19）、新約聖書の用法の背景をなしている。

「キリストが父の栄光を通して死者の内から起こされた」ということは、キリストの復活のことを指しているが、「起こされた」という受動形で表現されている。動作主は明示されてないが、神が含意されていることは明らかである。キリストの復活は神の終末的行為であり、神の栄光の啓示であると考えられている（ヨハ 11:40 を参照）。こうした理解の背景として、旧約聖書の出エジプト伝承において、イスラエルの救出のために行われた奇跡行為が、神の栄光に帰されていることが挙げられる（出 15:7, 11; 16:7, 10; 民 14:22）[437]。なお、新約聖書において死と復活における復活者の主体性を強調する際は、動詞 ἀνίστημι（立ち上がる）が用いられている（マコ 8:31; 9:9, 10, 31; 10:34; ルカ 18:33; 24:7, 46; Ⅰテサ 4:14; エフェ 5:14 他を参照）[438]。

「私たちもいのちの新しさの内に歩むためである」は、キリストの死と復活に与る結果、新しい生き方が開始されることを表している。「新しい」ということは、終末的な概念であり、パウロは他の箇所において、「新しい契約」（Ⅰコリ 11:25; Ⅱコリ 3:6）や「新しい創造」（Ⅱコリ 5:17; ガラ 6:15）に言及している。キリストの死と復活において決定的な事が既に起こっており、新しい創造の力が働いていると考えられているのである。

動詞 περιπατέω（歩き回る）は、七十人訳聖書ではヘブライ語動詞 הָלַךְ

---

436 この動詞の語学的分析については、LSJ, 469; Bauer-Aland, 432–433; W. Oepke, "ἐγείρω κτλ.," *TWNT* II 331–336; J. Kremer, "ἐγείρω," *EWNT* I 899–910 を参照。

437 Fitzmyer, 434; Wolter, I 374.

438 詳しい語学的分析については、Bauer-Aland, 138–139; W. Oepke, "ἀνίστημι κτλ.," *TWNT* I 368–372; J. Kremer, "ἀνάστασις, ἀνίστημι κτλ.," *EWNT* I 210–222 を参照。

の訳語として用いられているが（創 3:8; 出 21:19; サム上 17:39; イザ 8:7 他）、転義で倫理的振る舞いを意味することがある（詩 12[11]:8; 箴 6:22; 8:20; イザ 59:9 他）。パウロは七十人訳の用法を継承して、この動詞を倫理的勧告の中で用いることが多い（ロマ 6:4; 8:4; 13:13; 14:15; I コリ 3:3; 7:17; II コリ 4:2; 5:7; 10:2, 3; 12:18; ガラ 5:16; フィリ 3:17, 18; I テサ 4:12 他）[439]。

5 節　「もし、私たちがキリストの死の姿と結ばれたとすれば、その復活の姿とも結ばれることになるであろう」という文章は、4-5 節に述べられた洗礼によってキリストの死と復活に与る神秘的体験の根拠付けを与えている。ここで「結ばれた」と訳した形容詞句 σύμφυτοι は、動詞 συμφύω（一緒に育つ）より派生しており、一緒に植えられて育つ植物のイメージが根底にある[440]。信徒が洗礼の水に浸されることによってキリストの死の様と等しくなることが、土の中に一緒に植えられる植物の種に喩えられ、洗礼によってキリストの復活のいのちに与ることが、土の中から一緒に芽を出して育つ植物の生命力になぞらえられているのであろう[441]。名詞 ὁμοίωμα は、動詞 ὁμοιόω（似せる、喩える）より派生した言葉であり、「姿」、「イメージ」、「写し」等を意味する（プラトン『パイドロス』25c; アリストテレス『弁論術』1356a; 申 4:1, 15-16; 5:8; 詩 106[105]:20, 40; イザ 40:18-19; I マカ 6; 13:48; ロマ 1:23; 5:14; 6:5; 8:3; フィリ 2:7; 黙 9:7 他）[442]。ここでは、ὁμοίωμα は

439　Bauer-Aland, 1308-1309; G. Bertram / H. Seesemann, "πατέω κτλ.," *TWNT* V 940-946; R. Bergmeier, "περιπατέω," *EWNT* III 177-179 を参照。

440　この形容詞の語学的分析については、LSJ, 1689; Bauer-Aland, 1558; "σύμφυτος," *EWNT* III 694-695; W. Grundmann, "σύν－μετα, mit dem Genitiv," *TWNT* VII 786, 790-791 を参照。

441　Barrett, 115 は、ロマ 11:17 以下に出てくる接ぎ木のイメージでこの箇所を理解しようとするが、用語や文脈が大きく異なっているので支持することはできない。

442　この名詞の語学的分析については、LSJ, 1225; Bauer-Aland, 1150-1151; T. Holtz, "ὁμοίωμα, ὁμοίωσις," *EWNT* II 1253-1255; J. Schneider, "ὁμοίωσις, ὁμοίωμα," *TWNT* V 190-195 を参照。

与格で用いられるが、手段的な意味ではなく、σύμφυτοι の対象を示していると考えられる[443]。こうした用語法は、キリストの死と復活と洗礼を受けた信徒の霊的死と再生との間に存在する類比関係に注意を促している。この文章の前半は現在完了形で叙述されているが（γεγόναμεν）、後半は未来形で語られている（ἐσόμεθα）。洗礼によって信徒はキリストの死の様に与って、既に今までの在り方の死を経たのであるが、キリストの復活の様に与って甦るのは終末時だからである（Ⅰコリ 15：20－49；フィリ 3：21 を参照）[444]。

6 節　「私たちの古い人が共に十字架に架けられたのは、私たちの罪のからだが滅ぼされ、私たちが罪に隷属することがないためであることを知っている」と述べて、パウロは信徒が罪への隷属から解放されていることを、周知の事実として再確認している[445]。「私たち」とは信じる者すべてであり、ローマ書の発信人であるパウロも受信人であるローマの信徒たちも含まれている。「私たちの古い人」と「私たちの罪のからだ」は、この文章ではほぼ同義で使用されており、信仰以前の、罪と死に支配された人間存在を意味している[446]。「私たちの古い人が共に十字架に架けられた」ということは、先に4 節において、「（洗礼を通して）キリストと共に死へと葬られた」と述べたことの言い換えである。キリストが十字架に架けられたのは歴史的事実であり、各福音書が報告している（マタ 27：26－56；マコ 15：20－41；ルカ 23：24－49；ヨハ 19：16－37）。しかし、信じる者が、「（キリストと）共に十字架に架

443　Cranfield, I 307; Käsemann, 158; Wilckens, II 14; Schlier, 195; Dunn, I 316; Betz, 115; Lohse, 191; Hultgren, 248; Jewett, 400; Schreiner, 314－315. これに対して、Barrett, 116; Fitzmyer, 435 はこの与格を手段的な意味に解釈している。

444　Kuss, 304; Wolter, I 377.

445　文頭の τοῦτο（そのこと）はこの場合、先行する部分ではなく、動詞句の目的語である ὅτι 以下の名詞節を承けている。

446　名詞 σῶμα が身体のみならず人間存在全体を表す場合があることについては（ロマ 12：1：；Ⅰコリ 6：15；12：27；フィリ 1：20 を参照）、Bauer-Aland, 1594; Barrett, 117; Käsemann, 160; Cranfield, I 309; Wilckens, II 16－17; Schlier, 197; Dunn, I 319－320; Schreiner, 316; Fitzmyer, 436; Lohse, 191－192; Hultgren, 249; Wolter, I 378 を参照。

けられた」ということは、十字架表象の二次的展開であり、信じる者の古い在り方が終わりを迎え、罪に支配されず、神に奉仕する新しい生の在り方を与えられることを意味する（ガラ2:19; 5:24; 6:14を参照）。キリストと共に十字架に架けられるという言い回しは、ガラ2:19; 5:24; 6:14にも見られ、それまでの在り方や関係が完全に終わることの比喩的表現となっている。特に、ガラ2:19は、「私はキリストと共に十字架に架けられた」と述べており、ロマ6:6の最も近い並行箇所となっている。

7節　パウロはここで、「死んだ者は罪から離れて義とされているからである」と述べて、洗礼によって信徒がキリストの死に与ることによって罪から解放されていると認められていることを再確認する。文章の後半に出てくる δεδικαίωται ἀπὸ τῆς ἁμαρτίας（罪から離れて義とされている）」という表現はパウロには稀であるが、シラ26:29に商人の倫理性に関して使用例があり、周辺世界の慣用句であったと推測される。パウロは、ピスティス（信実、信仰）によって義とされるということを強調しているが（ロマ5:1; ガラ2:16; 3:24を参照）、義とされることを罪から解放されることと結び付けることは多くない。参考になるのは、キリストの死が私たちの罪を贖い、その結果として信じる者が義とされることを述べるロマ3:24-25; IIコリ5:21であろう。

8節　「私たちがキリストと共に死んだのなら、キリストと共に生きることになると私たちは信じている。」この文章は、3-5節に述べた内容に立ち戻って、それを少し違う表現で再論している。文章の前半は信じる者が洗礼によってキリストの死と一体になっていることを再確認し（ロマ6:3, 4a, 5aを参照）、後半は復活のキリストのいのちに与って生きる希望を述べている（6:4bc, 5bを参照）。文章の前半の条件節「私たちがキリストと共に死んだのなら」という部分の動詞は第二アオリスト形（ἀπεθάνομεν）であり、過去に完了した事実を述べているが、後半の帰結節では信じることの内容として、「キリストと共に生きることになる」ことが未来形（συζήσομεν）で述べられ

洗礼によってキリストの死の姿に結ばれる（6:1 − 11）

ている。キリストの復活はアオリスト形で表現される過去の事実であるが、信徒が復活し、キリストと共に永遠に生きるのは来たるべき終末の時である。

9節　「キリストが死者の中から起こされたのなら、最早死ぬことはなく、死がキリストを支配することはないことを知っているからである」という部分は、原文では εἰδότες（知っている）という分詞句で導かれる副詞節であり、8節に述べられている信じる行為（πιστεύομεν）の理由を与えている。復活後のキリストが生きており、使徒たちに現れたということは、初代教会の信仰告白の一環をなしていた（Ⅰコリ 15:3 − 8）。復活・顕現後に昇天した主は、終わりの時に審判者・救済者として来臨すると信じられており（使 17:31; Ⅰテサ 1:9 − 10; 4:15 − 16）、信徒たちはそれを待ち望んでいた（フィリ 3:20）。これらの発言の背後には、死者の中から復活した者は最早死ぬことはないという観念が存在していた（Ⅰコリ 15:42 参照）。キリストの復活は、キリストが死の支配を打破したしるしと受け取られていたのである（使 2:24 を参照）。

10節　ここでパウロはキリストの死の一回性を強調して、「キリストが死んだのは、罪に対して一回限り（ἐφάπαξ）死んだ」と主張する。初代教会の伝承は、キリストの死が私たちの罪のためであると理解する（ロマ 4:25; Ⅰコリ 15:3）。特に、Ⅰペト 3:18a は、「キリストは罪のために一度限り（ἅπαξ）死んだ」と述べており、ロマ 6:10 に最も近い並行箇所となっている（ヘブ 7:27; 9:12, 26 − 28; 10:10 も参照）。キリストが死ぬことによって、世界を罪の支配から解放する決定的な出来事が起こったのである。

「（キリストが）生きているのは、神のために生きているのである」という文章は、9節の内容を承けて復活後のキリストの生のことを念頭に置いている。キリストの地上での生活は神への従順という性格が強い（フィリ 2:7 − 8）。復活後のキリストは使徒たちに姿を現して顕現して宣教に遣わし（マタ 28:16 − 20; ルカ 24:28 − 49; Ⅰコリ 9:1; 15:5 − 11）、終わりの時に来臨し世を裁くこととなるが（使 17:31; Ⅰテサ 1:9 − 10; 4:15 − 16）、これらの行動はす

べて神の意思の実行としてなされるのであり、神のために生きるということに帰着する。

11節 ここで文体は二人称複数形命令形に変化しており、パウロは受信人たちに向かって勧めの言葉を語り始める[447]。文頭の「同様に(οὕτως)」とは、罪に対して死に、神のために生きているキリストのようにということであり（10節を参照）、洗礼によってキリストの死と復活に与っていることの論理的帰結を述べている。「自分たちが罪に対して死に」とは、罪の支配下にないものとして生きることであり、「私たちが罪に隷属することがない」ということに等しい（6節を参照）。

「キリスト・イエスにあって神のために生きている」とは、2節後半の「罪に死んだ者が、どうしてまだ罪の内に生きるようなことがあろうか？」という修辞的問いに呼応しており、6:1-11全体の議論を締めくくっている[448]。「キリスト・イエスにあって (ἐν Χριστῷ Ἰησοῦ)」は、パウロ書簡に頻出する表現であるが、ローマ書ではこの箇所が最初の使用例となっている（ロマ 8:1; 12:5; 16:3, 7, 9, 10; Ⅰコリ 1:2, 30; 4:10; 15:18, 19; Ⅱコリ 5:17; 12:2; ガラ 1:22; 2:4; 3:26, 28 他）。ここでは、死より復活したキリストのいのちに与っていることが、この表現によって言い表されている。「キリスト・イエスにある」ことによって、信徒が「神のために生きている」ことが可能になるのである。

罪への隷属から解放されて義に仕える (6:12-23)

1. 私訳

6^{12} それでは、罪があなた方の死すべき体を支配し、その欲望に従うことがないようにしなさい。^{13} また、あなた方の肢体を不義の武器として罪に捧げ

447　Witherington III, 162; Porter, 137.
448　Dunn, I 305-306.

ることをせず、死人の内から生きている者のように、自身を神に捧げ、あなた方の肢体を義の武器として神に捧げなさい。[14] 罪があなた方を従わせることはないであろう。あなた方は律法の下ではなく、恵みの下にあるからである。[15] では、何と言おうか？律法の下ではなく、恵みの下にあるのなら、私たちは罪を犯すべきなのだろうか？断じてそうではない。[16] 自身を僕として服従のために提供するならば、死に至る罪の僕であろうと、義に至る従順の僕であろうと、あなた方が服従する相手の僕となることをあなた方は知らないのだろうか？[17] 神に感謝すべきである。あなた方は罪の僕であったが、そこにあなた方が引き渡されている教えの模範に心から服従し、[18] あなた方は罪から解放されて、義に隷属しているのである。[19] 私は人間的な言い方をするが、それはあなた方の肉の弱さのためである。あなた方の肢体を不浄なことや不法なことに隷属物として捧げていたように、今は、あなた方の肢体を聖化に至る義のために捧げなさい。[20] それというのも、かつてあなた方は罪の僕であり、義に対して自由な者であった。[21] その当時、どのような実を結んだのだろうか？今は、それらを恥じているが、それらの結末は死である。[22] 今や、罪から解放されて、神に仕えているのだから、聖化に至る実を結びなさい。その行き着く末は、永遠のいのちである。[23] 罪の報酬は死であり、神の賜物は私たちの主イエス・キリストにおける永遠のいのちである。

2. 注解

ロマ6:1-11は、信仰者がキリストの死と復活の力に与って、罪に対して死んで新しいいのちに生きることを語っているが、6:12-23は更に具体的に、罪に隷属するのではなく、神の恵みの内に神に身を捧げ、義に従って永遠のいのちに到るような生き方をするように勧める。パウロは6:1-11において主として一人称複数形を用いて、信仰者全般を代表した告白的な語り方をしているが、6:12-23では主として二人称複数形を用いて、受信人に語り掛けるスタイルを採用している。特に、6:13, 19c, 22bにおいては、命令法を採用して受信人に対して一定の指示を与えている。しかし、6:15-16においてパウロは仮想の問いを立てた上で、言下にそれを否定的してお

り、対話的なディアトリベーの文体を挿入して表現にアクセントを付けている[449]。

この文節は以下のような構成を持っている。

6:12-14　罪の支配の打破と恵みの支配の確立
 v.12　体に対する罪の支配の打破
 v.13　肢体を不義の武器として捧げるのでなく、
   　義の武器として神に捧げる
 v.14　罪と律法の支配からの脱却、恵みの支配下の生活
6:15-18　罪の支配下の服従と恵みの支配下の義への服従
 v.15　恵みの下にあることと罪を犯す可能性への問い
 v.16　服従と従属関係：罪の僕か、義の僕か
 v.17　罪の僕としての服従
 v.18　罪からの解放と義への服従
6:19-23　二種の服従の結果の対比
 v.19　不義に捧げていた肢体を義の武器として捧げる
 v.20　罪の僕と義への自由
 v.21　罪ある行為の結実と死の結末
 v.22　罪からの解放と神への服従、聖化に至る結実と永遠のいのち
 v.23　罪の報酬としての死と神の賜物としての永遠のいのち

12節　前節に述べられたように、自分が「罪に対して死に、キリスト・イエスにあって神のために生きている」と考えるのならば、その具体的現れとして生活における倫理的振る舞いが問題となる。信じる者は、洗礼を通してキリストの死に与ることによって罪に対して死んだ存在となるが（6:1-11）、終末以前の世界には依然として罪が残存して支配力を揮っており、人間を誘惑し続けている。信仰者にも常に罪の支配下に戻る危険が存在してい

449　Dunn, I 305.

るので、「罪があなた方の死すべき体を支配し、その欲望に従うことがないようにしなさい」という勧めが必要となる。

「あなた方の死すべき体」という表現は（ロマ 7:24; 8:10 を参照）、身体を持つ存在としての人間の有限性を表している[450]。土の塵より創造された人間は無限に生きることはできず、一生を終えれば土に帰る宿命を持っており（創 3:19; 詩 90[89]:3; 104[103]:29; コヘ 12:7）、神とは違い死すべき存在である。ギリシア語 σῶμα は、「体」を表す一般的名詞であり、通常は否定的なニュアンスを持っていないが（マタ 5:29-39; 6:22, 23, 25; マコ 5:29; 14:8; ヨハ 2:21; 19:31; ロマ 4:19; 7:4; 12:4, 5; I コリ 12:14, 15 他多数）、ここでは罪深い欲望が生じる座という否定的な響きを伴っている（ロマ 1:24; 6:6; 7:24; 8:10, 11, 13, 23; I コリ 6:13; コロ 1:22; 2:11）[451]。

名詞 ἐπιθυμία は人間の欲求を表す名詞である。ここでは価値中立的な欲求や熱望一般ではなく（ルカ 2:15; フィリ 1:23; I テサ 2:17；バル 17:1）、モーセの十戒の第十戒が禁じているような、本来向けられてはならない対象に向かう欲望のことが念頭に置かれている（知 4:12; シラ 23:5; IV マカ 1:22; 3:2; ロマ 1:24; 7:7-8; 13:14; ガラ 5:16, 24; エフェ 2:3; コロ 3:5; ヤコ 1:14-15; II ペト 1:4; 2:18 他）[452]。そのような不道徳な欲望に身を任すことは、罪の支配の一つの表現形態とされている[453]。

13節 ここでパウロは比喩的表現法に移行し、自分の肢体を不義の武器

450　Michel, 156; Käsemann, 167; 松木、240 頁。.

451　Bauer-Aland,1594; E. Schweizer, "σῶμα κτλ.," *TWNT* VII 1024-1091; idem., "σῶμα," *EWNT* III 770-779; Käsemann, 160; Cranfield, I 309; Wilckens, II 16-17; Schlier, 197; Dunn, I 336; Fitzmyer, 446; Lohse, 196; Hultgren, 259; M. Kister, "Body and Sin: Romans and Colossians in Light of Qumranic and Rabbinic Texts," in *The Dead Sea Scrolls and Pauline Literature* (ed. J.-S. Rey; Leiden: Brill, 2014) 173-174, 188-190 を参照。

452　Bauer-Aland, 594-595; F. Büchsel, "θυμός κτλ.," *TWNT* III 167-173; H. Hübner, "ἐπιθυμία κτλ.," *EWNT* II 68 を参照。

453　Schlier, 202 を参照。

(ὅπλα ἀδικίας) として罪に差し出すことなく、義の武器 (ὅπλα δικαιοσύνης) として神に捧げるように勧める（ロマ 13：12; II コリ 6：7; 10：4 を参照）。この発言の根底には、神に敵対する悪の力である罪が世界において神に戦いを挑んでいる軍事的イメージが存在する（ロマ 13：12－14; エフェ 6：10－20; I テサ 5：8 を参照）[454]。罪の力は人間の心に悪い思いを起こさせ、邪悪な行動へと駆り立てる。人間が罪の意のままになるように肢体を差し出すと、人間の肢体を駆使した悪い行いが行われることになる。そうすれば、人間の肢体は罪が行う戦争に使用される武器の役割を果たすこととなる（4Q511.28－29; ロマ 7：23）。逆に、神に自身を委ねて、肢体を義の武器として捧げるならば（4Q444.1－4）、人間は神の意思に適った義なる行動を行い、世界における罪の支配に戦いを挑む結果となる。この文節は、abá という交差配列になっている。「あなた方の肢体を不義の武器として罪に捧げることをせず」（6：13a）という前半部分と、「あなた方の肢体を義の武器として神に捧げなさい」（6：13c）という後半部分が内容的に反対称の関係にあり、「死人の内から生きている者のように、自身を神に捧げなさい」（6：13b）という中央に置かれた勧めの言葉を挟む構造を形成している。ここで使用されている動詞 παριστάνω は、「提供する」、「供出する」という意味の言葉である[455]。この言葉が神殿において行われる宗教行為に関して用いられると、「神に捧げる」ことを意味する祭儀的用語となる（ポリュビオス『世界史』16.25.7; ディアドロス・シクーロス『歴史叢書』3.72.1; ヨセフス『戦記』2.89）[456]。本節において、パウロはこの言葉を信仰者が自分自身を神に委ねて神の意思に従う生活をすることに転用している（ロマ 12：1 を参照）。

「死人の内から生きている者のように」という句は非常に珍しい表現であ

---

[454] Lietzmann, 69; Michel, 157; 松木、241 頁; Käsemann, 167; Dunn, I 337; Schreiner, 324; Fitzmyer, 446; Jewett, 410－411; Kruse, 269; Kister, 194－195; Wolter, I 390; Porter, 140.

[455] Bauer-Aland, 1267－1269; F. B. Reicke / G. Bertram, "παρίστημι, παριστάνω," *TWNT* V 835－840; A. Sand, "παρίστημι, παριστάνω," *EWNT* III 96－98.

[456] Bauer-Aland, 1268.

る。通常は、死んで復活したキリストについて、「死者の内から起こされた」と言われる（ロマ4:24; 6:4, 9; 8:11; 10:9; Ⅰコリ15:12他を参照）。キリストの復活は一回的な出来事であり、信じる者が終わりの時に復活する保証となる（Ⅰコリ15:12-14; Ⅰテサ4:14を参照）。信徒は復活の希望を与えられているだけで、死者の中からまだ復活してはいない。しかし、彼らは洗礼によってキリストの死に参与し、その復活が与える新しいいのちの働きに既に与っているので（ロマ6:4を参照）、「死人の内から生きている者」という特殊な表現がなされたのであろう[457]。

14節　「罪があなた方を従わせることはないであろう」という文章は（ロマ6:14a）、12節の「罪があなた方の死すべき体を支配しないようにしなさい」という発言に対応している。今回は命令法ではなく直説法未来形で、「従わせることはないであろう」と述べられている。その根拠は、「律法の下ではなく、恵みの下にある」事実に求められている。先行する部分においては、罪の力に対して恵みの力が凌駕し、人は罪の支配から恵みの支配に移されていることが述べられており、救済史を支配する力として罪と恵みとが対照されている（ロマ5:20; 6:1）。従って、ここでも、「罪の下ではなく、恵みの下にある」と述べられることが期待されるが、むしろ「律法の下にある」ことが、「恵みの下にある」ことに対照されている。律法と罪の働きの関係は後に7章において詳述されることになるので（特に7:7-13を参照）、本節はその先取りとなっている。パウロはかつてガラテヤ書3章において救済史的なマクロの視点から、人類は律法の監視下に置かれていたが、キリストの福音の到来によって、律法の拘束から解放され、自由がもたらされたと述べた（ガラ3:23-25; 4:4-5; 5:1, 18）。ここでは、実存史的なミクロの視点から、信徒が罪に支配されることがないことと（ロマ6:14a）、律法の支配を免れている事実が列挙され（6:14b）、恵みの支配下にあることが強調されている。ユダヤ教的視点からは、律法は聖なるものであり、人が罪を犯さないために

457　Barrett, 119-120; Schreiner, 324-325.

付与されており、神の恵みと対立するものとは考えられていないので、パウロの議論は彼らの耳には非常に挑戦的に響いたであろう[458]。

15 節　冒頭の τί οὖν は、τί οὖν ἐροῦμεν（では、私たちは何と言おうか？）の短縮形であり（ロマ 11:7 を参照）、1 節の導入句に呼応しながら読者の注意を喚起している（ロマ 6:1）。「律法の下ではなく、恵みの下にあるのなら、私たちは罪を犯すべきなのだろうか？」という疑問文は、直接には、前節の「あなた方は律法の下ではなく、恵みの下にある」という発言を承けているが、1 節の修辞的疑問文「恵みが増えるようにと、私たちは罪に留まるべきだろうか？」の内容の言い換えともなっており、6 章の前半と後半との緊密な結び付きを示している。

　律法は行為規範として一定の行動を取ることを命じると共に、一定の行動を禁じる。15 節の問いのポイントは、パウロの言うように信仰者は律法の拘束の下にないとすれば、何を行っても良い自由放任の状態にあることになり、罪を犯すことを推奨することになるのではないか？ということである。ユダヤ人キリスト教の立場からすると、この問いは律法からの自由を唱えるパウロの宣教へ向けられた基本的疑問の一つであると考えられる[459]。実際のところ、同趣旨の疑問は少しずつ表現を変えながら繰り返し投げかけられている（ロマ 3:8; 6:1 を参照）。これに対して、パウロは μὴ γένοιτο（断じてそうではない）という句によって、律法からの自由が罪を誘発する可能性を強く否定している。

16 節　この文章は前節になされたパウロの断言の根拠付けを与えている。「あなた方は知らないのだろうか？（οὐκ οἴδατε）」という問いは、受信人たちの注意を喚起し、新たな主題を導入しているが（ロマ 6:3; 7:1 を参照）、その内容はキリスト教徒であれば当然弁えていなければならない事実

458　Dunn I 351; Hultgren, 260 に賛成。
459　Lietzmann, 71; Michel, 158; Wilckens, II 34; Byrne, 201; Kruse, 280 も同趣旨。

罪への隷属から解放されて義に仕える（6:12－23）

であると彼は考えている（Ⅰコリ3:16; 5:6; 6:2, 3, 9, 15, 16, 19; 9:13, 24; ヤコ4:4を参照）[460]。「自身を僕として服従のために提供するならば、死に至る罪の僕であろうと、義に至る従順の僕であろうと、あなた方が服従する相手の僕となる」という部分は、ギリシア・ローマ世界に広範に見られた奴隷制度を前提にして、僕の主人が替わり、隷属対象が転換するメタファーを用いて、信仰者が罪の僕となり死に至るのか、神へ服従する従順な僕となり義に至るのかという二つの選択肢を示し、読者に選択を迫っている[461]。正反対の事柄を対照することは、主張を印象付けるために論証の中でしばしば用いられる技法である（アリストテレス『弁論術』1397a、クウィンティリアヌス『弁論家の教育』9.1.33－34を参照）[462]。他方、知者と愚かな者（箴3:35; 10:1）、正しい人と悪しき者（2:20－22; 10:2－3）、働き者と怠け者（6:6－10; 10:4－5）等の態様とその結果を、二つの対照的な選択肢として聞き手に提示して選択を迫るのは旧約聖書の知恵文学に見られる語り方であり、初期キリスト教の倫理的勧告の中でもしばしば用いられている（マタ6:24; 7:24－27; ルカ6:47－49; ヨハ8:34; ヤコ1:22－25; ディダケー1:1－5:2; バル18:1－20:2を参照）。本節におけるパウロの語り方は知恵文学的な側面も持っている。本節では、「死に至る罪の僕」であることと「義に至る従順の僕」であ

460　Dunn, I 341; Jewett, 396.

461　松木、244頁; Fitzmyer, 445, 448; Dunn, I 341, 354; Byrne, 200; Lohse, 199; Jewett, 416; Tobin, 208; Porter, 139; D. L. Martin, *Slavery as Salvation: The Metaphor of Slavery in Pauline Christianity* (New Haven: Yale University Press, 1990) 60－63; J. W. Aagason, "'Control' in Pauline Language and Culture: A Study of Rom 6," *NTS* 42 (1996) 75－89; J. A. Harrill, "Paul and Slavery," in *Paul in the Greco-Roman World: A Handbook* (ed. J. P. Sampley; Harrisburg: Trinity Press International, 2003) 574－607; J.G. Nortling, "A More Positive View of Slavery: Establishing Servile Identity in the Christian Assemblies," *BBR* 19 (2009) 63－84; J. K. Goodrich, "From Slaves of Sin to Slaves of God: Reconsidering the Origin of Paul's Slavery Metaphor in Romans 6," *BBR* 23 (2013) 509－530を参照。なお、ギリシア語動詞δουλεύωや名詞δοῦλοςの語学的分析については、Bauer-Aland, 413－414; K. H. Rengstorf, "δοῦλος κτλ.," *TWNT* II 264－283.; A. Weiser, "δουλεύω κτλ.," *EWNT* I 844－851; C. Spicq, "δοῦλος κτλ.," *TLNT* I 380－386を参照。

462　Witherington III, 168.

ることが対照されているが、ここで言う従順とは神に対する従順のことである[463]。従順（服従）という主題は、パウロの思想においては信実・信仰の表現として重要な位置を占めている。キリストは地上の生活において十字架の死に至るまで神の意思に従順な生活を送り（フィリ 2:8）、この従順な行為を通して救いを成就し、人々の義認をもたらした（ロマ 5:19）。パウロは異邦人の使徒として福音宣教を通して人々を信仰の従順へと招く務めを与えられている（1:5; 15:18; さらに、10:16; 16:19 も参照）。福音の信じることによって達成される神への従順の目的は、義と聖といのちに至ることである（6:16, 22-23）。

しかし、終末以前の世界には神に敵対する罪の力も働いている。6:16 が指摘しているのは、神に敵対する罪の支配に身を任せ、罪に隷属し、「罪の僕」になる危険である（ロマ 6:20 も参照）。その行き着くところは、神からの離反であり、霊的死である（ロマ 6:21 も参照）。パウロが強調するのは、罪の僕となって死に至るのか、神に従順な僕となって義といのちに達するのかという二つの道が、人間には提示されているという事実である。

17-18 節　文頭に、「神に感謝すべきである（χάρις τῷ θεῷ）」という典礼的な句が唐突に出てきている。聞き手の人たちが回心することを通して、罪に服従するかつての状態を免れ、義に従う生活をするようになっていることを思い浮かべたときに、筆記者に対して言葉を口述していたパウロの心中に上った神への感謝の思いがここには率直に表出されている（7:25; I コリ 15:57; II コリ 2:14; 8:16; 9:15 を参照）[464]。ローマ書の記述は全体として客観的・論理的であり、修辞法から言えば聞き手の論理的思考に訴えるロゴスの要素が勝っているが、時折、著者であるパウロ個人の個人的思いの表白が見られ（7:25; 9:1-5 を参照）、聞き手の感情に訴えるパトスの手法が

463　松木、245 頁; Schreiner, 331.
464　名詞 χάρις はここでは、「感謝」を意味する（ルカ 17:9; ロマ 7:25; I コリ 15:57; II コリ 2:14; 8:16; 9:15）。Bauer-Aland, 1752-1753; K. Berger, "χάρις," *EWNT* III 1101 を参照。

罪への隷属から解放されて義に仕える（6:12 - 23）

採用されている（アリストテレス『弁論術』1355b、キケロ『弁論家について』2.51.206 - 208、クウィンティリアヌス『弁論家の教育』4.1.20 - 22; 6.2.8; 6.2.27 - 36 を参照）。

「教えの模範」とは、初代教会の基本的教えのことであり、具体的には、信仰告白として伝えられて来た信仰箇条のことであろう（ロマ1:3 - 4; Ｉコリ11:23 - 26; 15:3 - 7 を参照）[465]。回心者である信徒たちは、こうした教えを説教の言葉を通して聞き、信じ（ロマ10:9 - 10）、「心から服従した」のだった（6:16; さらに、Ｉペト1:22 を参照）。信仰告白伝承は宣教者たちによって伝えられ、信徒たちによって受け取られたのであるが（Ｉコリ11:23; 15:3 参照）、本節では信仰告白伝承を受領した信徒たちの方が、「教えの模範」の中に「引き渡された」と受動形で表現されている。ここでは、隷属のメタファーが生きており、支配する主人が罪から教えの模範へと転換したイメージが想定されている[466]。

なお、ここでは受動態動詞の動作主が神であることが暗黙の前提となっている[467]。入信は自発的なもので、回心者たちによる「心からの服従」がなされたが（ロマ6:17c; さらに、10:9 を参照）、そこには聖霊の働きがあり、入信行為を導く究極的主体は神であると考えられている（ガラ3:2 - 5 を参照）。

回心の結果、信徒たちは、「罪から解放されて、義に隷属している」（6:18）。隷属のメタファーがここでも生きており、罪への隷属からの解放が、その反射的効果として、義への隷属・服従を生むことが強調されている（6:22 も参照）。

---

465 「形」や「型」を表す名詞 τύπος は（ロマ5:14; Ｉペト5:3）、ここでは、「模範」を意味すると考えられる（フィリ3:17; Ｉテサ1:7; Ⅱテサ3:9）。この点に関して、Schlier, 209; Lohse, 200; Hultgren, 258 - 259, 262 を参照。それに対して、Bauer-Aland, 1654; Wilckens, II 35 - 36 は、「形」の意味に理解している。

466 Schreiner, 334; Fitzmyer, 448.

467 松木、247 頁。

19節　「私は人間的な言い方をするが」という表現は、人間の社会制度を例に取った例えを援用して教理的内容を説明する際に、パウロが用いる定型句である（ロマ 3:5; ガラ 3:15; I コリ 9:8 を参照）。本節ではパウロは、自分の肢体を罪や義の支配に対して供出する隷属のメタファーを再度用いて（ロマ 6:13 を参照）、「あなた方の肢体を不浄なことや不法なことに隷属物として捧げていたように、今は、あなた方の肢体を聖化に至る義のために捧げなさい」と述べている。このような比喩的言い方をする理由を、パウロは聞き手の「肉の弱さのためである」としている（6:19a）。罪への隷属の喩えによって叙述されるような人間の本性のことを、パウロは「肉の弱さ」と呼んでいるのであろう。修辞学的視点からすると、比喩は例証（παράδειγμα, exemplum）による論証（πίστις, probatio）の一種である（アリストテレス『弁論術』1393a-1394a; キケロ『発想論』1.30.49; クウィンティリアヌス『弁論家の教育』5.11.1-44）[468]。

ここでは聞き手が回心者であることが前提になっており、回心以前の状態と回心後の状態が、ὥσπερ…οὕτως（……のように）という相関表現によって対比されている（5:12, 18, 19, 21 も参照）。回心以前の状態を述べる部分にはアオリスト形の直説法が用いられているのに対して、回心以後の課題を述べる後半部分には、「今は、あなた方の肢体を聖化に至る義のために捧げなさい」（6:19c）と二人称複数形の命令法が用いられている。

「聖化に至る義」という句に用いられている ἁγιασμός は、動詞 ἁγιάζω（「聖とする」）の名詞形であり、「聖」もしくは「聖化」を意味する[469]。この名詞は新約聖書においてはパウロ書簡やその影響下にある文書の他ではあまり使用されない（ロマ 6:19, 22; I コリ 1:30; I テサ 4:3, 4, 7; II テサ 2:13; I テモ 2:15; ヘブ 12:14; I ペト 1:2）[470]。パウロは回心者が営む倫理的生活を、ἁγιο-

---

468　Stowers, *Diatribe*, 155-174; D. A. Anderson Jr., *Ancient Rhetorical Theory and Paul* (Kampen: Kok Pharos, 1996) 197-199; Witherington III, 172.
469　Bauer-Aland, 15; K. G. Kuhn, "ἅγιος κτλ.," *TWNT* I 97-101; H. Balz, "ἅγιος κτλ.," *EWNT* I 38-48.
470　Dunn, I 346.

μία（不法）と形容される回心以前の非倫理的な生活と対照させて述べる際に ἁγιασμός を使用しており、倫理的ニュアンスが強い（ロマ 6:19, 22）。ロマ 6:19, 22 においてこの言葉は、信徒が聖化される過程に焦点を当てる[471]。神は聖であり（イザ 6:3; ヨハ 17:11）、聖なる神の召しを受けた者は、召しに応えて従来の生活に訣別し、聖なる歩みをすることを求められているからである（Ⅰコリ 1:30; Ⅰテサ 4:3, 4, 7; さらに、レビ 19:2; Ⅰペト 1:15, 16 を参照）。

20 節 20−23 節において、パウロは再度、回心以前の状態（20−21 節）と回心以後の状態（22 節）の対比を行う。20 節は 19 節の根拠付けとして、罪の奴隷であった事実を指摘する（6:17a を参照）。20 節後半には、「義に対して自由な者であった」と述べている。この珍しい表現は回心者たちが以前は罪の支配下にあり、神の意思に則った義を行うことには無縁であった事実をアイロニーを込めて再確認している[472]。

21 節 本節は罪の支配下にあった時代の行動がもたらした結果を問題にしている。「その当時、どのような実を結んだのだろうか？」という問い掛けで始まるが、この問いは多分に修辞的である。問いの答えは明示的には表現されていないが、念頭にあるのはロマ 1:24−31 やガラ 5:17−21 に列挙されている不道徳な振る舞いであろう。そのような行為に対して、「今は、それらを恥じている」と述べたのは、聞き手であるローマの信徒たちが、回心以前に行っていた行為に対して、回心後のより高い倫理水準に基づいて恥ずかしく思うであろうという推測である（ロマ 1:24−27; Ⅰコリ 6:9−11 を参照）。さらに、「それらの結末（τέλος）は死である」という文末の宣言は、終末時に示される最終的運命の予告であり、聞き手に対する強い警告になっている（6:16 を参照）[473]。

なお、倫理的振る舞いの結果を植物の結実に喩えることは、旧約聖書に遡

471　Hultgren, 263−264; Kruse, 284; Wolter, I 400.
472　Jewett, 421.
473　Lohse, 203.

り、トーラーに忠実に生きる義人が、定まった時期に実を結ぶ木に喩えられている（詩 1 : 3; 92 : 14; 箴 11 : 30; エレ 17 : 8 を参照）。結実の喩えは、ユダヤ教や（フィロン『逃亡』176）、初期キリスト教の様々な倫理的教えにも広範に用いられており、聞き手にはお馴染みのメタファーであった（マタ 3 : 10; 7 : 17-20; 12 : 33; ルカ 3 : 9; 13 : 6-9; ヨハ 15 : 1-10; ロマ 6 : 21, 22; ガラ 5 : 22; フィリ 1 : 11; ヤコ 3 : 12, 17-18; I クレ 23 : 4 他）。

22 節　この文章は、「今や（νυνί）」という副詞句で始まっており、回心以前との強い対照の下に回心後の状態を描写している。信徒たちは罪から解放され、神に服従する結果、「聖化に至る実を結んでいる」。しかも、その行く末は、罪の奴隷となって悪行を行った時とは対照的に、「永遠のいのち」であり（ロマ 5 : 21 を参照）、聞き手にこちらの選択肢を選ぶように促している。「永遠のいのち」は人間の究極的な救いのことであり、既に共観福音書伝承にも見られる（マタ 19 : 16; マコ 10 : 17; ルカ 10 : 25; 18 : 18, 30）。この表現は、特に、ヨハネ福音書において救いに関する主要な概念としてしばしば登場し、イエスを信じる者は永遠のいのちを得るとされる（ヨハ 3 : 16, 36; 4 : 14, 36; 5 : 24, 39; 6 : 27, 40, 47, 54, 68; 10 : 28; 12 : 25, 50; 17 : 2）。パウロもこの伝統的表現を、人間の終末時における救いを論じる文脈で用いている（ロマ 2 : 7; 5 : 21; 6 : 22, 23; ガラ 6 : 8）。

23 節　本節は 21-22 節に述べられた結論の根拠付けとして、罪の報酬が死であるのに対して（21 節を参照）、信仰の結果得られる神の賜物は、「私たちの主イエス・キリストにおける永遠のいのちである」と述べている（22 節を参照）。ここで言われている「死」と「永遠のいのち」は、終末時に人間に下される判決において定められる、人間の究極的な運命のことである。「報酬」と訳した名詞 ὀψώνιον は、元々は軍役に服する兵士に対して定期的に支払われる「俸給」を意味する（ポリュビオス『世界史』4.60.20; I マ

カ 3:18; 14:32; ルカ 3:14）[474]。初期キリスト教文献においては転義で、キリストに仕える宣教師が信徒たちより受け取る経済的支援を指してこの名詞を使用することもある（Ⅰコリ 9:7; Ⅱコリ 11:8; イグ・ポリュ 6:2）。

　先行するロマ 6:13 において使用された軍事的メタファーは本節の背景にも存在している[475]。属州を軍事力で制圧し、周辺の辺境部では、ケルト人やゲルマン諸部族と武力抗争を繰り返していた帝政ローマ期の社会にあって、軍役や俸給はよく知られた制度であった。そのことが、兵士が受け取る俸給のメタファーが時折使用される背景にあるのであろう。なお、「罪の報酬は死である」という本節の発言にはアイロニーが込められている。罪の兵士として服役することが何の利益ももたらさず、むしろ死をもって報いられることは、全く期待外れである。これに対して神に従って得られる「永遠のいのち」は、「報酬」ではなく、「賜物」とされている。神に服従する生活を送った末に約束されている究極の救いは、善い行いの対価として与えられるのではなく、キリストによって一方的に恵みとして与えられるからである（ロマ 3:21-26; 4:1-17; 5:15, 21 を参照）。

律法と罪の問題（7:1-25）

1. 私訳

7¹ それとも、あなた方は知らないのか、兄弟たちよ、法を知っている者たちに私は言うが、生きている間は法が人を支配する。² 既婚の女性は存命の夫に法によって結ばれているからである。しかし、夫が死ねば、夫の法から解き放たれる。³ 彼女が他の男性のものとなれば、夫の存命中は淫婦と呼ばれる。しかし、夫が死ねば、その法から解放され、淫婦となることなく、他の男性のものとなることができる。⁴ このように、私の兄弟たちよ、あなた方もキリ

474　Bauer-Aland, 1327-1328; "ὀψώνιον," *EWNT* II 1358; W. Heiland, "ὀψώνιον," *TWNT* V 591-592; 川島、214 頁。

475　Fitzmyer, 452.

ストの体を通して律法に対して死に、他の方、つまり、死者のうちから起こされた方のものとなり、神に対して実を結んでいる。⁵ 私たちが肉にある時は、罪の熱情が律法を通して私たちの四肢に働き、死に至る実を結ばせていた。⁶ しかし、今や、私たちは律法から切り離されて、縛り付けられていたものに対して死に、古い文字によってではなく、新しい霊によって仕えている。

⁷ それでは、何と言おうか？律法は罪なのだろうか？断じてそうではない。律法を通してでなければ、私は罪を知らなかったであろう。律法が、「あなたは欲情を起こしてはならない」と言わなければ、私は欲情というものを知らなかったであろう。⁸ 罪は機会を捉えて戒めを通して私の内にあらゆる欲情を起こさせた。律法がなければ罪は死んでいた。⁹ 私はかつて律法なしで過ごしていたが、戒めが到来するに及んで、罪が生き返ったのだった。¹⁰ 私は死に、いのちに至る筈の戒めが、死に至る戒めとなったことが私には分かった。¹¹ というのも、罪は機会を捉えて、戒めを通して私を欺き、戒めを通して私を殺したのだった。¹² 律法は聖であり、また戒めは聖であり、義しく、善いものである。¹³ では、善いものが私にとって死となったのだろうか？断じてそうではない。罪が罪たることが明らかになるために、善いものを通して私の内に死を引き起こしている。罪は戒めを通して極めて罪深いものとなる。

¹⁴ 律法は霊的なものであることを私たちは知っている。しかし、私は肉にある者であり、罪の下に売り渡されている。¹⁵ 私は自分がしていることが分からない。自分が望むことを行わず、自分が嫌うことを私は行っているのである。¹⁶ 自分が望まないことを行っているのであれば、私は律法が良いものであるということに同意していることになる。¹⁷ 今や、そのことを行っているのは、私ではなく、私の内に宿っている罪である。

¹⁸ 私の内、つまり、私の肉の内には、良いものは宿っていないと知っている。私は善いことを望んではいるが、実行していない。¹⁹ 望んでいる善いことを行わず、望まない悪しきことを行っているのである。²⁰ もし、自分が望まないことを行っているのならば、それを行っているのは最早私ではなく、私の内に住まう罪である。²¹ 私が良いことを行おうと望んでも、悪いことをしてしまうという法則があることが分かる。²² 内なる人に従えば、私は神の法を

共に喜んでいる。²³ しかし、私の肢体の内には他の法則があって、私の理性の法に反対し、私の肢体に働く法によって私を虜にしている。²⁴ 私は実に哀れな者である。この死の体から誰が救ってくれるのだろうか？²⁵ 私たちの主イエス・キリストによって神に感謝すべきである。私は理性では神の法に服従しながら、肉において罪の法に服従しているのである。

2. 注解

ロマ7:1-25は、修辞学的に言えば、論証（3:21-8:29）の一部をなすが、特に、律法論を個々の人間が罪を犯す現実に即して実存論的に展開している。7:1-6は、婚姻における配偶者の死のもたらす法的効果を例にとって、信仰者がキリストを通して律法に対して死に、その支配から解放されていることを述べる。7:7-13はディアトリベーの対話的スタイルを用いながら、律法と罪の働きの関係について思索を進める。神の倫理的意思の表白であり、本来、聖なるものである律法が何故罪を誘発する結果になったのかということを、律法の到来による罪の活性化とその悪質さという視点から解明する[476]。この部分には一人称単数形（「私」）が多用され、罪に支配された人間が死に至る現実を告白的に語る。7:14-25は、律法に示された規範が善なるものであると認め、それを行いたいと望みながら、肉にある生身の人間が罪の法に支配されて悪を行う悲劇的現実を、一人称単数形（「私」）の文体を用いて切々と語っている。

7:1-6　人の死と律法からの解放
　vv.1-3　婚姻の喩え：法の効力は夫の存命中に限られる
　vv.4-6　キリストによって律法に対して死に、その支配から解放される
7:7-13　律法の本質と罪の働き
　v.7　律法による罪の認識
　vv.8-9　律法の到来と罪の活性化

476　Dunn, I 377 は、ここに律法を弁護する弁証的契機を見ている。

vv.10-11　罪の働きと死

vv.12-13　聖なる律法の罪による利用

7:14-25　肉にある者の意思と行動の矛盾

vv.14-17　善を指向する意思と罪ある行動

vv.18-20　肉にある者の真の行為主体としての罪

vv.21-25　神の法に逆らう罪の法の支配

人の死と律法からの解放（7:1-6）

1節　「それとも、あなた方は知らないのか、兄弟たちよ」と、パウロは聞き手に語り掛けて新しい段落を始めている。「あなた方は知らないのか」という言い方は、読者であるローマの信徒たちが、今までに十分に認識していなかった議論を、当然知っていなければならないこととして提示し、理解を求めている（ロマ6:3; Ⅰコリ3:16; 5:6; 6:2, 3, 9, 15, 16, 19; 9:13, 24; ヤコ4:4を参照）。

「法を知っている者たちに私は言うが、生きている間は法が人を支配する」という文章は、人間の社会生活を支配している法についての議論を、律法の支配と信仰生活との関係を説明する例証として持ち出している。パウロはかつて遺言の制度を、アブラハムに付与された約束とモーセを通して与えられたシナイ契約との関係を説明するために援用したことがある（ガラ3:15-18を参照）。それは神と人との間を律する契約関係と人と人との間を律する法的関係との間に一定の類比関係があると考えていたからである。

ギリシア語 νόμος は、「法」、「律法」、「規範」、「法則」等を意味する名詞である[477]。パウロはローマ書7章においてこの言葉を23回用いているが（ロマ7:1[2回], 2[2回], 3, 4, 5, 6, 7[3回], 8, 9, 12, 14, 16, 21, 22, 23[3回], 25[2回]）、それぞれの置かれた文脈によって異なった意味を使い分けているの

---

[477] Bauer-Aland, 1098-1099; H. Kleinknecht / W. Gutbrod, "νόμος," *TWNT* IV 1016-1084; H. Hübner, "νόμος," *EWNT* II 1157-1172 を参照。

で注意を要する。本節においては、パウロはギリシア・ローマの法律や、ユダヤ法を含む法一般に共通する法規の効力を問題にしている[478]。

2-3節　法の拘束力は人が生きている間に限られるという法理の証拠として、パウロは婚姻における配偶者の貞節義務のことを採り上げるが、それはこのことが聞き手にとって身近で分かりやすい例であったからであろう。結婚して婚姻関係に入れば、両当事者は配偶者として法的に貞節義務を負うことになることが、「存命の夫に法によって結ばれている」ことの具体的内容である（Ⅰコリ7:39を参照）。例えば、モーセの十戒は姦淫を禁じているが（出20:14; 申5:18）、それは夫婦の間に貞節義務が存在することを前提にして、姦淫がこの義務に違反すると考えているからである。従って、結婚している女性が夫以外の男性と関係を持てば、それは姦淫として制裁を受けることになる（レビ20:10; 申22:22-28）。また。夫が存命の時は婚姻関係が生きているので、妻が他の男性と一緒になるようなことがあれば、その行為も姦淫と見なされ、妻は「淫婦」と呼ばれることとなる（ロマ7:2）。

しかし、夫が死去すれば、婚姻関係は自動的に解消され、妻である女性は死去した夫に対して負っていた義務を最早負わず、女性は「夫の法から解き放たれる」（ロマ7:2; Ⅰコリ7:39b;『ミシュナ』「キドゥーシュ」1:1;『バビロニア・タルムード』「シャバト」30aを参照）[479]。夫の死後は法的に自由な身であり、彼女が別の男性と一緒になっても、最早、その行為は姦淫を構成しないので、「淫婦」と呼ばれて指弾されることはなく、彼女は再婚する自由を持つ（ロマ7:3; Ⅰコリ7:39bを参照）。

4節　ここでパウロは婚姻関係の例証を信徒と律法の関係に適用して、聞

478　Käsemann, 179; Wolter, I 410; L. Scornaienchi, *Sarx und Soma bei Paulus. Der Mensch zwischen Destruktivität und Konstruktivität* (Göttingen: Vandenhoeck & Ruprecht, 2008) 305-306 に賛成。本節における νόμος を Dunn, I 359, 368; Fitzmyer, 456 のように、ユダヤの律法と限定して考える必要はない。

479　Str.-Bill. III 232, 234.

き手であるローマの信徒たちが律法の支配下にないことを立証しようとしているが、類比関係には乱れが見られる。先の婚姻関係の喩えとの関連で言えば、信徒は結婚をした女性の立場であり、律法が夫もしくは「夫の法」の立場になぞらえられている。婚姻関係の喩えでは、夫が死ぬことにより妻が貞節義務から解放されるのであるが、4節の議論では夫ではなく、妻に例えられている信徒たち自身が、「キリストの体を通して律法に対して死ぬ」とされている[480]。ここで展開されているパウロの議論には省略が多いので、暗黙の前提になっている論理を補えば、信徒たちは洗礼を通してキリストと結ばれることによってその死と復活に与り（ロマ6:3-11）、最早、罪と律法の支配下にはないということであろう（6:14を参照）。キリストと共に死んだ者は、律法から自由とされて、「他の方、つまり、死者のうちから起こされた方のものとなり」、新しいいのちに生きる者となっている。「死者のうちから起こされた方」とは、キリストのことを指しているので（ロマ6:4, 8-9参照）、ここでは信徒とキリストとの霊的結婚の喩えが導入されている[481]。

「神に対して実を結んでいる」とは、神の意思に適う信徒の倫理的振る舞いのことであり、聖化と永遠のいのちが約束されている（6:22-23を参照）。

5節 パウロはここで文体を変えて、一人称複数形で語る。5-6節における「私たちは」とは、人間一般を指しており、5節はキリストの福音を信じる以前の人間の状態を過去形で描写し、6節は回心して洗礼を受けた以後の信徒の在り方を現在形で述べている。「私たちが肉にあった時」（ロマ7:5）とは、人が「肉」に支配されていた回心以前の時代を指している[482]。ギリシア語名詞 σάρξ（肉）は、本来、「肉体」、「からだ」、「人間」等を指す言葉であるが、ここでは人間の身体というよりも（ガラ4:14）、神の意思に反する自己中心的な人間の思いを指して使用されている（ガラ5:13, 16, 17, 19を参

---

480 Dunn, I 361, 369; Porter, 143-144.
481 Dunn, I 362; Fitzmyer, 459.
482 Dunn, I 363-364, 370.

照)[483]。回心以前の人間は肉に支配され、「肉の業」と称される数々の悪行を行っていたとされる（ガラ 5:19-21）。同様な事態をロマ 7:5 は、「罪の熱情が律法を通して私たちの四肢に働き、死に至る実を結ばせていた」と述べている。人間を罪ある行為へ向かわせる衝動的力がここでは、τὰ παθήματα τῶν ἁμαρτιῶν（罪の熱情）と表現されている。パウロの認識によれば、律法は人間が罪を犯すことを抑制することができず、却って罪ある行為を誘発する機会を与える結果となった（ロマ 7:8-12 を参照）。身体的存在である人間は、自分の四肢を駆使して行動するが、「肉にある」人間は、「罪の熱情」に囚われて非倫理的な行動を引き起こすこととなる。このような行動の結果は終末的視点からすると、永遠の「死に至る実を結ぶ」と評価される（ロマ 6:21; 8:6-7）。

6節 パウロは、νυνί（今や）という言葉によって、回心後の信徒の状態を回心以前と鋭く対照させる。正反対の事柄を対照することは、主張を印象付けるために論証の中でしばしば用いられる技法である（アリストテレス『弁論術』1397a、クウィンティリアヌス『弁論家の教育』9.1.33-34 を参照）[484]。回心者は、「キリストの体を通して律法に対して死んだ」結果として（ロマ 7:4）、「律法から切り離されて、縛り付けられていたものに対して死んだ」と評価される（7:6）。ここでは、倫理規範としての律法の、人間を拘束し、隷属させる否定的側面が強調され、キリストの福音によって自由にされ、恵みのうちにある状態と対比されている（ガラ 4:1-11; 5:1-6; ロマ 6:14; 7:5-6 を対照）。自由にされた者は、強いられて行動するのではなく、「古い文字によってではなく、新しい霊によって仕えている」と、パウロは主張する（ロマ 7:6）。「古い文字」とは、シナイ契約締結の際に十戒が二枚の石の板に刻まれていたことから、人間に特定の行動を取ることを命じ

483　Wolter, I 418 に賛成。なお、詳しい語学的分析については、LSJ, 1585; Bauer-Aland, 1487-1489; E. Schweizer / F. Baumgärtel / R. Meyer, "σάρξ," *TWNT* VII 98-151; A. Sand, "σάρξ," *EWNT* III 549-558 を参照。

484　Witherington III, 168.

る律法の具体的規定の言葉のことを指している（出 24:12; 31:18; 34:1-4; 申 4:13; 5:22; II コリ 3:6-7 を参照）。回心者は受洗の際に聖霊を受け（ロマ 8:15; ガラ 4:6）、信徒は聖霊によって導かれる新しい生活に入っている（ロマ 5:5; 8:3-5, 9; ガラ 5:22-25; さらに、エゼ 36:26-27 を参照）。

律法の本質と罪の働き（7:7-13）

7節 本節冒頭の Τί οὖν ἐροῦμεν（では、私たちは何と言おうか？）という文章によって読者の注意を喚起した後に（ロマ 6:1; 8:31; 9:14, 30 を参照）、パウロは、「律法は罪なのだろうか？」という疑問を投げ掛ける。この根本的な疑問は、仮想の論敵の反論というよりも、パウロ自身の思考過程の中で生まれた自問自答の言葉であろう。先に 7:5 において彼は律法を通して働く罪に支配された人間の状況を描いたので、律法と罪を同一視できるのではないかいう論理的可能性が出てきたのである。この先鋭な問いに対してパウロは、直ちに、「断じてそうではない（μὴ γένοιτο）」と答えて、強く否定している。律法は神の意思が具体的な戒めの形をとったものであり、聖であり（7:12）、霊的なものである（7:14）という理解に、パウロも留まっているからである。

律法は倫理規範であり、その戒めを守るために与えられた筈であるが、罪に支配された人間にはそれを守っていのちに到ることができず、違反した人間に罪の認識を与える（ロマ 3:20）。シナイ契約の条項である律法の付与以前にも世界に罪は存在したが、律法が無ければ、何が罪であるかを計る尺度がなく、罪は罪と認識されなかった（ロマ 5:12-13）。この事情をローマ書 7 章は個々の人間の罪認識の問題として、「律法を通してでなければ、私は罪を知らなかったであろう」と述べている（7:7）。ここでパウロは一人称単数形の文体を用いているが、この「私」は自伝的な性格を持たず、人間一般を指していると考えられる[485]。罪認識の問題を実存的な自分自身の問題と

485　W. Kümmel, *Römer 7 und das Bild des Menschen im Neuen Testament* (München:

して読者に自覚させるためにこうした文体が選択されているのであろう。

律法による罪認識の例示として彼は、欲情を禁じる十戒の律法の規定に言及して、「律法が、『あなたは欲情を起こしてはならない』と言わなければ（出 20:17; 申 5:21; フィロン『十戒各論』4.78）、私は欲情というものを知らなかったであろう」と述べる（ロマ 7:7）。ここで言われている ἐπιθυμία（欲情）とは、特に、隣人の妻や財産のように本来向けられてはならない対象に向かう欲望のこと指している（出 20:17; 申 5:21; 知 4:12; シラ 23:5; Ⅳマカ 1:22; 2:5-6; 3:2; ロマ 1:24; 13:14; ガラ 5:16, 24; ヤコ 1:15 他を参照）[486]。

8-9節 律法は何が許されない行為であるかを示したが、人間が罪を犯すのを抑止する力はない。却って、そうした行為の可能性に注意を喚起したために、欲情を掻き立て罪ある行為を誘発する効果を持った。パウロはそのことを捉えて、「罪は機会を捉えて戒めを通して私の内にあらゆる欲情を起こさせた」（8節ab）とも、「律法がなければ罪は死んでいた」（8節c）、「私はかつて律法なしで過ごしていたが、戒めが到来するに及んで、罪が生き返ったのだった」（9節）とも述べている。このようなパウロの認識は、律法を守る者がいのちに到り、律法を破る者が裁きを受けると考えるユダヤ教的な理解と鋭く対立する。旧約・ユダヤ教の立場からすれば、律法は実行可能なものであり、律法の規定には罪を抑止する効果が期待できるからである。

「私はかつて律法なしで過ごしていた」（9節）という文章において、「私」は救済史における人類を代表している[487]。この「律法」とはモーセの律法で

Kaiser, 1929; Nachdruck, 1974) 74-138; H. Lichtenberger, *Das Ich Adams und das Ich der Menschheit. Studien zum Menschenbild in Römer* 7 (Tübingen: Mohr-Siebeck, 2004) 121-127; Dunn, I 399-400; Fitzmyer, 465; Porter, 145. これに対して、Wolter, I 431-432 は「ユダヤ人」を代表しているとする。

486 Bauer-Aland, 594-595; F. Büchsel, "θυμός κτλ.," *TWNT* III 167-173; H. Hübner, "ἐπιθυμία κτλ.," *EWNT* II 68; Str.-Bill., III 234-237; J. A. Ziesler, "The Role of the Tenth Commandment in Romans 7," *JSNT* 33 (1988) 41-56; Dunn, I 379; Wolter, I 430 を参照。

487 Fitzmyer, 467. なお、Dodd, 105-106; Dunn, I 381-382; Lichtenberger, 121-127

あり、「戒め」とはシナイ契約の条項として与えられた十戒を中心とする諸規定のことであろう。戒めは守るために与えられたのに、その到来は、罪の認識のみならず、違反を促す結果となり、潜在的であった罪の働きが顕在化したのである。

10-11節　「私は死に、いのちに至る筈の戒めが、死に至る戒めとなったことが私には分かった」という文章における「私は死に」とは、人間が罪を犯す結果として陥る霊的死のことであろう（創2:17; ロマ5:12を参照）。旧約・ユダヤ教の伝統的理解に従えば、律法の戒めはそれを守る者が生きるために与えられている（レビ18:5; 申4:1; 6:24; 30:16; ネヘ9:29; 箴6:23; 7:2; エゼ18:9, 17; 20:11, 13; シラ17:11; 45:5; バル3:9; ソロ詩14:2; ロマ10:5; ガラ3:12; IVエズ14:30;『ミシュナ』「アボート」2.7）[488]。しかし、現実には戒めは本来の目的を果たすことができず、却って人間の罪を誘発し、死に至らしめている（ロマ7:11「というのも、罪は機会を捉えて、戒めを通して私を欺き、戒めを通して私を殺したのだった」）。この悲劇的事態を創り出しているのは、堕罪説話に象徴されるような人間を欺いて誤った道へと誘う罪の働きである（創3:13を参照）[489]。

12-13節　旧約的理解によれば、神は聖であり、それに対応して神の民も聖となるように求められている（レビ19:2）。民が聖なるものとなるためには、聖なる神が与えた律法の規定を守ることが必要となる（レビ19:3-37）。神の倫理的意思の具体化である限りにおいて、「律法は聖であり、また戒めは聖であり、義しく、善いものである」（ロマ7:12; さらに、申4:8; IIマカ6:23; 6:28を参照）。「善」はギリシア・ローマ世界の倫理教説において中心的な意味を持つ概念であり、あらゆる人間活動が目指す目的であるとされている（アリストテレス『ニコマコス倫理学』1094a）。ユダヤ人であ

はこの「私」を人類の始祖アダムと同視する（シリ・バル54:19を参照）。
488　さらに、Str.-Bill. III 237を参照。
489　Wolter, I 438-439.

るパウロにとって律法の戒めは神の意思の具体化であり、人間が目指すべき善そのものであるということになる（ネヘ9:13; 箴4:2; ヨセフス『古代誌』4.295を参照）。しかし、善である律法に人間をいのちに導く力は無く（ガラ3:21）、罪の惑わしのために、違反が起こり、結果として人間は死に至っている（ロマ5:10; 6:21; 7:10を参照）。そこで、善である律法の戒めそのものを端的に死と同視できるのかという疑問が起こるが（「善いものが私にとって死となったのだろうか？」）、パウロはそうした可能性を、「断じてそうではない」と述べて、言下に否定する（13節）。

善いものである律法の戒めの存在が、罪を抑止することができず、罪を誘発し、死に至らせる逆説的な結果になっているのは（「善いものを通して私の内に死を引き起こしている」）、人間を巧妙に誤った道に誘う罪の働きのためであり、そこに罪の罪たる本質が表れ（「罪が罪たることが明らかになるために」）、その邪悪な性格を示すことになる（「罪は戒めを通して極めて罪深いものとなる」）。

肉にある者の意思と罪が支配する行動の矛盾（7:14-25）

14節　「律法は霊的なものであることを私たちは知っている。しかし、私は肉にある者であり、罪の下に売り渡されている」という文章は、認識や意思と行動との乖離の問題を採り上げた14-25節全体の主題を簡潔に言い表している。15-25節は14節に示された主題を承けて、人間存在が置かれた悲劇的状況を具体的に述べている。特に、15-17節と18-20節とは、ほぼ同じ内容のことを少し違った言葉で繰り返し述べており、事態の深刻さを強調している[490]。21-25節はこうした事態に理論的考察を加え、神の法と罪の法との相克という解釈を与えている。

14節では、霊的（πνευματικός）であることと肉にある（σάρκινός）こと

---

[490]　繰り返しの修辞的効果については、Lausberg, §608, 625-627を参照。

が反対概念として対照されている（Ⅰコリ3：1を参照）[491]。霊的なものは神の霊に由来するのに対して、「肉にある」ものは人間的な思いに由来する。律法は神の意思が規定の形を採ったものである限りにおいて霊的であると分かっていても、律法を行う人間の方は、「肉にある者であり、罪の下に売り渡されている」ため、行為主体としての自由を持たず、律法を行うことができない。なお、「罪の下に売り渡されている」という表現の背後には、6章に用いられた隷属のメタファーが存在しており、罪の支配下に置かれ、行動の自由を奪われた状態になっていることを表している（イザ50：1を参照）[492]。

14-25節においてパウロは一人称単数形（「私」）の文体を用いているが、その性格が問題である。この「私」はパウロ個人を指し、信仰者として自分自身の心境を語っているのであろうか？[493] それとも、それは自伝的な意味を持たず、人間一般のことを語っているのであり、14-25節は信仰以前の人間の置かれた状況を叙述しているのであろうか？[494] この部分に続く8：1-16の部分が7章とは対照的に、キリストによる解放と霊の内にある者の希望を語っていることを考慮に入れると、7：14-25は信仰以前の人間の状況を振り返りつつ、叙述に現実性を付与するために一人称単数形を用いて歴史的現在の文体で語っていると考える方が良いであろう。

---

491 詳しい語学的分析については、Bauer-Aland, 1361-1362, 1486-1487; H. Kleinknecht, "πνεῦμα κτλ.," *TWNT* VI 333-357; J. Kremer, "πνευματικός, πνευματικῶς," *EWNT* III 291-293; E. Schweizer, "σάρξ κτλ.," *TWNT* VII 144-145; A. Sand, "σαρκικός, σάρκινος," *EWNT* III 547-548 を参照。

492 Dunn, I 388; Fitzmyer, 474; Wolter, I 445-446.

493 Jewett, 443-444; 田川『新約聖書訳と註4』213-215頁。

494 Kümmel, *Römer* 7, 118-132; Zeller, 145-146; Lohse, 215-216; Lichtenberger, 160-166; Wolter, I 465-467. これに対して、Dodd, 106-107; Barrett, 142-143; Cranfield, I 346; Dunn, I 404-405; D. A. Anderson Jr., *Ancient Rhetorical Theory and Paul* (Kampen: Kok Pharos, 1996) 206-207; B. Dodd, *Paul's Paradigmatic 'I': Personal Example as Literary Strategy* (JSNTSup 177; Sheffield: Sheffield Academic Press, 1999) 222-234; Scornaienchi, 341-342; G・タイセン（日本新約学会編訳）『イエスとパウロ』教文館、2012年、268頁は、一人称単数形の使用は修辞的であり、人類一般を表すが、パウロの個人的体験も反映しているとする。

肉にある者の意思と罪が支配する行動の矛盾（7:14 − 25）

15節　自己の意思と行動の乖離の問題は、既にギリシア・ローマ世界の倫理教説が指摘している問題であった（エピクテトス『語録』2.26.4; オウィディウス『変身物語』7.20 − 21）。この問題をパウロは人間の律法の遵守の問題として理解した。「自分が望むことを行わず、自分が嫌うことを私は行っている」という文章における「望むこと」とは、善を体現する律法の規定のことであり、「自分が嫌うことを私は行っている」という句における「自分が嫌うこと」とは、律法に反する非倫理的な行いのことである。人間の行為は通常であれば、自分の意思の実現のために行われるのであり、意思と行為は一致している。しかし、律法の実行にあたっては、人は善である戒めを行いたいという意思はあるのに、現実にはそれを破ってしまうので、意思と行為との間に乖離が生じ、「私は自分がしていることが分からない」という率直な告白がなされることとなる。

16節　「自分が望まないことを行っているのであれば、私は律法が良いものであるということに同意していることになる」という文章において、前半の条件と後半の帰結との間に存在する論理的連関については一考を要する。ここでは、人間が行っている罪ある行為をパウロが律法の違反と捉えていることが隠された前提になっている。律法違反である悪しき行為が本来望んでいないことであるのならば、その逆に、律法が定める戒めは良いものであり、自分が本来望んでいることであると内心認めているという結論が導かれる。なお、この文脈において、「良い（καλός）」は「善い（ἀγαθός）」とほぼ同義で使用されている。

17節　「今や、そのことを行っているのは、私ではなく、私の内に宿っている罪である」という内容は、人間が罪の支配下にある事実についての実存的表現である。人間が善を行いたいと望みながら悪を行ってしまうとき、そうした行為を行う原動力は自己ではなく罪の作用である。5章においてパウロは、罪と義を擬人化して、救済史を支配する主体として描いてみせたが（ロ

マ5:12-25を参照)、ここでは、実存的な視点から、罪を個人の非倫理的振る舞いを支配する内的主体として提示している。

18節 この文章における「肉(σάρξ)」とは、身体のみならず自然の人間存在全体を指している[495]。文前半の「私の肉の内には、良いものは宿っていない」とは、自然な人間には善を行う能力が与えられていないという認識を表現している。文後半の「私は善いことを望んではいるが、実行していない」ということは、人間が倫理的行為を行う能力がないことの例証として言及されている。

19節 「望んでいる善いことを行わず、望まない悪しきことを行っている」という文章は、先に出てきた、「自分が望むことを行わず、自分が嫌うことを私は行っている」(15節)ことの言い換えであるであるが、善への意思と悪の行いへの指向との葛藤という側面がより強調されて、倫理学的な考察の色彩が強くなっている。

20節 「もし、自分が望まないことを行っているのならば、それを行っているのは最早私ではなく、私の内に住まう罪である」という結論は、16-17節に言われていることの再論である。人間の行動は本来その意思の実行である筈である。もし、悪い行動が自分の意思を反映しないのであれば、むしろ、人間の心の中に巣くって、悪い行動へ向かう衝動を引き起こす罪の仕業であると言える。

21-23節 ロマ7:21-23において、パウロは自分自身の状況を二つの法の相克という視点から考察している。ここでパウロはνόμοςという名詞を多用しているが(7:21, 22, 23[3回])、「神の法」(7:22)という場合は倫理的

---

[495] LSJ, 1585; Bauer-Aland, 1487-1489; E. Schweizer / F. Baumgärtel / R. Meyer, "σὰρξ κτλ.," *TWNT* VII 98-151; A. Sand, "σάρξ," *EWNT* III 549-558; Scornaienchi, 287-291を参照。

規範という意味で使用し、「肢体に働く法」（7:23）という場合は人間の行動を支配する法則という意味で使用している[496]。

自然の人間が「良いことを行おうと望んでも、悪いことをしてしまう」ことは、自然法則のようにその支配から逃れることのできない必然性として感じられている（7:21）[497]。「内なる人」とは（ロマ7:22; Ⅱコリ4:16）、人間の倫理的意思のことであり、十戒に示された神の法を共に喜び、それに従おうとする。しかし、人間の体を支配する別の法が、戦いを仕掛けて圧倒し、人間の自由を奪っているという現実がある（ロマ7:23）。なお、「私の肢体に働く法によって私を虜にしている」という表現の背後には、勝者が敗者を捕虜として、隷属させる戦争のメタファーが存在している[498]。

24節　「死の体」という表現は（ロマ6:12, 24; 8:10, 11を参照）、罪を犯す結果、死に至る運命を持った人間存在の宿命を表す（ロマ5:12; 7:23; さらに、創3:19を参照）[499]。人間は究極的な死の運命を免れることはできず、自分自身の力では「死の体」から自らを救い出すことはできない。そこで、「私は実に哀れな者である。この死の体から誰が救ってくれるのだろうか？」という嘆きと問いが生まれる。この問いへの答えはここでは明示的には述べられていないが、パウロが行っている他のところでの発言を考慮すると（ロマ11:26; フィリ3:20; Ⅰテサ1:10）、神がキリストを通して救い出して下さるであろうという究極的希望をパウロは持っていると考えられる。

25節　冒頭に、「私たちの主イエス・キリストによって神に感謝すべきで

496　Fitzmyer, 475-476を参照。この文脈においても、νόμοςが一元的にユダヤの「律法」を指していると理解するDunn, I 392-393には賛成できない。
497　Wolter, I 456-457
498　Dunn, I 395; Wolter, I 460.
499　Bauer-Aland,1594; E. Schweizer, "σῶμα κτλ.," *TWNT* VII 1024-1091; idem., "σῶμα," *EWNT* III 770-779.

ある（χάρις τῷ θεῷ）」という典礼的な句が出てきている（7：25）[500]。神への感謝の根拠は、死の体からキリストを通して神が救って下さるという確信であろうが（Ⅰコリ 15：57; Ⅱコリ 2：14 を参照）、人間の悲惨を語り、死の体からの救済を願い求める前節からの調子の転換は急激であり、読者を驚かせる。

「私は理性では神の法に服従しながら、肉において罪の法に服従しているのである」という 25 節後半の文章は、21－23 節に述べられた人間の状況を再度要約して記述している[501]。名詞 νοῦς（νόος）は「理解」、「理性」、「精神」、「思考」を表す言葉である[502]。人間は与えられた理性によって神の倫理的要求を見極め、善悪の判断をしている。「私は理性では神の法に服従しながら」とパウロが述べているのは、自然の人間が理性によって神の法に適う倫理的判断をしているということであろう。しかし、人間は罪の力に支配されて、神の法に反する欲求を充たそうとする衝動を持っているために、理性の声よりも罪の力の方が支配的になり、「肉において罪の法に服従している」という結果になる。ストア派の哲学者エピクテトスは、人間の意思と行動の矛盾の問題は、人間が理性に従うことによって乗り越えることが可能であると考えていたが（エピクテトス『語録』2.26.5－6）、この世における罪の力の支配の現実を重視するパウロは、人間は自力ではこの窮状を脱することができないと考えているのである[503]。

500　名詞 χάρις はここでは、「感謝」を意味する（ルカ 17：9; ロマ 7：25; Ⅰコリ 15：57; Ⅱコリ 2：14; 8：16; 9：15）を参照。

501　本節前半との続き具合が悪いので、本節後半の部分を Käsemann, 203－204; Schllier, 235; Wilckens, Ⅱ 96－97 は校訂者による付加と見ている。

502　LSJ 1180－1181; Bauer-Aland, 1101－1102; A. Sand, "νοῦς, νόος," EWNT Ⅱ 1174－1177; J. Behm, "νοῦς κτλ.," TWNT Ⅳ 956－957.

503　Scornaienchi, 326－327; K.-W. Niebuhr, "Jakobus und Paulus über das Innere des Menschen und den Ursprung seiner ethischen Entscheidungen," NTS 62 (2016) 28－29 を参照。

霊に導かれる生活、被造物の希望（8:1-39）

1. 私訳

8¹ 今やキリスト・イエスにある者を断罪するものは何もない。² キリスト・イエスにあるいのちの霊の法は、あなたを罪と死の法から解放したからである。³ 律法が無力であり、肉のために弱っていたので、神はその御子を罪の肉の姿で遣わし、罪に関しては肉において罪を裁いた。⁴ それは律法の要求が肉に従ってではなく、霊に従って歩む私たちのうちに成就するためである。⁵ 肉に従う者たちは肉の事柄を思うが、霊に従う者たちは霊の事柄を思う。⁶ 肉の思いは死であるが、霊の思いはいのちと平和である。⁷ 従って、肉の思いは神に敵対し、神の律法に服そうとしないし、そうする能力もない。⁸ 肉にある者たちは神を喜ばせることができない。

⁹ 神の霊があなた方のうちに宿っているのなら、あなた方は肉にあるのではなく、霊のうちにある。キリストの霊を持たない者は、キリストに所属する者ではない。¹⁰ もし、キリストがあなた方のうちに（宿っているのならば）、体は罪のために死んでいるが、霊は義によるいのちである。¹¹ イエスを死者の中から甦らせた方の霊があなた方のうちに宿っているならば、キリストを死者の中から甦らせた方は、私たちの死すべき体も私たちのうちに宿っているキリストの霊によって生かして下さるであろう。

¹² さて、兄弟たちよ、私たちは肉に従って生きる義務を肉に対して負う者ではない。¹³ あなた方が肉に従って生きるのならば、死ぬことになるだろう。しかし、体の業を霊によって殺すならば、生きるであろう。

¹⁴ 神の霊に導かれる者は神の子である。¹⁵ あなた方は恐れを抱く隷属の霊を再度受けたのではなく、子たる身分の霊を受けた。霊を通して「アッバ、父よ」と私たちは叫んでいるのである。¹⁶ その霊は私たちの霊と共に、私たちが神の子であることを証ししている。¹⁷ もし、子であるなら、相続人でもある。共に苦しみ、共に栄光を受けることになっているならば、神の相続人、キリストの共同相続人である。

[18] 現在の時の苦しみは私たちのために間もなく啓示されようとしている栄光とは比べものにならないと考える。[19] 被造物の期待は神の子らが啓示されることに向けられている。[20-21] 被造物が虚無に服したのは、自発的ではなく、服従させる方によるのであり、被造物は朽ちるべき隷属から解放されて、神の子の栄光の自由へと到る希望を持つ。[22] すべての被造物は今に到るまで共に呻き、共に苦しんでいることを私たちは知っている。[23] しかし、霊の初穂を持つ私たち自身もまた、私たちの体の贖いを待望しつつ呻いている。[24] 私たちは希望によって救われている。希望と言えば、見えるものは希望ではない。見えるものを誰が待望するだろうか？[25] しかし、見えないものを待望しているのならば、忍耐しつつ待っているのである。

[26] 同様に、霊もまた私たちの弱さを助けている。何を祈り求めて良いのか私たちは分からないが、霊は言葉にならない呻きによって執りなしている。[27] 心を調べる方は霊の思いを知っておられる。霊は聖なる者たちのために神に対して執りなしているからである。

[28] 神を愛する者たち、つまり、計画に従って召された者たちにとってすべては益となり、善へ到ることを私たちは知っている。[29] (神は)予め知っている者たちをその御子と同じ姿に定めた。御子が多くの兄弟たちの間で長子となるためである。[30] (神は)予め定めた者たちを召したまい、召した者たちを義とし、義とした者たちに栄光を与えた。

[31] これらのことについて何と言えば良いのだろうか？神が私たちに味方しているのならば、誰が私たちに敵するだろうか？[32] 神が自分の子を惜しまず私たちのために与えたのならば、御子と共にすべてを与えて下さるのではないだろうか？[33] 誰が神に選ばれた者たちを訴えるのだろうか？神は義とする方である。[34] 誰が告発者となるのだろうか？死んで、否、甦った方であるキリストが神の右にあって、私たちのために執りなしているのである。[35] 誰がキリストの愛から私たちを引き離すのだろうか？艱難か、困窮か、迫害か、飢饉か、危険か、裸か、それとも剣だろうか？[36] 「あなたのために私たちは終日殺されて、屠りの羊と見なされています」と書かれている通りである。[37] しかし、私たちを愛して下さる方の御陰で私たちはすべてにおいて勝利す

る。³⁸⁻³⁹ 死もいのちも、天使も支配者たちも、今あるものも来たるべきことも、諸力も、高いところも低いところも、他の何かの被造物も、私たちの主キリスト・イエスにおける神の愛から私たちを引き離すことはできないと確信している。

2. 注解

ロマ 8:1-39 は、修辞学的に言えば、論証（3:21-8:39）の結びの部分であり、悲痛な調子で叙述を進めた 7 章からは一転して、非常に高揚した調子で世界の究極的救いに関する議論を進めている。8:1-17 は霊が支配的になることにより、罪と死の支配からの解放がもたらされることを二人称複数形と一人称複数形を用いながら、告白的な調子で述べていく。8:18-30 は目を大きく世界に向けて、終末的な展望から被造物全体が栄光と自由に与る希望を語る。8:31-39 は、信じる者たちには神が味方であり、キリストを通して示される神の愛が勝利することを詩文に近い讃歌的で情熱的な文体で語る。この部分は論証部分の結びとして、読者の感情に訴えるパトスの要素を全面に出している（アリストテレス『弁論術』1355b、キケロ『弁論家について』2.51.206-208, クウィンティリアヌス『弁論家の教育』4.1.20-22; 6.2.8; 6.2.27-36）[504]。

8:1-17　霊のうちにある生
   vv.1-11　霊の法による罪と死の法からの解放
   vv.12-17　霊に導かれる生活
8:18-30　被造物の希望
   vv.18-25　栄光と自由に与る希望
   vv.26-30　霊の執りなしと召された者たちの救い
8:31-39　神の愛
   vv.31-34　神が味方である

504　H. Lausberg, §257.

vv.35-39　キリストによる神の愛の勝利

霊のうちにある生（8:1-17）

1節　「今やキリスト・イエスにある者を断罪するものは何もない」という発言を通して、パウロは読者である信徒たちに対して、過去ではなく、現在から未来へと目を向けるように促している。「今や（νῦν）」とは、信徒が罪の支配を去り、キリストにある現在という実存史的な意味と（ロマ7:6を参照）、救いの完成を待つ終末論的現在という二重の意味を持つ。「断罪（κατάκριμα）」とは法的な概念であるが、世の終わりにおける神の法廷において有罪とされることがないということに関して援用されており、究極的救いに与る希望を示している。

2節　本節は前節の発言の根拠付けを与えている。終末時の審判にあって信徒は無罪宣告を受けるとパウロが考える理由は、「キリスト・イエスにあるいのちの霊の法は、あなたを罪と死の法から解放したからである」ということである。「キリスト・イエスにある」ということは、人が罪の支配下からキリストの支配下に移されているということに他ならない。信仰以前の人間は、罪と死の支配下にあったが（ロマ5:12-14; 6:20）、キリストにあるものは義といのちの支配下にある（5:15-25; 6:18-22）。本節においてギリシア語 νόμος（「法」、「律法」、「規範」、「法則」）が二度使用されているが（「いのちの霊の法」、「罪と死の法」）、ここでは人間に対して不可避的に及ぶ法則性を意味している[505]。「いのちの霊の法」とは、人を霊によって導きいのちに到らしめる力であり、「罪と死の法」とは、罪の支配下に生活して滅びに到らせる力である。前者は新しい世を支配する法であるのに対して、後者は古い世を支配する法であり、過ぎ去る運命にある。

---

[505]　Kuss, 490; Michel, 249; Käsemann, 207; Cranfield, I 375-376; Zeller, 152; Fitzmyer, 482-483; Wolter, I 473-474 に賛成。

3節 「律法が無力であり、肉のために弱っていた」という簡潔な発言は、律法が本来は人を命に導くための規定であるのに（レビ18：5; 申4：1; 6：24; 30：16; ロマ7：10; 10：5; ガラ3：12）、肉を通して働く罪のために本来の目的を果たすことができず、却って違反を誘発する結果に到っている現実を（ロマ7：10-12, 13-14を参照）、キリストにおける神の業が行われる前提として提示している。

本節は神の子キリストの受肉と死の出来事を、罪を裁くことによって世界の状況を根本的に変える神の業として描いている。神の子が人となってやって来た出来事を、ヨハ1：14は、「言葉は肉となって私たちのもとに宿った」と語っている。この場合、「肉」とは被造物である人間を指しており（創6：3; ロマ3：20; ガラ1：16を参照）、キリストの受肉は主が地上の生涯を歩み、神の子の栄光を現す歩みを始める出発点となっている。これに対して、「神はその御子を罪の肉の姿で遣わし、肉において罪を裁いた」というパウロの発言は、神の子の受肉の出来事を、罪の支配から人間を救い出すためになされた神の派遣の業と理解している（ガラ4：4を参照）。「罪の肉の姿」という表現は、キリストが人間となったことを指しているが、被造物である肉なるものとして罪を犯しやすい存在である人間と連帯したことを強調している（IIコリ5：21を参照）[506]。神の御子キリストが人となり、試練を乗り越えて（ヘブ4：15; 5：7-10）、十字架の死に到るまで神に従順な生涯を送ったことが（フィリ2：7-8）、ここでは神が「肉において罪を裁いた」出来事と評価されている（ロマ8：3）。このことは、パウロが他のところで、「キリストに属する者たちは肉を十字架に架けた」と表現していることと並行している（ガラ5：24）。なお、「罪を裁いた（κατέκρινεν τὴν ἁμαρτίαν）」という句に用いられている動詞κατακρίνω（裁く）は、8：1の冒頭に用いられている名詞κατάκριμα（断罪）に呼応している。

506　肉と罪の結び付きについては、ロマ7：5, 25を参照。

4節　「それは律法の要求が肉に従ってではなく、霊に従って歩む私たちのうちに成就するためである」という文章における「律法の要求（τὸ δικαίωμα τοῦ νόμου）」とは、律法の規定が要求する義なる行為のことである（申 4 : 40; 6 : 1; 7 : 11; ルカ 1 : 6; ロマ 1 : 32; 2 : 26; ヘブ 9 : 1, 10 を参照）[507]。パウロによれば、人間は「肉に従って（κατὰ σάρκα）」歩むのか、「霊に従って（κατὰ πνεῦμα）」歩むのかという二者択一の前に置かれている。肉に従った行動は様々な悪行を生み出すが（ガラ 5 : 16-21）、霊に導かれた生活は徳行を生み出す（5 : 22-23）。「私たち」は全信徒を含んでおり、キリストによって罪の支配から解放された者が、霊の導きに従って生きる時に（ロマ 7 : 4）、律法が要求している倫理的行いが成就される結果となる。神の霊の付与によって、人間が神の戒めの要求を満たすことができるようになるという考えは、既にエゼ 36 : 27; 死海写本『感謝の詩編（1QH）』12 : 31-32; 15 : 6-7 に見られる。パウロはこうした思想を継承しながらキリスト論的視点から再構成し、キリスト教倫理の出発点としたのであった。なお、ロマ 13 : 8 は、律法の成就の可能性を隣人愛の実践に見ている（ガラ 5 : 14 も参照）。

5-6節　「肉に従う者たちは肉の事柄を思うが、霊に従う者たちは霊の事柄を思う」という文章において、「肉」とは、人間の心に働いて神の意思に反する思いを起こさせる力を意味し、神の意思を伝える霊の働きと対照されている。「肉の事柄」とは、自己中心的な人間の欲望が向かう対象のことであり、「霊の事柄」とは神の意思に適う徳目のことである。

　「肉の思いは死であるが、霊の思いはいのちと平和である」という文章には言葉の省略が多いので、言葉を補う必要がある。「肉の思い」が神の意思に反する様々な悪行を生む結果（ガラ 5 : 17-21）、終末の裁きにおいて人は滅びへと至り、死を宣告されることになる（ロマ 6 : 16, 21; 7 : 5, 10, 24 を参照）。それに対して、「霊の思い」は神の倫理的意思に従った行為を生み出し

---

[507]　Bauer-Aland, 397-398; G. Schrenk, "δικαίωμα," *EWNT* II 223-227; K. Kertelge, "δικαίωμα," *EWNT* I 807-810 を参照。

霊のうちにある生（8 : 1 - 17）

（ガラ 5 : 22 - 24）、人を永遠のいのちと神との平和に導くこととなる（ロマ 6 : 23; 8 : 13）。

7-8節　「従って、肉の思いは神に敵対し、神の律法に服そうとしないし、そうする能力もない」（8 : 7）という文の形式的主語は「肉の思い（τὸ φρόνημα τῆς σαρκός）」である。「肉」とは人間の心に働いて神の意思に反する思いを生じさせる力のことであるから、「肉の思い」とは実は肉の力に支配された人間の思いに他ならない。従って、神に敵対するのは、肉に支配された人間であり、そのような人は神に対して敵対感情を持つことになる。また、「神の律法に服そうとしないし、そうする能力もない」のは、「肉の思い」というよりも「肉の思いに支配された者」と言った方が良い。

　神を信じる者の生活の目標は、神の意思に従うことによって、「神を喜ばせる」ことにある（Iコリ 7 : 32; I テサ 2 : 4; 4 : 1）。しかし、「肉にある者たち」は「肉の思い」に支配されており、「神を喜ばせることができず」（ロマ 8 : 8）、神の怒りを招くことになる。

9節　9-13節は6-8節とは一転して、「肉にある」生の対照をなす「霊にある」生について語る。冒頭の「神の霊があなた方のうちに宿っているのなら、あなた方は肉にあるのではなく、霊のうちにある」という文章において（9節a）、文体は一人称複数形になり、読者である信仰者たち自身の置かれた身近な現実であることが強調されている。「キリストの霊を持たない者は、キリストに所属する者ではない」という発言は（9節b）、「キリストの霊を持つ者は、キリストに所属する者である」ということを二重否定によって裏から言い表している。回心者は聖霊を付与されているということは、初代教会の基本的な理解に属しており（ロマ 5 : 5; 8 : 15; I コリ 6 : 19; 12 : 4 - 11, 12 - 13; ガラ 3 : 2, 14, 26 - 28; 4 : 6; I テサ 4 : 8）、ローマの信徒たちにとっては説明を要しない経験的事実であった。「神の霊が宿る」ということは（ロマ 8 : 9, 11）、人間の体を神殿になぞらえた比喩的表象である（I コリ 3 : 16; 6 : 19）。神の霊である聖霊を受けたものは、最早肉の支配下にはなく、霊に

導かれた者であるので、「肉にあるのではなく、霊のうちにある」と言える。

10節　「もし、キリストがあなた方のうちに（宿っているのならば）、体は罪のために死んでいるが、霊は義によるいのちである」という文章においてパウロは、突然、信徒の実存におけるキリストの内在について言及する（ロマ8：11; Ⅱコリ13：5を参照）。回心者における生きる主体の転換についてパウロはガラ2：20で、「最早私が生きているのではなく、私のうちにキリストが生きるのである」と語っている。このキリストは地上の生活を歩むイエスではなく、死から甦った復活のキリストのことである（Ⅰコリ15：3−8; ガラ1：16を参照）[508]。

本節後半において信徒の体と霊とが対照されている（Ⅱコリ5：1−10を参照）。この文章は信徒の実存における肉と霊との対立について述べるロマ8：4−9と8：12−17とに挟まれる格好となっている。「体は罪のために死んでいる」というパウロの発言は、人間の魂に対比して身体を否定的に評価するヘレニズム思想に表現の上で非常に近づいている（エピクテトス『語録』3.10.5; マルクス・アウレリウス『自省録』10.33.3; 4.41; フィロン『律法の寓意的解釈』Ⅲ 69−70）[509]。しかし、パウロの発言において、「体（σῶμα）」とは、身体のみならず、肉（σάρξ）と罪（ἁμαρτία）の支配に服して神の意思に反する思いと行いを実行している人間存在全体を表しており、「罪の体」（6：6）や「死すべき体」（6：12; 8：11）や「死の体」（7：14）と同義である。「霊は義によるいのちである」という部分における「霊」は、人間の魂ではなく、信徒に内在するキリストや聖霊の働きのことであり（8：16を参照）、義といのちの付与と結び付けられている（5：17−21）[510]。

11節　本節は黙示文学的な発想の下に、終末時の死者の復活の希望を語る。「イエスを死者の中から甦らせた方」、または、「キリストを死者の中か

508　Wolter, I 487に賛成。
509　Wolter, I 488を参照。
510　Wolter, I 488−489を参照。

ら甦らせた方」とは父なる神のことであり（ロマ 4:24; I コリ 6:14; II コリ 4:14 を参照）、この表現はキリストの復活の出来事が神の業であることを強調している。「キリストを死者の中から甦らせた方は、私たちの死すべき体も私たちのうちに宿っているキリストの霊によって生かして下さるであろう」という文章は、復活のキリストの霊の内在を終末時の死者の復活の手段としている点で特異である。聖霊は「いのちの霊」として人間を再生させる力があると考えられているのである（黙 11:11 を参照）。ここで「生かして下さるであろう」と訳したギリシア語動詞 ζωοποιέω は、新約聖書ではいのちを与える創造主として、死者を復活させる神の業について用いられていることが多い（ヨハ 5:21; ロマ 4:17; I コリ 15:22, 45; I ペト 3:18 を参照）[511]。

12 節 パウロは冒頭で、「さて、兄弟たちよ」と読者に呼び掛け、信じる者の生き方について、「私たちは肉に従って生きる義務を肉に対して負う者ではない」という原則を確認する。逆に言えば、信徒は肉の支配からは解放され、霊に従って生きる義務を神に対して負っているということであろう。

13 節 本節において、肉に従って生きることが、究極的な死につながることをパウロは再度確認する（「あなた方が肉に従って生きるのならば、死ぬことになるだろう」）。逆に、肉に支配された体が遂行しようとする業を、霊の働きによって抑えることが、永遠のいのちに生きる希望につながる。「しかし、体の業を霊によって殺すならば、生きるであろう」とパウロは述べる（コロ 3:9）。なお、この文章における「霊」とは神の霊のことである（8:14 を参照）。

14-17 節 ここでパウロは視点を少し変更して、霊の受領と神の子の身分との関係について語る。「神の霊に導かれる者は神の子である」ことがこ

---

[511] Bauer-Aland, 691-692; G. Bertram / R. Bultmann / G. v. Rad, "ζάω κτλ," *TWNT* II 833-877; L. Schottroff, "ζωοποιέω," *EWNT* II 273-274 を参照。

の部分の議論の出発点である (8:14)。初代教会において、信じる者は回心時に聖霊を受けると考えられていたが (Iコリ 12:4-11, 12-13; ガラ 3:26-28; 4:6)、聖霊は奴隷が主人に対して抱くような恐れを与える隷属の霊ではなく、神の養子の身分を与える霊である (ロマ 8:15a; ガラ 3:26; 4:5)。信徒たちは礼拝において、神の御子キリストのゲツセマネの祈りのように (マコ 14:36 並行)、「アッバ、父よ」と声を挙げて神に祈ることが許されている(ロマ 8:15b; ガラ 4:6)。この経験的事実は、信じる者が神の子とされていることを示す有力な証拠となっており、パウロは、「その霊は私たちの霊と共に、私たちが神の子であることを証ししている」と述べている (8:16)。信徒たちの精神的働きを構成する「私たちの霊」を (ロマ 1:9; Iコリ 2:11; 7:34; 14:14; 16:18; IIコリ 2:13; 7:13; Iテサ 5:23)、聖霊が助けることによって神の前での証言がなされるイメージがそこには存在している (マコ 13:11 を参照)。

さらに、パウロは信徒が神の子として神の相続人の地位が与えられていることに注意を促す (ロマ 8:17; ガラ 3:29; 4:7)。信徒たちはキリストに従うことによって地上では苦しみを受けるが、「共に苦しみ、共に栄光を受けることになっているならば、神の相続人、キリストの共同相続人である」ことが約束されている (ロマ 8:17b; IIコリ 4:10; フィリ 3:10-11; さらに、Iペト 4:13; 5:1 を参照)。

被造物の希望 (8:18-30)

18節 18-25節は話題を転換し、終末時に信徒に与えられる栄光と自由への希望を語る。18節によれば、現在経験している苦難は、来たるべき終わりの時に示されることになる栄光とは比べものにならない。しかし、終末はまだ来ておらず、終末時に与えられる信徒たちを待つ運命も宗教的な想像力に支えられた希望という性格を持つ。ギリシア語名詞 δόξα は古典ギリシア語では、「期待」、「意見」、「評判」、「噂」、「名誉」等の意味を表すが (ルカ 14:10; ヨハ 5:41; Iコリ 11:15 を参照)、七十人訳では、ヘブライ語の

כָּבוֹד の訳語として神の自己啓示としての「栄光」の意味を表す（出 15:7; 16:7, 10; 24:16, 17; 民 12:8; 14:10 他多数）[512]。新約聖書においては、特にヨハネ福音書が神の子キリストの栄光について言及している（ヨハ 1:14; 7:18; 12:41; 17:5, 22, 24）。パウロは信徒が終末時においては神の子として、神の属性である栄光に参与すると考え、終末待望の中心に置いたのであった（ロマ 8:18, 21; Ⅰコリ 2:7; Ⅱコリ 4:17; Ⅰテサ 2:12）。こうした思想は第二パウロ書簡や公同書簡に引き継がれている（Ⅱテサ 2:14; Ⅱテモ 2:10; ヘブ 2:10; Ⅰペト 5:1,4 を参照）。

19節 パウロは信徒の終末待望を被造物全体の期待（ἀποκαραδοκία）に投影して、「被造物の期待は神の子らが啓示されることに向けられている」と述べる[513]。ギリシア語 κτίσις は、ここでは、神の創造行為ではなく、創造行為の結果造られた被造物を指して使用されている（ロマ 1:25; 8:39; Ⅱコリ 5:17）。ここで言われる「神の子ら」とは天使たち（創 6:2; ヨブ 1:6; 38:7; 詩 89[88]:6）のことではなく、神の子として終末時にキリストの栄光に与ることになる信徒たちのことであろう（ロマ 8:14, 16 を参照）。終末の時は信じる者たちの究極的救いの時であると同時に、被造物である自然世界全体の救いの時である。人間の救いへの待望が被造物全体の希望にまで拡大されるということは、人間と他の被造物すべてを含めた世界の連帯ということが前提になっている。

20-21節 パウロは過ぎ去るべき古い世においては、人間が罪と死の支配下にあるだけでなく、被造物全体が虚無に服しているという認識を持っている。見えざる神の言葉によって創造された世界は本来良いものであった（創 1:31 を参照）。しかし、人間の罪によって創造の秩序が攪乱され、罪と死が

512　Bauer-Aland, 409-410; G. Kittel, "δοκέω κτλ.," *TWNT* Ⅱ 235-258; H. Hegermann, "δόξα," *EWNT* Ⅱ 832-841 を参照。

513　修辞的に言えば、ここでは、擬人法が用いられている。この修辞的手法については、Lausberg, §829 を参照。

世界を支配するようになったので世界は虚無に服し（創 3 : 1 - 24; ロマ 5 : 12）、そこからの救いを待ち望むのである。但し、堕罪による罪と死の支配という事態が生じても、創造主なる神がこの世界を創造したのであり、唯一の神が世界の主であるという事実は変わらない（創 1 : 1 - 2 : 4a; II コリ 4 : 6）。「被造物が虚無に服したのは、自発的ではなく、服従させる方による」という文章は（ロマ 8 : 20）、創造主なる神の世界の統治は揺るがず、被造物全体が自らの意思で虚無に服したのではなく、「服従させる方」である創造主の意思に従ってであるという逆説的事実を述べている[514]。しかし、虚無の支配は永遠に続くのではなく、終わりがあるというのが神の意思であり、来たるべき世においては、「被造物は朽ちるべき隷属から解放されて、神の子の栄光の自由へと到る希望を持つ」とされる（8 : 21）。

22 節 「すべての被造物は今に到るまで共に呻き、共に苦しんでいることを私たちは知っている」という文章は、終末を待ちつつこの世での苦難に耐えているのが人間だけでなく、被造物全体であることを語る。「共に呻き、共に苦しんでいる」という擬人的表現の背後には、出産を前にした産みの苦しみのイメージが存在している（イザ 26 : 17; エレ 4 : 31; 22 : 23）。子供が生まれれば、産みの苦しみが喜びに変わるように（ヨハ 16 : 21 を参照）、人間と被造物の呻きも、終末時の究極的な救いの到来の時には喜びに変わる性格のものであることが示唆されている。

23 節 終わりの時の到来と救いを待ち望むのは被造物の中でも、とりわけ、神の像に造られた人間であるが、そのことを明確に自覚しているのは信じる者たちである。「霊の初穂を持つ私たち自身も」とは初代教会の信徒たち全体を指している。「霊の初穂」という特異な表現は霊の付与により終末の収穫が既に始まっており、救いの完成が間近であるということを示唆して

514　Wolter, I 512.

いる[515]。

　パウロらが待望する「子たる身分」や「体の贖い」とは人間存在全体が救われ、復活のキリストのような朽ちることのない栄光の体に変えられるということであろう（Ｉコリ 15:52-53; フィリ 3:21）[516]。「子たる身分」は信じて洗礼を受けた時に既に与えられているのであるが（ロマ 8:15a; ガラ 3:26; 4:5）、神の御子キリストと同等の栄光ある地位にまで高められるのは終末時である。また、信じる者は既にキリストの死による人間の罪の贖いと罪の赦しに与っているのであるが（ロマ 3:24-26 を参照）、それが完成するのは終末の時であり、人間は新しい世における究極的な「体の贖い」を待ち望み続ける（8:23）。

　24-25 節　ここでパウロは信仰に基づいた人間の希望について理論的考察を与える（ロマ 5:4-5 も参照）。希望は未来に実現する事柄に対するものであるから、本性上、「見えないもの」に向けられている（Ⅱコリ 5:7; ヘブ 11:1-2 を参照）。現存の事柄は「目に見えるもの」であり、本来は希望の対象とはならない。「目に見える希望」という言い方は形容矛盾を含んでおり、正確に言えば「希望ではない」（ロマ 8:24）。しかし、信徒たちの希望が向けられている目に見えないものは未来の可能性に過ぎないのであり、辛抱強く待ち続けなければいけない（8:25）。信徒たちは来たるべき世における救いと栄光を待ち望んでいるのであるが、現在はキリストと共に苦しまなければならない運命にある（8:17; さらに、5:3-5 も参照）。

　26 節　本節は聖霊による祈りについての発言であるが、コリントの教会に見られるような、霊に満たされた熱狂的な祈りも当時の教会には珍しいことではなく（Ｉコリ 14:12-19 を参照）、読者であるローマの教会の信徒も同様な経験を共有していることが前提となっている。「何を祈り求めて良いの

515　Wolter, I 517-518.
516　Wolter, I 519 に賛成。

か私たちは分からない」という発言は、神に対して何を祈り求めるのが相応しいのかという基本的な問いを内包している。共観福音書伝承は、主の祈りをもってその答えとしているが（マタ 6:9-13; ルカ 11:2-4）、パウロは正しい祈りの可能性を人間の思いを超えた聖霊の働きに帰している。「私たちの弱さ」とはこの文脈では祈る言葉を自分で見出すことができない人間の弱さを指している。従って、「霊もまた私たちの弱さを助けている」とは、祈ることができないでいる人間を助けて祈りを可能とする霊の力の働きのことを言っている。「言葉にならない呻き」とは、聖霊に充たされて異言を語ることを指しているのであろう（I コリ 14:14-16 を参照）[517]。

27 節 旧約聖書において、神は人間の心を調べ、人間の心の中の思いを見抜いていると理解されている（詩 17[16]:3; 26[25]:2; 139[138]:1-2; 箴 20:27; エレ 17:10）。こうした理解は初代教会に継承されている（ルカ 16:15; 使 1:24; I テサ 2:4; 黙 2:23）。神が人間の心を調べるということを述べるに際して、多くの場合は動詞 δοκιμάζω（「吟味する」）を用いることが多いが（詩 17[16]:3; 26[25]:2; 139[138]:1-2; ; エレ 17:10 ルカ 16:15; 使 1:24; I テサ 2:4）、ロマ 8:27 では動詞 ἐραυνάω（「調べる」、「探求する」）が用いられている（箴 20:27; 黙 2:23 を参照）[518]。信徒の心の中で働く聖霊によって起こされた思いを神は知っている。他方、霊は神の深い思いも含めてすべてを調べて知りうる存在である（I コリ 2:10）。結果として、霊は信仰者のために「神に対して執りなしている」こととなる（ロマ 8:27）。

28 節 28-30 節においては、信じる者たちが、「神を愛する者たち」（28 節 a）、「計画に従って召された者たち」（28 節 b）、「予め知っている者たち」（29 節 a）、「兄弟たち」（29 節 b）と様々に呼ばれている。神を愛することは、旧約聖書の律法の中心的主題であり（出 20:6; 申 5:10; 6:4-5; 7:9; 10:12;

517　Lietzmann, 86-87; Käsemann, 232; Zeller, 163.
518　動詞 ἐραυνάω 及び ἐρευνάω の語学的分析については、Bauer-Aland, 620-621; G. Delling, "ἐρευνάω," *TWNT* II 653-654; "ἐραυνάω," *EWNT* II 120 を参照。

11:1; 30:16, 20; ヨシュ 22:5; ネヘ 1:5; ダニ 9:4; シラ 2:15-16; ベニ遺 3:1)、新約聖書の共観福音書伝承においても、最も大切な戒めとして言及されている（マタ 22:37; マコ 12:29; ルカ 10:27）。しかし、「神を愛する者たち」（28節a）という呼び方は、パウロ書簡には稀であり、I コリ 2:9; 8:3 に並行例があるだけである。パウロの神学思想においては、神が人間を愛するということに中心的な意義が与えられており（ロマ 8:37; 9:25; II コリ 9:7; I テサ 1:4; ガラ 2:20）、人間が神を愛するということは、神の愛への応答と位置付けられる。

本節においては、「神を愛する者たち」という句が、「計画に従って召された者たち」と同格の位置に置かれている。恐らく、「神を愛する者たちにとってすべては益となり、善へ到る」という、申 7:9 やネヘ 11:5 に基づいたユダヤ教に由来の格言をパウロが引用し（ソロ詩 6:6; 10:3; 14:1; 34:16）、「計画に従って召された者たち」という句を付け加えてキリスト教徒に適用できるようにしたのであろう。「召された者たち」という表現は信徒を指す呼称として初代教会に一般的であったが（ロマ 1:6, 7; I コリ 1:2, 24; ユダ 1:1; 黙 17:4）、ここでは、「計画に従って」という句が付け加えられて、神の救いへの予定ということが強調されている（ロマ 9:11; エフェ 1:11; 3:11; II テモ 1:9 を参照）。

なお、「神を愛する者たちにとってすべては益となり、善へ到る」という格言はユダヤ教においては神の戒めに忠実な信徒の繁栄を語るものであったと考えられるが、パウロは終末論的な意味を読み込み、苦難も含めて地上の生活において遭遇することのすべてが信徒の究極的救いに寄与することになるという意味を見出している。

29-30 節 パウロはここで信徒たちが終末の救いに与ることを神の予定という視点から考察している。信仰は人間の決断ではなく、先行する神の選びと召しに起源する（ガラ 1:15-16 を参照）。神の召しは偶然や恣意によるものではなく、神の予定に従う。かくして、神は、「予め知っている者たちをその御子と同じ姿に定め」（ロマ 8:29a）、「予め定めた者たちを召したまい、

召した者たちを義とし、義とした者たちに栄光を与えた」(8:30)。

この部分においては、動詞のアオリスト形が一貫して用いられている、この形の動詞は基本的には過去の完結した一回的行為を表現するが、最後のἐδόξασεν は例外で（ロマ 8:30）、来たるべき終末時に行われる行為の成就を確信してこの形が用いられている[519]。

「（神は）予め知っている者たちをその御子と同じ姿に定めた」（ロマ 8:29）という文章は何を意味しているのであろうか？「御子と同じ姿」とは地上のイエスではなく、神の子らとして復活のキリストと同じ栄光に与るということであり（ロマ 8: 21, 30）、終末時に与えられる究極的な恵みであろう（I コリ 2:7; II コリ 4:17; I テサ 2:12）[520]。

「御子が多くの兄弟たちの間で長子（πρωτότοκος）となるためである」とは、キリストの復活が死者の復活の初穂（ἀπαρχή）であるのと同様に（I コリ 15: 20, 23）、復活のキリストの栄光ある姿が、終末時の復活が約束されている信徒たちがキリストと共に栄化される希望の根拠となるということである（コロ 1:18; 黙 1:5 を参照）。「兄弟たち」(29 節 b）という呼び方は、神の家族として教会に属する者たちの連帯を表す言葉であり、初代教会において広く流布していた呼称として、ローマ書においてもしばしば用いられている（ロマ 1:13; 7:1, 4; 8:12; 9:3; 10:1; 11:25; 12:1 他多数）。

神の愛（8:31-39）

31 節 冒頭の Τί οὖν ἐροῦμεν（では、私たちは何と言おうか？）は、新たな段落を導入するときにパウロが用いる常套句であるが（ロマ 6:1; 7:7; 9:14, 30 を参照）、ロマ 8:31a では πρὸς ταῦτα（これらのことについて）という句を付け加えて、新しい段落が先行する部分で論じられたことを総括す

---

[519] ギリシア語動詞のアオリスト形が、未来の一回的行為を指すことがあることについては、BDR, §333 を参照。

[520] Wolter, I 532 を参照。

る内容を持つことを示唆している[521]。「神が私たちに味方しているのならば、誰が私たちに敵するだろうか？」(8:31b)という文章は修辞的疑問文である。ロマ8:31-39において、パウロはディアトリベーのスタイルに戻り、問いと答えを繰り返しながら、自らの主張を読者の脳裏に主張を焼き付けようとしている。背後にある基本的なイメージは、終末時の神の法廷であり、神が裁判長に、キリストが弁護者になぞらえられ、信徒たちがキリストの愛に支えられて敵対する諸勢力に打ち勝つ確信が表明されている。「神が私たちに味方しているのならば、誰が私たちに敵するだろうか？」という修辞的疑問は、「誰も私たちに敵することはない」という答えを内包している。神の法廷において裁判長である神自身が信徒たちの側に立つのならば、誰も信徒たちを打ち負かすことはできないからである。これは、現在の地上における生活において、キリスト教徒に敵対する勢力は多く、彼らが常に軋轢や攻撃や苦難に晒されていることとは対照的である。

32節 本節前半の「神が自分の子を惜しまず私たちのために与えたのならば」という条件文は、8:3に述べられた神の御子キリストの派遣の行為を(ガラ4:4も参照)、神の愛の表現として再解釈している(ヨハ3:16; ロマ4:25を参照)。創世記の物語において、アブラハムが神の命令に従ってイサクをモリヤの山で捧げようとした出来事について、アブラハムは、「自分の愛する子すら惜しまなかった」と言われている(創22:12, 16を参照)。この出来事はユダヤ教の伝統では、義人アブラハムの信実を示す行為として称揚されて来たが(Ⅰマカ2:52; シラ44:19-23; ヘブ11:17; ヤコ2:21-24を参照)、パウロは議論の方向を大きく転換して、御子キリストを惜しみなく与えた神の愛を理解するための例証として用いた(ロマ5:8; 8:39; Ⅱコリ5:21参照)。最も大切な存在である御子キリストを与えた神は、信じる者たちのために何も惜しむことなくすべてを与えて下さる筈である。本節後半の「御子と共にすべてを与えて下さるのではないだろうか？」という修辞的疑

521　Wolter, I 539 もこの点に注目する。

問文は、聞く者の側の肯定的答えを前提にしており、想像上の論敵の主張を論駁するために提示されているのではない。

33-34節 33節と34節は強調のために同様な内容を違った言葉で繰り返し、聞く者の脳裏に事柄を焼き付けようとしている。「誰が神に選ばれた者たちを訴えるのだろうか？」（8：33a）と「誰が告発者となるのだろうか？」（8：34a）という二つの修辞的疑問文は、8：31の「誰が私たちに敵するだろうか？」という疑問文の言い換えとして、同一内容を違った言葉で述べている。最後の審判が行われる神の法廷の前で、信じる者たちに敵対し、彼らを訴え、告発し、断罪する者は誰もいないであろうという確信がそこには存在している[522]。そう断じる根拠は、神の法廷において信じる者たちを、「神は義とする方である」ということにある（8：33b；さらに、8：30を参照）。神の判決の形成には、天上で神の右にあって信徒たちを執りなす弁護者としてのキリストの働きが寄与しているので（ヘブ7：25；9：24；Ⅰヨハ2：1を参照）、誰もそれを破ることはできない。パウロは、「死んで、否、甦った方であるキリストが神の右にあって、私たちのために執りなしているのである。」と述べ、キリストの修飾語として「死んで、否、甦った方」という句を付け加えている（8：34b）。その背後には、キリストの死が「私たちの（罪の）ため」であり（ロマ4：25；5：8；Ⅰコリ15：3；さらに、ガラ2：20；Ⅱコリ5：14；Ⅰテサ5：10を参照）、私たちへの愛の表れであるという理解が存在している。

35節 35-39節は一人称複数形の文体で書かれており、信仰告白的な性格を持っている。キリスト教に対して好意を持つ者が少なかった当時の世界において、信徒たちは地上の生活においては様々な困難の中に置かれていた。キリスト教信仰を阻害する可能性があるものとして、ここでパウロは、艱難、困窮、迫害、飢饉、危険、裸、剣を挙げているが（ロマ8：35）、その殆どは

---

[522] ここで法廷のイメージが使われているのは、修辞的な効果を上げるためだけであるとするWolter, I 544の見解には賛成できない。パウロは終末時の神の法廷を現実に起こる事柄と考えている。

神の愛（8:31 – 39）

宣教者としての生涯の中で自ら経験したことであった（II コリ 23 – 27 を参照）。彼は自分たちの苦難をキリストの苦難に与ることとして耐え忍んでいた（フィリ 1:29 – 30; 3:10）。困難な状況にあっても棄教することがない理由を、パウロは人間の信仰の強さではなく、キリストの愛の確かさに置いていた。この「キリストの愛」という句には、主格的属格が用いられており、「キリストを私たちが愛する愛」ではなく、「キリストが私たちを愛する愛」を意味する。「誰がキリストの愛から私たちを引き離すのだろうか？」という問いは、「そのような者は誰もいない」という答えを内包しており、そのことは読者に当然了解されていると想定されていた。

36 節 こうした了解の根拠として旧約聖書の箇所が引用される。「……と書かれている通りである」という句は旧約引用を導く定型句の一つである（ロマ 1:17; 2:14; 3:4, 10; 9:33; 11:8, 26; 12:19; 14:11; 15:9, 21）。「あなたのために私たちは終日殺されて、屠りの羊と見なされています」という言葉は、旧約聖書の詩 44[43]:23 を七十人訳に従って引用したものである。詩 44[43]:23 はバビロン捕囚の時に、バビロニアによってユダヤが滅ぼされた経験を象徴的な表現によって語っている。パウロはこの句を、迫害下で死の危険に晒されることもあったキリスト教宣教者の経験に引きつけて解釈したのであろう（II コリ 1:8 – 11; 4:7 – 12; フィリ 1:18 – 26 を参照）。

37 節 苦難の中でも私たちに対するキリストの愛が揺るぎないものであるので、応答としてのキリストへの信仰も揺らぐことはない。そこで、「しかし、私たちを愛して下さる方のお陰で私たちはすべてにおいて勝利する」という高らかな宣言がなされる。苦難に耐え、自分自身に対して勝利することは、ストア派の哲学者たちが勧める精神修養の一つであった（エピクテトス『語録』1.18.22; 2.18.30; セネカ『道徳書簡集』98.12）。これに対して、パウロが語る勝利は、来たるべき新しい世において成就することになる終末的現実である。来たるべき世界におけるメシアの勝利は、黙示文学が好んで描く主題であり（例えば、ダニ 7:11 – 28; I コリ 15:20 – 28, 55）、パウロの思考

もこの点においては非常に黙示的である。

38-39節 ギリシア語の原文では38節と39節とはパウロの確信を語る一つの文を構成しており、分けることはできない。パウロは、「死もいのちも、天使も支配者たちも、今あるものも来たるべきことも、諸力も、高いところも低いところも、他の何かの被造物も、私たちの主キリスト・イエスにおける神の愛から私たちを引き離すことはできないと確信している」と一気呵成に述べる。「死もいのちも、天使も支配者たちも、今あるものも来たるべきことも、諸力も、高いところも低いところも、他の何かの被造物も」という句において、パウロは人間の運命を左右するような可能性がある勢力の例を思いつく限り挙げている。ここでは「キリストの愛」（8：35）が、「私たちの主キリスト・イエスにおける神の愛」と言い直され、キリストの愛を通して示された神の愛に焦点が当てられている。全能の神の業として神の愛が示されているのならば、天上地上のどのような勢力であってもそれを妨げることはできないのである。

主要文献

1. 一次史料

1.1 聖書本文・使徒教父文書本文

E. Nestle / K. Aland. *Novum Testamentum Graece* (28. revidierte Aufl.; Stuttgart: Deutsche Bibelgesellschaft, 2012).

Aland, K. / B. Aland. *The Greek New Testamen* (5th revised ed.; Stuttgart: Deutsche Bibelgesellschaft, 2014).

Elliger, K. / W. Rudolph. *Biblia Hebraica Stuttgartensia* (Stuttgart: Deutsche Bibelgesellschaft, 1967-77).

Fischer, J. A. *Schriften des Urchristentums* (4 Bde; Darmstadt: Wissenschaftliche Buchgesellschaft, 1964-98).

Lindemann, A./ H. Paulsen. *Die Apostolischen Väter* (Tübingen: Moh-Siebeck, 1992).

Rahlfs, A. *Septuaginta* (Edition minor; Duo volumina in uno; Stuttgart: Deutsche Bibelgesellschaft, 1935).

1.2 ユダヤ教史料

関根正雄編『聖書外典偽典』全7巻＋補遺 I, II ＋索引、教文館、1975-82年

Charleswsorth, J. H. ed. *The Dead Sea Scrolls: Hebrew, Aramaic, and Greek Texts with English Translations* (Vols 1-6B; Tübingen: Mohr-Siebeck; Louisville: Westminster – Knox, 1994-2002).

_____. *The Old Testament Pseudepigrapha* (2 vols; Garden City, NY: Doubleday, 1983-85).

Epstein, I. ed. *The Babylonian Talmud* (35 vols; London: Soncino, 1935-52).

Milik, J.T. et al. *Discoveries in the Judaean Desert* (33 vols; Oxford : Clarendon Press, 1955-2001).

Martinez, F. G. / E. J. C. Tigchelaar eds. *The Dead Sea Scrolls : Study Edition* (2 vols; Leiden: Brill, 1997-98).

Neusner, J. *The Mishnah: A New Translation* (New Haven and London: Yale University Press, 1988).
日本聖書学研究所篇『死海文書』山本書店、1963 年

1.3 その他の史料

Aristoteles. *Ars Rhetorica* (Oxford Classical Texts; Oxford: University Press, 1959).
アリストテレス（戸塚七郎訳）『弁論術』岩波書店、1992 年
Boeckhius, A. ed. *Corpus inscriptionum Graecarum* (4 vols; Berlin: G. Reimer, 1828-77); (Nachdruck; Hildesheim: G. Olms, 1977).
Cicero. *Tulli Ciceronis Rhetorica* (ed. A. S. Wilkins; Oxford : University Press, 1903) ; (Reprint; Oxford : University Press, 1964).
キケロ（片山英男訳）『キケロ選集第6巻 修辞学 I 発想論、弁論術の分析』岩波書店、2000 年
　同　（大西英文訳）『キケロ選集第7巻 修辞学 II 弁論家について』岩波書店、1999 年
Dittenberger, W. *Orientis Graeci inscriptiones selectae* (Leipzig: S. Hirzel, 1903-1905).
＿＿＿＿＿＿. *Sylloge inscriptionum Graecarum* (Leipzig: S. Hirzel, 1915); (Nachdruck; Hildesheim: G. Olms, 1960).
Malherbe, A. J. ed. *Ancient Epistolary Theorists* (Atlanta: Scholars Press, 1988).
＿＿＿＿＿＿. *Moral Exhortaion: A Greco-Roman Sourcebook* (Philadelphia: Westminster, 1986).
The Oxyrhynchus Papyri (45 vols; London: Egypt Exploration Society, 1898-1977).
Quintilianus. *Institutio Oratoria* (ed. L. Radermache; Leipzig: Teubner, 1907).
Stern, M. ed. *Greek and Latin Authors on Jews and Judaism* (3 vols; Jerusalem: The Israel Academy of Sciences and Humanities, 1974-1984).

2. 二次文献

2.1. 注解書

Barrett, C.K. *A Commentary on the Epistle to the Romans* (London: Black, 1957).

主要文献

Byrne, B. *Romans* (Sacra Pagina 6; Collegeville: The liturgical Press, 1996).
Cranfield, C. E. B. *The Epistle to the Romans* (ICC; 2 vols; Edinburgh: T & T Clark, 1973-1979).
Dodd, C.H. *The Epistle of Paul to the Romans* (London: Hodder and Stoughton, 1932)
Dunn, J. D. G. *Romans* (WBC 38A-38B; 2 vols; Dallas: Word Books, 1988).
Fitzmyer, J. A. *Romans* (AB33; New York: Doubleday, 1993).
Haacker, K. *Der Brief des Paulus an die Römer* (THNT 6; Leipzig: Evangelische Verlagsanstalt, 1999).
Hultgren, A. J. *Paul's Letter to the Romans: A Commentary* (Grand Rapids: Eerdmans, 2011).
Jewett, R. *Romans* (Hermeneia; Minneapolis: Fortress, 2007).
Käsemann, E. *An die Römer* (HNT 8a; 2. Aufl.; Tübingen: Mohr-Siebeck, 1973).
川島重成『ロマ書講義』教文館、2010 年
木下順治『新解　ローマ人への手紙』聖文舎、1983 年
Kruse, C. G. *Paul's Letter to the Romans: A Commentary* (Grand Rapids: Eerdmans, 2012).
Lancaster, S. H. *Romans* (Louisville, KT: Westminster-Knox, 2015).
Lietzmann, H. *An die Römer* (HNT 8a; 4. Aufl.; Tübingen: Mohr-Siebeck, 1933).
Lohse, E. *Der Brief an die Römer* (KEK; Göttingen: Vandenhoeck & Ruprecht, 2003).
Matera, F. *Romans* (Grand Rapids: Baker, 2010).
松木治三郎『ローマ人への手紙　翻訳と解釈』日本基督教団出版局、1966 年
Michel, O. *Der Brief an die Römer* (KEK; 12. Aufl.; Göttingen: Vandenhoeck & Ruprecht, 1966).
Middendorf, M. P. *Romans 1-8* (Concordia Commentary; St. Louis: Concordia Publishing House, 2015).
Nygren, A. *Commentary on Romans* (tr. C. C. Rasmussen; Philadelphia: Muhlenberg, 1949).
Pate, C. M. *Romans* (Grand Rapids: Baker, 2013).
Porter, S. E. *The Letter to the Romans: A Linguistic and Literary Commentary* (Sheffield: Sheffield Phoenix Press, 2015).
Sanday, W. / A. C. Headlam. *The Epistle to the Romans* (ICC; 5th ed.; Edinburgh: T & T Clark, 1902).
Schreiner, T. S. *Romans* (Grand Rapids:Baker, 2004) .
Schlier, H. *Der Römerbrief* (HTK 6; 2. Aufl.; Freiburg: Herder, 1979) .

Schmithals, W. *Der Römerbrief. Ein Kommentar* (Gütersloh: Gerd Mohn, 1988).

Stuhlmacher, P. *Der Brief an die Römer* (NTD 6; Göttingen: Vandenhoeck & Ruprecht, 1989).

田川建三『新約聖書　訳と註4』作品社、2009年

Theobalt, M. *Der Brief an die Römer* (2 Bde.; Stuttgart:Katholisches Bibelwerk, 1992-93).

Wilckens, U. *Der Brief an die Römer* (2.Aufl.; EKK VI/1-3; Zürich: Benzinger; Neukirchen-Vluyn: Neukirchener Verlag, 1989).

Witherington III, B. *Paul's Letter to the Romans: A Socio-Rhetorical Commentary* (Grand Rapids: Eerdmans, 2004).

Wolter, M. *Der Brief an die Römer* (EKK VI/1; Neukirchen-Vluyn: Neukirchener Verlag; Ostfildern: Patmos, 2014).

2.2. 個別研究

2.2.1 外国語文献

Aagason, J. W. " 'Control' in Pauline Language and Culture: A Study of Rom 6," *NTS* 42 (1996) 75-89.

Aitken, E. B. *Jesus' Death in Early Christian Memory: The Poetics of the Passion* (Göttingen: Vandenhoeck & Ruprecht, 2004).

Aland, K. *Text und Textwerte der griechischen Handschriften des Neuen Testaments II. Die paulinischen Briefe* (Berlin: Waler de Gruyter, 1991).

_____. *Der Text des Neuen Testaments* (Stuttgart: Deutsche Bibelgesellschaft, 1981).

_____. "Der Schluß und die ursprüngliche Gestalt des Römerbriefes," in ders., *Neutestamentliche Entwürfe* (München: Kaiser, 1979) 284-301.

_____. *Studien zur Überlieferung des Neuen Testaments und seines Textes* (Berlin: de Gruyter, 1967) 35-57.

Anderson Jr., D. A. *Ancient Rhetorical Theory and Paul* (Kampen: Kok Pharos, 1996).

Andrew Das, A. *Solving the Romans Debate* (Minneapolis: Fortress, 2007).

Aune, D. *The New Testament in its Literary Environment* (Philadelphia: Westminster, 1987).

Barclay, J. *Jews in the Mediterranean Diaspora: from Alexander to Trajan (323 BCE –*

117 CE) (Edinburgh: T & T Clark, 1996).

_____. "Neither Jew nor Greek: Multiculturalism and the New Perspective on Paul," in *Ethnicity and the Bible* (ed. M. G. Brett; Leiden: Brill, 1996) 197-214.

Barr, J. *Biblical Faith and Natural Theology* (Oxford: Oxford University Press, 1993).

Barry, K. L. "The Function of Friendship Language in Philippians 4:10-20," in *Greco-Roman Friendship, Flattery, and Frankness of Speech: Studies on Friendship in the New Testament World* (ed. J. T. Fitzgerald; Leiden: Brill, 1996) 107-124.

Barth, G. *Der Tod Jesu Christi im Verständnis des Neuen Testaments* (Neukirchen-Vluyn: Neukirchener, 1992).

Bassler, J. M. / D. M.Hay / E. E. Johnson eds. *Pauline Theology* (vol.I-III; Minneapolis: Fortress, 1994-1995).

Becker, J. *Auferstehung der Toten im Urchristentum* (Stuttgart: Katholisches Bibelwerk, 1973).

_____. *Paulus* (3. Aufl.; Tübingen: Mohr-Siebeck, 1998).

Bell, R. H. *Provoked to Jelousy* (WUNT 2.63; Tübingen: Mohr-Siebeck, 1994).

Bieringer, R. /V. Koperski / D. Lataire eds. *Resurrection in the New Testament* (FS. J. Lambrecht; Leuven: University Press, 2002).

Bird M. F. / P. M. Sprinkle eds. *The Faith of Jesus Christ: Exegetical, Biblical, and Theological Studies* (Peabody: Hendrickson, 2009).

Bornkamm, G.. "Die Offenbarung des Zornes Gottes," in ders., *Das Ende des Gesetzes. Paulusstudien* (München: Kaiser, 1952) 9-33.

Brändle, R. / E. W. Stegemann, "The Formation of the First 'Christian Congregations' in Rome in the Context of the Jewish Congregations," in *Judaism and Christianity in First-Century Rome* (Grand Rapids: Eerdmans, 1998) 117-127.

Breytenbach, C. *Versöhnung* (Neukirchen-Vluyn: Neukirchener Verlag, 1989).

_____. "Versöhnung, Stellvertretung und Sühne. Semantische und traditionsge-schichtliche Bemerkungen am Beispiel der paulinischen Briefe," *NTS* 39 (1993) 59-79.

Breytenbach, C. ed. *Paul's Graeco-Roman Context* (Leuven: Peeters, 2015).

Brooten, B. J. *Love between Women: Early Christian Responses to Female Homo-eroticism* (Chicago: The University of Chicago Press, 1996).

Bultmann, R. *Der Stil der paulinischen Predigt und die kynisch-stoische Diatribe* (Göttingen: Vandenhoeck & Ruprecht, 1910).

_____. "Das christliche Gebot der Nächstenliebe,"in *Glauben und Verstehen* (4

Bde; Tübingen: Mohr-Siebeck, 1933-1965) I 229-244.

_____. *Theologie des Neuen Testaments* (9. Aufl. durchgesehen und ergänzt von O. Merk; Tübingen: Mohr-Siebeck, 1984).

Burke, T. J. *Family Matters: A Socio-Historical Study of Kinship Metaphors in 1 Thessalonians* (JSNTSup 247; London: T & T Clark, 2003).

Butler, R. F. *The Meaning of agapao and phileo in the Greek New Testament* (Lawrence: Coronado, 1977).

Byron, J. *Slavery Metaphors in Early Judaism and Pauline Christianity* (WUNT 2.162; Tübingen: Mohr-Siebeck, 2003).

Byrskog, S. "Epistolography, Rhetoric and Letter Prescript: Romans 1:1-7 as a Test Case," *JSNT* 65 (1997) 27-46.

Campbell, D. A. *The Rhetoric of Righteousness in Romans 3.21-26* (JSNTSup 65; Sheffield: JSOT, 1992).

_____. "Romans 1:1-17 – A Crux Interpretum for the πίστις Ἰησοῦ Χριστοῦ Debate," *JBL* 113 (1994) 265-285.

_____. "The Faithfulness of Jesus Christ in Romans 3:22," in *The Faith of Jesus Christ: Exegetical, Biblical, and Theological Studies* (eds. M. F. Bird – P. M. Sprinkle; Peabody: Hendrickson, 2009) 57-72.

_____. *Framing Paul: An Epistolary Biography* (Grand Rapids: Eerdmans, 2014).

Catherpole, S. J. *Where is Boasting? Early Jewish Soteriology and Paul's Response in Romans 1-5* (Grand Rapids: Eerdmans, 2002).

Charles, R. *Paul and the Politics of Diaspora* (Minneapolis: Fortress, 2014).

Clark, B. T. *Completing Christ's Affections* (WUNT 383; Tübingen: Mohr-Siebeck, 2015).

Collins, R. F. "The Case of a Wandering Doxology: Rom 16, 25-27," in *New Testament Textual Criticism and Exegesis* (ed. A. Denaux; Leuven: University Press, 2002) 293-303.

Corssen, P. "Zur Überlieferungsgeschichte des Römerbriefes," *ZNW* 10 (1909) 1-45, 97-102.

Debanné, M. J. *Enthymemes in the Letters of Paul* (LNTS 303; London: T & T Clark, 2006).

Deissmann, A. *Licht vom Osten* (Tübingen: Mohr-Siebeck, 1923).

Dodd, B. *Paul's Paradigmatic 'I': Personal Example as Literary Strategy* (JSNTSup 177; Sheffield: Sheffield Academic Press, 1999).

主要文献

Doering, L. "4QMMT and the Letters of Paul: Selected Aspects of Mutual Illumination," in *The Dead Sea Scrolls and Pauline Literature* (ed. J.-S. Rey; Leiden: Brill, 2014) 69-88.

Donfried, K. P. ed. *Romans Debate* (Revised and Expanded ed.; Peabody, MA: Hendrickson, 1991).

Donfried, K. P. / P. Richardson eds. *Judaism and Christianity in First-Century Rome* (Grand Rapids: Eerdmans, 1998).

Dormeyer, D. *Das Neue Testament im Rahmen der antiken Literaturgeschichte* (Darmstadt: WBG, 1993).

Dunn, J. D. G. "Works of the Law and the Curse of the Law (Galatians 3.10-14)," *NTS* 31 (1985) 523-542.

─────────. *Jesus, Paul and the Law: Studies in Mark and Galatians* (London:SPCK, 1990).

─────────. *The Partings of the Ways between Christianity and Judaism and their Significance for the Character of Christianity* (London: SCM, 1991).

─────────. *The Theology of Paul the Apostle* (Grand Rapids: Eerdmans, 1998).

─────────. "Once More, ΠΙΣΤΙΣ ΧΡΙΣΤΟΥ," in *Pauline Theology* (Vol.4; eds. E. E. Johnson and D. M. Hay; Atlanta: Scholars, 1997) 61-81.

Dunnill, J. "Saved by Whose Faith?-The Function of πίστις Χριστοῦ in Pauline Theology," *Colloquium* 30 (1998) 6-10.

du Toit, A. B. *Focusing on Paul: Persuasion and Theological Design in Romans and Galatians* (BZNW 151; Berlin: W. de Gruyter, 2007).

Ebner, M. /I. Fischer/ J. Frey (Hg.). *Liebe* (JBT29; Neukirchen-Vluyn: Neukirchener Verlag, 2015).

Eckstein, H.-J. *Der Begriff Syneidesis bei Paulus* (WUNT II 10; Tübingen: Mohr-Siebeck, 1983).

─────────. "» Denn Gottes Zorn wird von Himmel her offenbar werden.« Exegetische Erwägungen zu Röm 1,18," *ZNW* 78 (1987) 82-89.

Elliott, J. K. "The Language and Style of the Concluding Doxology to the Epistle to the Romans," *ZNW* 72(1981) 124-130.

Elliott, N. *The Rhetoric of Romans* (JSNTSup 45; Sheffield: JSOT, 1990).

Esler, P. F. *Conflict and Identity in Romans* (Minneapolis: Fortress, 2003).

Engberg-Pedersen, T. *Paul and the Stoics* (Edinburgh: T & T Clark, 2000).

Fiore, S. J. B., "The Theory and Practice of Friendship in Cicero," in *Greco-Roman*

Perspectives on Friendship (SBLRBS 34; ed. J. T. Fitzgerald; Atlanta: Scholars, 1997) 59-76.

Fischer, G. / K. Backhaus. *Sühne und Versöhnung* (Würzburg: Echter, 2000).

Fitzgerald, J. T. ed. *Greco-Roman Friendship, Flattery, and Frankness of Speech: Studies on Friendship in the New Testament World* (Leiden: Brill, 1996).

_____. *Greco-Roman Perspectives on Friendship* (SBLRBS 34; Atlanta: Scholars, 1997).

_____. "Paul and Friendship," in *Paul in the Greco-Roman World* (ed. J. P. Sampley; Harrisburg: Trinity Press International, 2003) 319-343.

Fitzmyer, J. A. "4QTestimonia and the New Testament," in idem., *The Semitic Background of the New Testament* (Grand Rapids: Eerdmans, 1997) 59-89.

Forbes, C. "Comparison, Self-Praise and Irony: Paul's Boasting and Conventions of Hellenistic Rhetoric," *NTS* 32 (1986) 1-10.

Furnish, V. *The Love Command in the New Testament* (Nashville, TN: Abingdon, 1972).

Gamble, H. *The Textual History of the Letter to the Romans* (Grand Rapids: Eerdmans, 1977).

Gaston, L. *Paul and the Torah* (Vancouver : University of British Columbia Press, 1987).

George Shillington, V. *James and Paul: The Politics of Identity at the Turn of the Age* (Minneapolis : Fortress, 2015) .

Gnilka, J. *Theologie des Neuen Testaments* (HTKNTS5; Freiburg: Herder, 1994).

Goodrich, J. K. "From Slaves of Sin to Slaves of God: Reconsidering the Origin of Paul's Slavery Metaphor in Romans 6," *BBR* 23 (2013) 509-530.

Goodspeed, E. J. "Phoebe's Letter of Introduction," *HTR* 44 (1951) 55-57.

Gorman, M. J. *Becoming the Gospel: Paul, Participation, and Mission* (Grand Rapids: Eerdmans, 2015).

Hahn, F. *Theologie des Neuen Testaments* (2 Bde; Tübingen: Mohr-Siebeck, 2002-2003).

Hanson, A. T. *Studies in Paul's Technique and Theology* (London: SPCK, 1974).

Haraguchi, T. "Das Unterhaltsrecht des frühchristlichen Verkündigers. Eine Untersuchung zur Bezeichnung ἐργάτης im Neuen Testament," *ZNW* 84 (1993) 178-195.

_____. "Pistos ho Theos/Pistis tou Theou," *AJBI* 20 (1995) 59-78

_____. "Words of Blessing and Curse: A Rhetorical Study of Galatians," *Asia Journal of Theology* 18 (2004) 33-50.

_____. "A Tragic Farewell Discourse?: In Search of a New Understanding of Paul's Miletus Speech (Acts 20:18-35)," *AJBI* 33 / 34 (2007) 137-154.

_____. "Die Rezeption der biblischen Seligpreisungen bei den Apostolischen Vätern," in *Neutestamentliche Exegese im Dialog* (FS. Ulrich Luz; Neukirchen-Vluyn:Neukirchener Verlag, 2008) 297-306.

_____. "Philia as Agape: The Theme of Friendship in the Gospel of John," *Asia Journal of Theology* 28 (2014) 250-262.

Harrer, G. A. "Saul who also is Called Paul," *HTR* 33 (1940) 19-34.

Harrill, J. A. "Paul and Slavery," in *Paul in the Greco-Roman World: A Handbook* (ed. J. P. Sampley; Harrisburg: Trinity Press International, 2003) 574-607.

Harrison, J. R. *Paul and Imperial Authorities at Thessalonica and Rome* (WUNT 273; Tübingen: Mohr-Siebeck, 2011).

_____. "Paul's 'Indebtedness' to the Barbarian (Rom 1:14)," *NovTest* 55 (2013) 311-348.

Hauck, F. "Die Freundschaft bei den Griechen und im Neuen Testament," in *Festgabe für Theodor Zahn* (Leipzig: Deichert, 1928) 211-228.

Hay, D. M. / E. E. Johnson eds. *Pauline Theology* (vol.IV; Atlanta: Scholars, 1997).

Hays, R. B. "ΠΙΣΤΙΣ ΧΡΙΣΤΟΥ and Pauline Christology: What is at Stake?" in *Pauline Theology* (Vol.4; eds. E. E. Johnson and D. M. Hay; Atlanta: Scholars, 1997) 35-60.

_____. *The Faith of Jesus Christ* (2nd ed.; Grand Rapids: Eerdmans, 2002).

_____. *Echoes of Scripture in the Letters of Paul* (New Haven and London: Yale University Press, 1989).

_____. *The Moral Vision of the New Testament* (San Francisco: Harper, 1996).

_____. " 'The Righteous One' as Eschatological Deliverer," in *Apocalyptic and the New Testament* (eds. J. Marcus / M. L. Soards; FS. J. L. Martyn; JSNTSup 24; Sheffield: JSOT, 1989) 191-215.

Heckel, T. K. *Der innere Mensch: Die paulinische Verarbeitung eines platonischen Motivs* (WUNT II 53; Tübingen: Mohr-Siebeck, 1993).

Hemer, C. J. "The Name of Paul," *TynBul* 36 (1985) 179-183.

Hengel, M. /U. Heckel eds. *Paulus und das antike Judentum* (WUNT 58; Tübingen: Mohr-Siebeck, 1991).

Hengel, M. / A. M. Schwemer. *Paulus zwischen Damaskus und Antiochien* (WUNT 108; Tübingen: Mohr-Siebeck, 1978).

Heninger, B. *Paulus als Visionär: eine Religionsgeschichtliche Studie* (Freiburg: Herder, 1996).

Hildebrand, N. *Syneidos bei Philo, Syneidesis bei Paulus* (München: Grin, 2013).

Hock, R. F. "Jesus, the Beloved Disciple and Greco-Roman Friendship Conventions," in *Christian Origins and Greco-Roman Culture* (*Early Christianity in its Hellenistic Context* Vol.I; eds. S. E. Porter / A. W. Pitts; Leiden: Brill, 2013) 195-212.

Hofius, O. *Paulusstudien* (WUNT 51; 2. Aufl.; Tübingen: Mohr, 1994).

Hooker, M. D. "*PISTIS CRISTOU,*" *NTS* 35 (1989) 321-42.

Horn, F. W. ed. *Paulus Handbuch* (Tübingen: Mohr-Siebeck, 2013).

Horsley, R. ed. *Paul and Empire: Religion and Power in Roman Imperial Society* (Harrisburg, PA: Trinity Press International, 2000).

_____. *Paul and the Roman Imperial Order* (Harrisburg, PA: Trinity Press International, 2004).

Hultgren, A. J. "The Formulation πίστις Χριστοῦ in Paul," *NovTest* 22 (1980) 248-263.

Hume, D. A. *The Early Christian Community* (WUNT 298; Tübingen: Mohr-Siebeck, 2011).

Hutardo, L. W. "The Doxology at the End of Romans," in *New Testament Textual Criticism: its Significance for Exegesis* (FS. Bruce M. Metzger; eds. E. J. Epp and G. D. Fee; Oxford: Clarendon, 1981) 185-199.

Huttunen, N. *Paul and Epictetus on Law* (London: T & T Clark, 2009).

Kampen, J. / M. J. Bernstein eds. *Reading 4QMMT: New Perspectives on Qumran Law and History* (Atlanta: Georgia, 1996).

Jeffers, J. S. *Conflict at Rome: Social Order and Hierarchy in Early Christianity* (Minneapolis; Fortress, 1991).

Jervis, L. A. / P. Rechardson, eds. *Gospel in Paul: Studies in Mark, Galatians and Romans for Richard N. Longenecker* (JSNTSup 108; Sheffield: Sheffield Academic Press, 1994).

Johnson, E. E. *The Function of Apocalyptic and Wisdom Traditions in Romans 9-11* (SBLDS 109; Atlanta: Scholars, 1989).

Joy, R. *Le vocabulaire chrétien de l'amour est-il original?* ἀγπᾶν *et* φιλεῖν *dans le grec antique* (Bruxelles: ULB, 1968).

Jones, F. S. *"Freiheit" in den Briefen des Apostels Paulus* (Göttingen: Vandenhoeck & Ruprecht, 1987).

Käsemann, E. "Gottesgerechtigkeit bei Paulus," in idem., *Exegetische Versuche und Besinnungen* (2. Aufl.; Göttingen: Vandenhoeck & Ruprecht, 1965) II 181-193.

Kennedy, G. A. *New Testament Interpretation through Rhetorical Criticism* (Chapel Hill, NC: The University of North Carolina Press, 1984).

Kim, S. *Paul and the New Perspective* (WUNT 140; Tübingen: Mohr-Siebeck, 2000).

_____. *Paul and Caesar: The Gospel and the Roman Empire in the Writings of Paul and Luke* (Grand Rapids: Eerdmans, 2008).

Kinoshita, J. "Romans – Two Writings Combined: A New Interpretation of the Body of Romans," *NovTest* 7 (1964-65) 272-277.

Kirk, J. R. *Unlocking Romans* (Grand Rapids : Eerdmans, 2008).

Klauck, H.-J. *Ancient Letters and the New Testament* (Waco, TX: Baylor University Press, 2006).

_____. "Kirche als Freundesgemeinschaft? Auf der Spurensuche im Neuen Testament," *MTZ* 42 (1991) 1-14.

Klein, T. *Bewährung in Anfechtung. Der Jakobusbrief und der Erster Petrusbrief als christliche Diasporabriefe* (Tübingen: Mohr-Siebeck, 2011).

Klumbies, P.-G. *Die Rede von Gott bei Paulus in ihrem zeitgeschichtlichen Kontext* (FRLANT 155; Göttingen: Vandenhoeck & Ruprecht, 1992).

Knox, J. "A Note on the Text of Romans," *NTS* 2 (1955-56) 191-193.

Koch, D.-A. *Schrift als Zeuge des Evangeliums* (Tübingen: Mohr-Siebeck, 1986).

Konstan, D. *Friendship in the Classical World* (Cambridge: Cambridge University Press, 1997).

Kraemer, R. S. "On the Meaning of the Term 'Jew' in Graeco-Roman Inscriptions," *HTR* 82 (1989) 35-53.

Krauter, S. "Is Romans 7:7-13 about akrasia?," in *Christian Body, Christian Self: Concepts of Early Christian Personhood* (eds. C. K. Rothschild / T. W. Thompson; WUNT 284; Tübingen: Mohr-Siebeck, 2011) 113-122.

Kümmel, W. *Römer 7 und das Bild des Menschen im Neuen Testament* (München: Kaiser, 1929).

Lake, K. *The Earlier Epistles of St. Paul* (London: Rivingtons, 1919).

Lampe, P. *Die stadtrömischen Christen in den ersten beiden Jahrhunderten* (WUNT 2.18; Tübingen: Mohr-Siebeck, 1987).

_____. "Zur Textgeschichte des Römerbriefes," *NovTest* 27 (1985) 272-277.

_____. "The Roman Christians of Romans 16," *Romans Debate* (ed. K. P. Donfried; Revised and Expanded ed.; Peabody, MA: Hendrickson, 1991) 216-230.

Lang, B. "Zur Entstehung des biblischen Monotheismus," *TQ* 166 (1986) 135-142.

Lappenga, B. *Paul's Language of ζῆλος : Monosemy and the Rhetoric of Identity and Practice* (Leiden: Brill, 2015).

Lausberg, H. *Handbuch der literarischen Rhetorik* (4.Aufl.; Stuttgart: Franz Steiner, 2008).

=*Handbook of Literary Rhetoric: A Foundation for Literary Study* (trans. M. T. Bliss/ A. Jansen/ D. E. Orton. Leiden: Brill, 1998).

Leon, H. J. *The Jews of Ancient Rome* (Updated edition; Peabody, MA: Hendrickson, 1995).

Lichtenberger, H. *Das Ich Adams und das Ich der Menschheit : Studien zum Menschenbild in Römer 7* (Tübingen: Mohr-Siebeck, 2004).

Lieu, J. M. *Christian Identity in the Jewish and Graeco-Roman World* (Oxford: Oxford University Press, 2003).

Lindemann, A. *Paulus, Apostel und Lehrer der Kirche* (Tübingen: Mohr-Siebeck, 1999).

Lindsay, D. *Josephus and Faith: πίστις and πιστεύω as Faith Terminology in the Writings of Flavius Josephus and in the New Testament* (Leiden: Brill, 1993).

Litfin, D. *Paul's Theology of Preaching: The Apostle's Challenge to the Art of Persuasion in Ancient Corinth* (Revised and expanded ed.; Downers Grove: 2015).

Löhr, H. "Paulus und der Wille zur Tat: Beobachtungen zu einer frühchristlichen Theologie als Anweisung zur Lebenskunst," *ZNW* 98 (2007) 165-188.

Longenecker, R. N. *Introducing Romans: Critical Issues in Paul's Most Famous Letter* (Grand Rapids: Eerdmans, 2011).

Lowe, M. "Who were the Ἰουδαῖοι?," *NovTest* 18 (1976) 101-130.

_____. "Ἰουδαῖοι of the Apocrypha," *NovTest* 23 (1981) 56-90.

Luz, U. *Das Geschichtsverständnis des Paulus* (München: Kaiser, 1968).

Lüdemann, G. *Paulus, der Heidenapostel* (2 Bde; Göttingen: Vandenhoeck & Ruprecht, 1980-1983).

McDonald, J. I. H. "Was Romans 16 a Separate Letter," *NTS* 16 (1969-70) 369-372.

主要文献

Malherbe, A.J. *Paul and the Thessalonians* (Minneapolis : Fortress, 1989).

_____. *Paul and the Popular Philosophers* (Minneapolis : Fortress, 1989).

Manson, T. W. "St. Paul's Letter to the Romans and Others," in *The Romans Debate* (Revised and expanded edition; ed. K. P. Donfried; Peabody, MA: Hendrickson, 1991) 3-15.

Martin, D. L. *Slavery as Salvation: The Metaphor of Slavery in Pauline Christianity* (New Haven: Yale University Press, 1990).

Matera, F. *New Testament Ethics: The Legacies of Jesus and Paul* (Louisville, KT: Westminster-J. Knox, 1996).

Mathew, S. *Women in the Greetings of Romans 16.1-16: A Study of Mutuality and Women's Ministry in the Letter to the Romans* (London: Bloomsbury T & T Clark, 2013).

Matlock, B. A. "Detheologizing the *PISTIS CRISTOU* Debate: Cautionary Remarks from a Lexical Semantic Perspective," *NovTest* 42 (2000) 1-23.

_____. "The Rhetoric of πίστις in Paul: Galatians 2.16, 3.22, Romans 3.22, and Philippians 3.9," *JSNT* 30 (2007) 173-203.

_____. "Saving Faith: The Rhetoric and Semantics of πίστις in Paul," in *The Faith of Jesus Christ: Exegetical, Biblical, and Theological Studies* (eds. M. F. Bird – P. M. Sprinkle; Peabody: Hendrickson, 2009) 73-89.

Mathys, H.-P. *Liebe deinen Nächsten wie dich selbst. Untersuchung zum alttestamentlichen Gebot der Nächstenliebe* (Göttingen: Vandenhoeck & Ruprecht, 1986).

Meeks, W. A. *The First Urban Christians: The Social World of the Apostle Paul* (New Haven: Yale University Press, 1983).

Metzger, B. M. *A Textual Commentary on the Greek New Testament* (2nd ed.; Peabody, MA: Hendrickson, 2006).

Michaelis, W. "Die Teilungshypothesen bei Paulusbriefen: Briefkomposition und ihr Sitz im Leben," *TZ* 14 (1958) 321-326.

Minear, P. S. *The Obedience of Faith: The Purposes of Paul in the Epistle to the Romans* (London: SCM, 1971).

Müller, J. "Wissensschwäche und innerer Mensch im Rm 7 und bei Origenes: zur christlichen Tradition des Handels wider besseres Wissen," *ZNW* 100 (2009) 223-246.

Nanos, M. D. / M. Zetterholm eds. *James and Paul within Judaism: Restoring the First-Century Context to the Apostle* (Minneapolis : Fortress, 2015).

Neyrey, J. H. *Paul, in Other Words: A Cultural Reading of his Letters* (Louisville: KT: Westminster / John Knox, 1990).

Niebuhr, K.- W. *Heidenapostel aus Israel. Die jüdische Identität des Paulus nach ihrer Darstellung in seinen Briefen* (WUNT 62; Tübingen: Mohr-Siebeck, 1992).

_____. "Der Jakobusbrief im Licht Frühjüdischer Diasporabriefe," *NTS* 44 (1998) 420-443.

_____. "Menschenbild, Gottesverständnis und Ethik: Zwei paulinische Argumentationen," *Anthropologie und Ethik im Frühjüdentum und im Neuen Testament: Wechselseitige Wahrnehmungen* (hrsg. v. M. Konradt / E. Schäfer; Tübingen: Mohr-Siebeck, 2014) 139-161.

_____. "Jakobus und Paulus über das Innere des Menschen und den Ursprung seiner ethischen Entscheidungen," *NTS* 62 (2016) 1-30.

Nissen, A. *Gott der Nächste im antiken Judentum. Untersuchungen zum Doppelgebot der Liebe* (Tübingen: Mohr-Siebeck, 1971).

Nortling, J.G. "A More Positive View of Slavery: Establishing Servile Identity in the Christian Assemblies," *BBR* 19 (2009) 63-84.

Olbricht, T. H. / J. L. Sumney eds. *Paul and Pathos* (Atlanta: Society of Biblical Literature, 2001).

Ollrog, W. H. "Die Abfassungsverhältnisse von Röm 16," in *Kirche* (FS. G. Bornkamm; hrsg. v. D. Lührmann / G. Strecker; Tübingen: Mohr-Siebeck, 1980) 221-244.

O'Neil, E. N. "Plutarch on Friendship," in *Greco-Roman Perspectives on Friendship* (SBLRBS 34; ed. J. T. Fitzgerald; Atlanta: Scholars, 1997) 105-122.

Ott, H. "Röm.1,19ff. als dogmatisches Problem," *TZ* 15 (1959) 40-50.

Pfitzner, V. C. *Paul and the Agon Motif* (Leiden: Brill, 1967).

Plevnik, J. *Paul and Parousia: an Exegetical and Theological Investigation* (Peabody, PA: Hendrickson, 1997).

Pohlenz, M. "Paulus und die Stoa," *ZNW* 42 (1949) 69-104.

Popkes, W. "Zum Aufbau und Charakter von Römer 1.18-32," *NTS* 28 (1982) 490-501.

Porter, S. E. ed., *Handbook of Classical Rhetoric in the Hellenistic Period 330 B.C. – A.D. 400* (Leiden: Brill, 1997).

Räisänen, *Paul and the Law* (Tübingen: Mohr-Siebeck, 1983).

_____. "Freiheit vom Gesetz im Urchristentum," *ST* 46 (1992) 55-67.

_____. *Challenges to Biblical Interpretation: Collected Essays 1991-2001* (Leiden: Brill, 2001).

主要文献

Reichwert, A. *Der Römerbrief als Gratwanderung* (Göttingen: Vandenhoeck & Ruprecht, 2001).
Rey, J.-S. ed. *The Dead Sea Scrolls and Pauline Literature* (Leiden: Brill, 2014).
Riesner, R. *Die Frühzeit des Apostels Paulus: Studien zur Chronologie, Missionsstrategie und Theologie* (WUNT 71; Tübingen: Mohr-Siebeck, 1994).
Roetzel, C. J. *The Letters of Paul : Conversations in Context* (4th ed. ; Louisville, KT : Westminster / J.Knox, 1998).
Rubel, G. *Paulus und Rom* (Münster: Aschendorff, 2014).
Rutgers, L. V. "The Roman Policy toward the Jews: Expulsions from the City of Rome during the First Century C.E.," in *Judaism and Christianity in First-Century Rome* (Grand Rapids: Eerdmans, 1998) 93-116.
Safrai, S. / M. Stern eds. *The Jewish People in the First Century* (2 vols; Assen: Van Gorcum; Philadelphia, PA: Fortress, 1974-1976).
Sampley, J. P. ed. *Paul in the Greco-Roman World* (Harrisburg: Trinity Press International, 2003) .
Sampley, J. P. / P. Lampe eds. *Paul and Rhetoric* (New York / London: T & T Clark, 2010).
Sanders, E. P. *Paul and Palestinian Judaism* (Philadelphia: Fortress, 1977).
_____. *Paul, the Law and the Jewish People* (Philadelphia: Fortress, 1983).
Schäfer, K. *Gemeinde als Bruderschaft* (Frankfurt a.M.: P. Lang, 1990).
Schenke, H. M. "Aporien im Römerbrief," *TLZ* 92 (1967) 881-884.
Schmeller, T. *Paulus und die „Diatribe"* (Münster: Aschendorff, 1987).
Schnelle, U. *Wandlungen in paulinischen Denken* (SBB 137; Stuttgart: Katholisches Bibelwerk, 1989).
_____. *Neutestamentliche Anthropologie* (Neukirchen-Vluyn: Neukirchener Verlag, 1991) .
_____. *Paulus. Leben und Denken* (Berlin: W. de Gruyter, 2003).
Schnelle, U. / T. Söding (Hg.). *Paulinische Christologie* (Göttingen: Vandenhoeck & Ruprecht, 2000).
Schliesser, B. *Abraham's Faith in Romans 4* (WUNT 2.224; Tübingen: Mohr-Siebeck, 2007).
Scholtissek, K. "Eine größere Liebe als diese hat niemand, als wenn einer sein Leben hingibt für seine Freunde (Joh 15,13) ," in *Die hellenistische Freundschaftsethik in Kontexte des Johannesevangelium* (hrsg. v. J. Frey / U. Schnelle; Tübingen: Mohr-

Siebeck, 2004) 413-439.

Schrage, W. *Ethik des Neuen Testaments* (Göttingen: Vandenhoeck & Ruprecht, 1989).

Schreiner, T. *The Law and its Fulfillment: A Pauline Theology of Law* (Grand Rapids: Baker, 1993).

Schroeder, F. M. "Friendship in Aristotle and Some Peripatetic Philosophers," in *Greco-Roman Perspectives on Friendship* (SBLRBS 34; ed. J. T. Fitzgerald; Atlanta: Scholars, 1997) 35-58.

Schürer, E. *The History of the Jewish People in the Age of Jesus Christ* (3 vols; Revised English Version; rev. and ed. G. Vermes / F. Millar / M. Goodman; Edinburgh: T & T Clark, 1986).

Scornaienchi, L. *Sarx und soma bei Paulus: Der Mensch zwischen Destruktivität und Konstruktivität* (Göttingen: Vandenhoeck & Ruprecht, 2008).

Scott, J. M. *Adoption as Sons of God* (WUNT 2.48; Tübingen: Mohr-Siebeck, 1992).

_____. *Paul and the Nations* (WUNT 84; Tübingen: Mohr-Siebeck, 1995).

Scroggs, R. *The New Testament and Homosexuality* (Philadelphia: Fortress, 1983).

Segal, A. F. *Paul the Convert: The Apostolate and Apostasy of Saul the Pharisee* (New Haven: Yale University Press, 1990).

Seifrid, M. A. *Justification by Faith: The Origin and Development of a Central Pauline Theme* (Leiden: Brill, 1992).

Smallwood, E. M. *The Jews under Roman Rule from Pompey to Diocletian* (2nd ed.; Leiden: Brill, 1981).

Söding, T. *Das Liebesgebot bei Paulus* (Münster: Aschendorff, 1995).

_____. *Die Trias Glaube, Hoffnung, Liebe bei Paulus. Eine exegetische Studie* (SBS150; Stuttgart: Katholisches Bibelwerk, 1992).

_____. *Nächstenliebe. Gottes Verheissung und Anspruch* (Freiburg i.B.: Herder, 2015).

_____. *Das Wort vom Kreuz* (WUNT 93; Tübingen: Mohr-Siebeck, 1997).

Song, C. *Reading Romans as a Diatribe* (New York: P. Lang, 2004).

Spicq, C. *Agapè dans le Nouveau Testament. Analyse des textes*. 3 vols. Paris, 1958-1959. (= *Agape in the New Testament*. 3 vols; Eugine, OR: Wipf & Stock, 1963-1966).

Stanley, C. D. *Paul and the Language of Scripture: Citation Technique in the Pauline Epistles and Contemporary Literature* (SNTSMS 74; Cambridge: Cambridge University Press, 1992).

Starnitzke, D. *Die Struktur paulinischen Denkens im Römerbrief. Eine linguistische-logische Untersuchung* (Stuttgart: W. Kohlhammer, 2004).

Stirewalt, Jr., M. L. *Paul, the Letter-Writer* (Grand Rapids: Eerdmans, 2003).

Stowers, S. K. *The Diatribe and Paul's Letter to the Romans* (SBLDS 57; Chico, CA: Scholars, 1984).

Stuhlmacher, P. "Die Abfassungszweck des Römerbriefes," *ZNW* 77(1986) 180-193.

_____. *Gerechtigkeit Gottes bei Paulus* (2. Aufl.; FRLANT 87; Göttingen: Vandenhoeck & Ruprecht, 1966).

_____. *Versönung, Gesetz und Gerechtigkeit* (Göttingen: Vandenhoeck & Ruprecht, 1989).

_____. *Biblische Theologie des Neuen Testaments* (Band I; Göttingen: Vandenhoeck & Ruprecht, 1992).

Stuhlmacher, P. (Hg.). *Rechtfertigung* (FS. E. Käsemann, Tübingen: Mohr-Siebeck, 1976).

Sumney, J. L. ed. *Reading Paul's Letter to the Romans* (RBS 73; Atlanta: Society of Biblical Literature, 2012).

Taatz, I. *Frühjüdische Briefe. Die paulinischen Briefe im Rahmen der offiziellen religiösen Briefe des Frühjudentums* (Freiburg in der Schweiz: Universitätsverlag; Göttingen: Vandenhoeck & Ruprecht, 1991).

Tcherikover, V. *Hellenistic Civilization and the Jews* (Philadelphia: The Jewish Publication Society of America, 1959).

Tellbe, M. *Paul between Synagogue and State* (Lund: Almqvist & Wiksell International, 2001).

Thate, M. J. / K. J. Vanhoozer / C. R. Campbell, *"In Christ" in Paul* (WUNT384; Tübingen: Mohr-Siebeck, 2014).

Theissen, G. *Psychologische Aspekte paulinischer Theologie* (Göttingen: Vandenhoeck & Ruprecht, 1983).

Thorsteinsson, R. M. *Roman Christianity & Roman Stoicism: A Comperative Study of Ancient Morality* (Oxford: Oxford University Press, 2010).

Tobin, T. H. *Paul's Rhetoric in its Contexts: The Argument of Romans* (Peabody, MA: Hendrickson, 2004).

_____. "The Use of Christological Traditions in Paul: The Case of Rom 3:21-26," in *Portraits of Jesus: Studies in Christology* (ed. S. E. Myers; WUNT II 321; Tübingen: Mohr-Siebeck, 2012) 230-245.

Trebilco, P. R. *Jewish Communities in Asia Minor* (SNTSMS 69; Cambridge: University Press, 1991).

Van Kooten, G. H. *Paul's Anthropology in Context: The Image of God, Assimilation to God, and tripartite Man in Ancient Judaism, Ancient Philosophy and Early Christianity* (WUNT 232; Tübingen: Mohr-Siebeck, 2008).

Volkmann, R. *Die Rhetorik der Griechen und Römer* (Leipzig: Teubner, 1885; Nachdruck: Hildesheim: Georg Olms, 1987).

Vollenweider, S. *Freiheit als neue Schöpfung* (Göttingen: Vandenhoeck & Ruprecht, 1989).

_____. "Lebenskunst als Gottesdienst: Epiktets Theologie und ihr Verhältnis zum Neuen Testament," in *Epiktet: Was ist wahre Freiheit? Diatribe IV 1* (Tübingen: Mohr-Siebeck, 2013) 119-162.

Wagner, G. *Das religionsgeschichtliche Problem von Römer 6,1-11* (Zürich: Zwingli, 1962).

Wallis, I. G. *The Faith of Jesus Christ in Early Christian Traditions* (SNTSMS 84; Cambridge: Cambridge University Press, 1995).

Walter, N. "Gottes Zorn und das „Harren der Kreatur". Zur Korrespondenz zwischen Römer 1,18-32 und 8,19-22," in ders., *Praeparatio Evangelica. Studien zur Umwelt, Exegese und Hermeneutik des Neuen Testaments* (Tübingen:Mohr-Siebeck, 1997) 293-302.

Wassermann, E. *The Death of the Soul in Romans 7: Sin, Death, and the Law in Light of Hellenistic Moral Psychology* (WUNT II 256; Tübingen: Mohr-Siebeck, 2008).

Wedderburn, A. J. M. "Hellenistic Christian Traditions in Romans 6," *NTS* 29 (1983) 337-355.

_____. "The Soteriology of the Mysteries and Pauline Baptismal Theology," *NovTest* 29 (1987) 53-72.

_____. *Baptism and Resurrection: Studies in Pauline Theology against its Greco-Roman Background* (WUNT 44; Tübingen: Mohr-Siebeck, 1987).

_____. *The Death of Jesus* (WUNT 299; Tübingen: Mohr-Siebeck, 2013).

_____. *The Reasons for Romans* (Edinburgh: T & T Clark, 1988).

Weima, J. A. D. *Neglected Endings: The Significance of the Pauline Letter Closings* (JSNTSup 101; Sheffield: JSOT, 1994).

White, J. L. *The Apostle of God: Paul and the Promise of Abraham* (Peabody, PA: Hendrickson, 1999).

Whittle, S. *Covenant Renewal and the Consecration of the Gentiles in Romans* (SNTSMS 161; Cambridge: Cambridge University Press, 2015).
Wibbing, S. *Die Tugend- und Lasterkataloge im Neuen Testament* (Berlin: A. Töpelmann, 1959).
Williams, D. K. *Paul's Metaphors: their Context and Character* (Peabody, PA: Hendrickson, 1999).
Wilson, W. T. *Love without Pretense* (WUNT 2.46; Tübingen: Mohr-Siebeck, 1991).
Winter, B. W. *Divine Honours for the Caesars: The First Christians' Responses* (Grand Rapids: Eerdmans, 2015).
Wischmeyer, O. "Das Gebot der Nächstenliebe bei Paulus," *BZ* 30 (1986) 161-187.
_____. "Traditionsgeschichtliche Untersuchung der paulinischen Aussagen über die Liebe (ἀγάπη)," *ZNW* 74 (1983) 222-236.
_____. *Liebe als Agape* (Tübingen: Mohr-Siebeck, 2015).
Witherington III, B. *New Testament Rhetoric* (Eugine, Org.: Cascade Books, 2009).
Wolter, M. *Rechtfertigung und zukünftigen Heil. Untersuchungen zu Röm 5,1-11* (Berlin: de Gruyter, 1978).
Worthington, J. "Creatio ex Nihilo and Romans 4.17 in Context," *NTS* 62 (2016) 49-59.
Wright, N. T. *The Climax of the Covenant : Christ and the Law in Pauline Theology* (London : T & T Clark, 1991).
_____. *Paul and the Faithfulness of God* (4 Parts ; Minneapolis ; Fortress, 2013).
Wuellner, W. "Paul's Rhetoric of Argumentation," in *The Romans Debate* (Revised and Expanded Edition; ed. K. P. Donfried; Peabody, MA: Hendrickson, 1991) 128-146.
Ziesler, J. A. *The Meaning of Righteousness in Paul* (Cambridge: Cambridge University Press, 1972).
_____. "The Role of the Tenth Commandment in Romans 7," *JSNT* 33 (1988) 41-56.
Zangenberg, J. / M. Labahn eds. *Christians as a Religious Minority in a Multicultural City* (JSNTSup 243; London: T & T Clark, 2004).

2.2.2. 日本語文献

内田吉則『ローマ人への手紙第3章及び第4章における釈義と翻訳』キリスト新聞社、2010年

同　『ローマ書9章～10章10節における釈義と翻訳』キリスト新聞社、

2008 年

太田修司「πίστις Ἰησοῦ Χριστοῦ—言語使用の観察に基づく論考」『パウロを読み直す』キリスト図書出版、2007 年、32-59 頁

同　「『キリストのピスティス』の意味を決めるのは文法か?」『聖書学論集 46　聖書的宗教とその周辺』リトン、2014 年、481-500 頁

佐竹　明「パウロにおける使徒職と恩恵」『新約聖書の諸問題』新教出版社、1977 年、139-179 頁

佐藤　研『旅のパウロ』岩波書店、2012 年

辻　学『隣人愛のはじまり』新教出版社、2010 年

朴　憲郁『パウロの生涯と神学』教文館、2003 年

原口尚彰『パウロの宣教』教文館、1998 年

同　「パウロ書簡導入部の修辞学的分析」『東北学院大学　キリスト教文化研究所紀要』第 18 号（2000 年）1-20 頁

同　「II コリント 1:1-11 の書簡論的・修辞学的分析：書簡導入部に置かれた神の賛美の問題」『ペディラヴィウム』第 52 号（2001 年）3-16 頁

同　「パウロ書簡と修辞法についての考察：ガラテヤ 3 章 1-5 節を中心として」『ヨーロッパ文化史研究』第 3 号（2002 年）1-35 頁

同　「フィレモン 1-7 の修辞学的分析」『基督教論集』第 45 号（2002 年）35-47 頁

同　「修辞法としての歴史」『東北学院論集　教会と神学』第 35 号（2002 年）1-35 頁

同　『ガラテヤ人への手紙』新教出版社、2004 年

同　『新約聖書概説』教文館、2004 年

同　「パウロにおける個人史の回顧：修辞学的視点から見たガラテヤ 1:10-2:14」『ヨーロッパ文化史研究』第 5 号（2004 年）73-96 頁

同　「ガラテヤ書の十字架の神学」『テオロギア・ディアコニア』第 36 号（2004 年）41-60 頁

同　「パウロにおける十字架論と贖罪論」『基督教論集』第 48 号（2005 年）17-36 頁

同　「新約聖書と黙示文学・黙示思想」『東北学院大学キリスト教文化研究所紀要』第 25 号（2007 年）61-76 頁

同　「新約聖書とグノーシス」『東北学院大学キリスト教文化研究所紀要』第 26 号（2008 年）41-55 頁

同　『新約聖書神学概説』教文館、2009 年

同　「初期ユダヤ教におけるディアスポラ」『東北学院大学キリスト教文化研究所紀要』第 28 号（2010 年）19-42 頁
同　「ディアスポラのユダヤ教を知る資料としての使徒言行録」『ヨーロッパ文化史研究』第 12 号 (2011 年)123-140 頁
同　『幸いなるかな：初期キリスト教のマカリズム（幸いの宣言)』新教出版社、2011 年
同　「異教世界の中での共同体形成：初期キリスト教のディアスポラ状況」『人文学と神学』第 2 号（2012 年）15-28 頁
同　「ディアスポラ書簡としての初期キリスト教書簡」『東北学院大学キリスト教文化研究所紀要』第 31 号（2013 年）1-18 頁
同　「新約聖書の死生観」『人文学と神学』第 6 号（2014 年）1-21 頁
同　「ローマ書の書簡論的分析」『ヨーロッパ文化史研究』第 15 号（2014 年）135-153 頁
同　「ディアスポラ書簡としてのローマ書」『新約学研究』第 41 号（2014 年）39-53 頁
同　「アガペーとしてのフィリア」『東北学院大学キリスト教文化研究所紀要』第 32 号（2014 年）1-18 頁
同　「ローマ書の統一性についての文献学的考察」『人文学と神学』第 7 号（2014 年）17-32 頁
同　「パウロにおけるイエス・キリストのピスティスの意義」『人文学と神学』第 8 号（2014 年）17-34 頁
同　「新約聖書の生命観」『東北学院大学キリスト教文化研究所紀要』第 33 号（2015 年）1-12 頁
山田耕太『新約聖書の修辞学』キリスト教図書出版社、2008 年
同　『フィロンと新約聖書の修辞学』、新教出版社、2012 年
吉田　忍「ガラテヤ人への手紙における ΠΙΣΤΙΣ ΧΡΙΣΤΟΥ」『聖書学論集 46 聖書的宗教とその周辺』リトン、2014 年、653-676 頁

原口尚彰（はらぐち・たかあき）

1994 年 4 月より 1996 年 3 月迄　明治学院大学一般教育部講師
1996 年 4 月より 2000 年 3 月迄　聖和大学人文学部助教授（新約聖書学担当）
2000 年 4 月より 2015 年 3 月まで　東北学院大学文学部教授（新約聖書学担当）
2015 年 4 月よりフェリス女学院大学国際交流学部教授

著書
『パウロの宣教』教文館、1998 年
『聖書の世界への招待』キリスト新聞社、2002 年（第 2 版、2006 年）
『地球市民とキリスト教』キリスト新聞社、2003 年（第 2 版、2006 年）
『ガラテヤ人への手紙』新教出版社、2004 年
『新約聖書概説』教文館、2004 年
『信じることと知ること』東北大学出版会、2005 年
『ロゴス・エートス・パトス：使徒言行録の演説の研究』新教出版社、2005 年（日本学術振興会　科学研究費による研究）
『新約聖書釈義入門』教文館、2006 年
『新約聖書神学概説』教文館、2009 年
『幸いなるかな　初期キリスト教のマカリズム』新教出版社、2011 年
その他新約学関係の論文多数。

訳書
『新約聖書釈義辞典』第 3 巻、教文館、1995 年（共訳）
U・ルツ『マタイの神学』教文館、1996 年
P・シュトゥールマッハー『聖書神学をどう行うか？』教文館、1999 年

ローマの信徒への手紙　上巻

2016 年 10 月 1 日　第 1 版第 1 刷発行

著　者……原口尚彰

発行者……小林　望
発行所……株式会社新教出版社
〒 162-0814 東京都新宿区新小川町 9-1
電話（代表）03 (3260) 6148
振替 00180-1-9991

印刷……モリモト印刷株式会社

© Takaaki Haraguchi 2016, Printed in Japan
ISBN 978-4-400-11182-5　C1016

原口尚彰　ロゴス・エートス・パトス
　　　　　使徒言行録における演説の研究　4700円

原口尚彰　幸いなるかな
　　　　　初期キリスト教のマカリズム（幸いの宣言）　4700円

現代新約注解全書

田川建三　マルコ福音書
　　上巻（増補改訂版）　1:1-6:6　4200円
　　中巻　6:7-10:45　続　刊

荒井　献　使徒行伝
　　　　上巻　6300円
　　　　中巻　9000円
　　　　下巻　9000円

佐竹　明　ガラテア人への手紙　6660円

佐竹　明　ピリピ人への手紙　2800円

辻　学　ヤコブの手紙　5000円

佐竹　明　ヨハネの黙示録
　　　　上巻　5040円
　　　　中巻　8925円
　　　　下巻　8925円

別巻

原口尚彰　ガラテヤ人への手紙　5040円

表示は本体価格です